JN059019

エリア・スタディーズ
204
スペインの歴史都市を旅する48章
立石博高（監修・著）
小倉真理子（著）
明石書店

はじめに

本書『スペインの歴史都市を旅する48章』は、明石書店エリア・スタディーズ叢書の中の「旅する」シリーズの一冊として企画されたものである。

「人魚姫」などの童話作家として有名なハンス・クリスチャン・アンデルセンは「旅することは生きること」という詩を残している。彼の数々の童話はヨーロッパ各地を「旅する」ことから大きなインスピレーションを受けているようだ。ようやくコロナ禍も落ち着きを見せて国内外の旅行も次第に活気を呈してきている。極東の日本からヨーロッパ、そしてスペインへの旅行はそれほど容易ではないが、スペインは、私たちが「生きる」ことの厚みを知る上で大いなる魅力に満ちている。

本書の共著者である立石と小倉はスペインとの関わりが深く、実際にスペインを訪れる機会をもつ読者のためにも、また読書を通じて「旅する」ことを望む読者のためにも、臨場感溢れる旅行案内を提供したいと願っている。ただ、もちろん一冊の書物で全てをカヴァーすることは不可能である。本書では、いわゆる旅行ガイドではあまり触れられないが「生きる」ことの味わいを存分に伝えてくれる15の都市を「旅する」ことにした。

15の都市をあいうえお順に並べると、アビラ、アルカラ・デ・エナーレス、イビーサ、ウベダ、カセレス、クエンカ、コルドバ、サラマンカ、サン・クリストバル・デ・ラ・ラグーナ、サンティアゴ・デ・コンポステーラ、セゴビア、タラゴーナ、トレード、バエサ、メリダである。これらに共通するのは、それぞれが町の中心に歴史地区を擁し、その貴重な古代遺跡や前近代の建築物群がユネスコの世界文化遺産に指定されていることであり、遺産を保存し未来に継承するために「スペイン世界遺産都市機構（スペイン語表記での頭文字をとってGCPHEと略記）」を結成して、相互協力を惜しまないことである。

本書は4部構成となっており、第Ⅰ部（第1～3章）はスペインの世界遺産と世界遺産都市機構についての概略を述べている。第Ⅱ部（第4～15章）は沿岸地域と島嶼（とうしょ）部の歴史都市を扱い、第Ⅲ部（第16～39章）は内陸部の歴史都市を、第Ⅳ部（第40～48章）はアンダルシーアの歴史都市を扱っている。各都市にはそれぞれ3章があてられ、世界遺産と歴史・文化を紹介するとともに、コラムを設けてトピック的な深掘りを行っている。

したがって読者は、まず第Ⅰ部の概略に目を通された後は、順番に章を追っていただいても、足の赴くままに各都市に目を向けてもらっても差し支えない。さらに本書の第4章から第48章の本文に即した形で、小倉によって動画が作成されており、各章冒頭のQRコードまたは巻末のURLからそのサイトにアクセスできるようになっている。これまでの文章と写真によるガイドブックでは味わえなかった映像の醍醐味を満喫していただければ幸いである。

今でもイタリア旅行にはアンデルセンの『即興詩人』を携える人が多いという。本書はロマンティックな作品ではなく実用書であるが、スペインを「旅する」にあたって本書が大いに活用されることを願っている。

2024年1月

監修者・著者　立石博高

スペインの歴史都市を旅する48章

目次

第III部　内陸部の歴史都市

セゴビア

アルカラ・デ・エナーレス

トレード

第Ⅳ部　アンダルシーアの歴史都市

CONTENTS

※　本書に掲載の写真は、特記あるものを除き小倉真理子が撮影したものである。
※　各都市のイラスト地図は、スペイン・世界遺産都市機構（GCPHE）の提供による。
※　各都市の人口データは、各都市の人口データは、スペイン国立統計局（INE—Instituto Nacional de Estadística）の2023年のデータによる。

スペインの世界遺産

※ 他国との共同文化遺産2点（岩絵遺跡、水銀遺産）、共同複合遺産1点（ピレネー山脈）、共同自然遺産1点（各地のブナ林）はスペイン国内だけで地点を絞れないが、本地図では便宜上一つの矢印とした。またサンティアゴ巡礼路、アラゴン地方のムデハル様式も広範囲にわたるが一つの矢印で示す。

スペイン世界遺産都市機構 加盟15都市

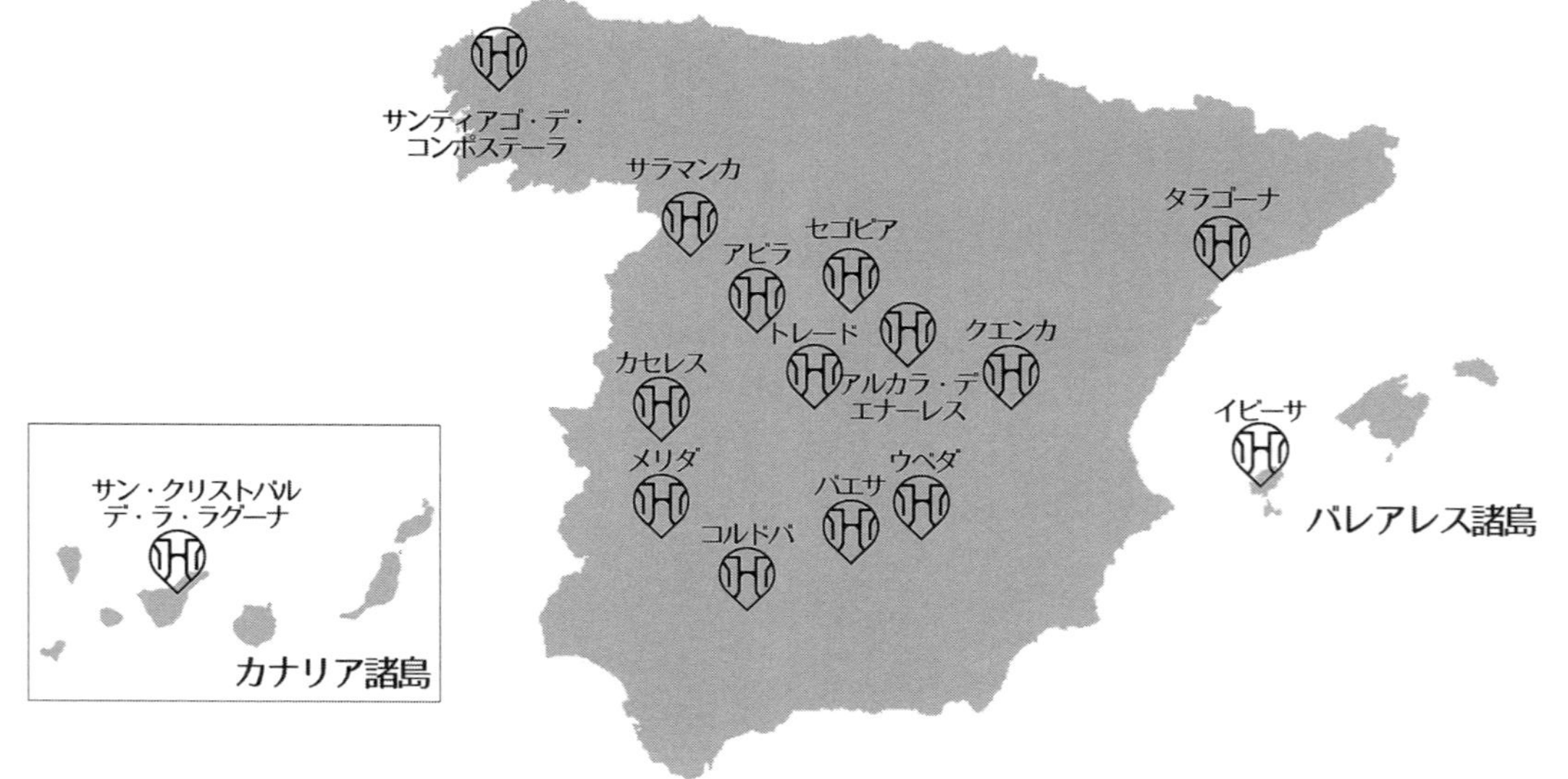

第Ⅰ部

スペインの世界遺産と世界遺産都市機構

1 諸文化の積層するスペイン

――多様な民族の到来と変化に富む自然環境

イベリア半島と諸民族の到来

ヨーロッパ大陸の南西端に位置するイベリア半島は、フランスのスペイン史家ピエール・ヴィラールが端的に述べたように、「アフリカとヨーロッパの、大西洋と地中海の四つ辻、出会いの場」であった。先史時代以来、この半島には様々な民族が到来し、様々な文化をもたらした。時には既存の文化を排斥したが、往々にして既存の文化と混淆して、時間の積層の中で半島は、まさに多様な民族と文化の坩堝（るつぼ）となったのである。

半島の各地には、先住のイベリア人の文化に重なるかたちで、フェニキア人やギリシア人の活動の痕跡が見られ、さらに北西部にはケルト人が到来し、南部にはカルタゴが本格的に進出した。これらの文化の上に紀元前3世紀末からローマの半島進出が本格化した。ローマの属州となったイベリア半島は「ヒスパニア」と称された。紀元後4世紀まで続いたローマ化の中で、半島各地には道路、橋や水道橋、神殿、劇場、広場が建設されており、それらの遺構は枚挙にいとまがない。だが5世紀に入るとゲルマン諸部族の到来があり、8世紀初めまでは西ゴート王国が存続し、圧倒的多数のヒスパノ・ローマ人の上に西ゴート人が君臨した。一方、紀元後に半島に移住したユダヤ人も、西ゴートによる迫害を受けながらも存続した。

8世紀初めから15世紀末までは、スペイン史では「レコンキスタ（再征服）」の時代と言われ、半島の大半を征服したイスラーム教徒に対して半島北部に逃れたキリスト教徒が国土回復の運動を続けたとされてきたが、実態はキリスト教徒、イスラーム教徒、そしてユダヤ教徒の間の文化的混淆が進み、「3つの文化の共存」の側面も見られた。半島の各地に、その文化的痕跡が見られることは言うまでもない。

イベリア半島の約8割を占めるスペインは、16世紀以後は同一王朝支配のもとで近代を迎えるが、近年では「複合君主政」と称されるように、カスティーリャ王国の主導にもかかわらず、中世を通じて各地に築かれた諸王国の地域的特殊性は払拭されなかった。19世紀以後、曲がりなりにも国民国家スペインが確立するが、先述のヴィラールが指摘したように、近隣諸国とは異なって、「国家＝ネーション＝権力（Ếtat-nation-puissance）」すなわち強力な国民国家の形成に失敗した。同時に近代においても単一のスペイン国民文化を語ることはできず、カタルーニャやバスクなどの諸地域文化が生き生きと存続した。

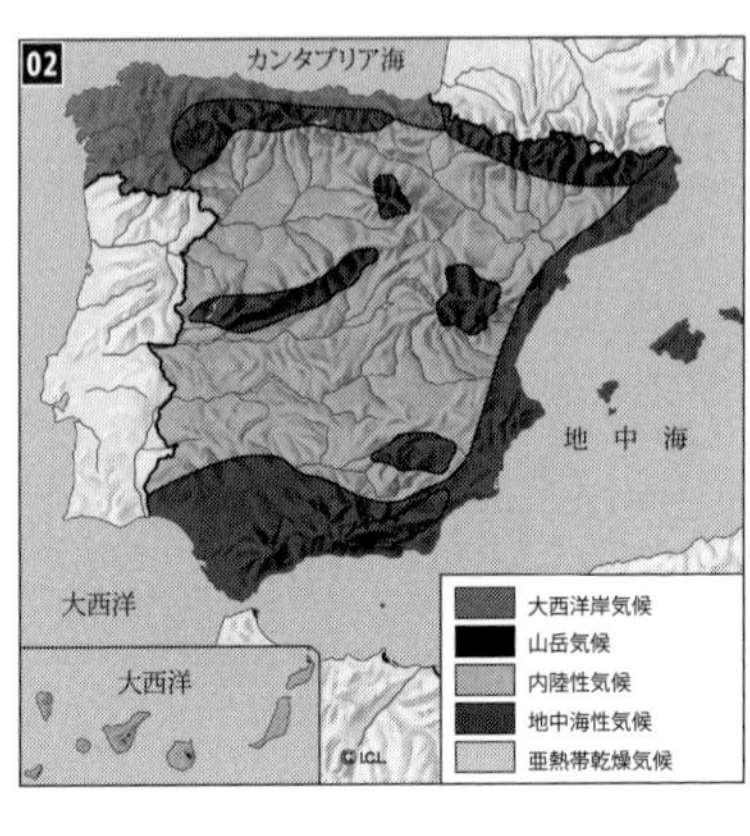

01 02 スペインの地形と気候区分（『スペインの歴史――スペイン高校歴史教科書』明石書店、13頁、地図2および3）

結果、国家と諸地域の葛藤と軋轢（あつれき）は時に深刻化し、スペイン内戦やフランコ独裁を経験したが、逆に21世紀スペインは地域的多様性や多文化性を誇る「多言語＝多文化社会」となっているのである。そうしたスペインに、コロナ禍前の2019年には、全人口のおよそ2倍に相当する年間約8350万人もの外国人観光客が訪れていた。もちろん太陽や地中海の恵みもあるが、複雑な歴史に根差した名所旧跡と食を含めた豊かな地域文化が人々を魅了していることは言うまでもない。

スペインの世界遺産

日本の約1・3倍の面積をもつスペインは、風土的にも実に多様である。地形の複雑さと絡んで半島の気候も地域ごとに変化し、西岸海洋性気候、高山気候、内陸気候、地中海性気候、ステップ気候と変化にとんだ自然環境が広がっている。この多様な国土に繰り広げられた歴史と現状については明石書店エリア・スタディーズ叢書（『スペインの歴史を知るための50章』と『現代スペインを知るための60章』）に譲ることにしたい。ここでは個別都市の紹介に入る前にスペインの世界遺産の全体を概括しておきたい。

周知のように世界遺産（スペイン語ではPatrimonio de la Humanidad）が制度的にスタートしたのは1972年のユネスコ第17回総会で「世界の文化遺産及び自然遺産の保護に関する条約」が採択されたときである。2023年秋現在、世界遺産リストに載る世界遺産の総数は1199件で、文化遺産が933件、自然遺産が227件、両要素を併せ持つ複合遺産は39件であるが、スペインには50の世界遺産があり、その数はイタリア、中国、フランス、ドイツに次いで世界第5位である。このうち自然遺産は4件、複合遺産は2件であるから、圧倒的多数が文化遺産であり、スペインの歴史文化の豊かさは一目瞭然である。

「世界遺産条約履行のための作業指針」によれば、普遍的価値を有する世界遺産は、①人類の創造的才能、②価値の交流、③文化的伝統の証拠、④人類の歴史における重要性、⑤人類の伝統的集落、⑥普遍的な出来事との関連性、⑦自然現象または自然美、⑧地球の歴史の主要な段階、⑨重要な生態学的・生物学的過程、⑩生物の多様性のために重要な自然の生息地、という10項目の登録基準のいずれかひとつ以上に合致しなければならない（『世界遺産百科』を参照）。文化遺産6項目（①～⑥）のいずれかと自然遺産4項目（⑦～⑩）のいずれかに跨がるのが複合遺産である。

スペインの自然遺産を除く世界遺産46件の登録基準をみると、33件が④に該当しており、重要な歴史上の建築物や景観が各地に見られることがわかる。次いで26件が②に該当しており、一定の期間にわたって行われた価値観の交流が重要な建築物や景観を生み出したことがわかる。これに続いて21件が③に該当しており、文化的伝統や文明の存在を証明する稀有な建築物などが保存されていることがわかる。さらに①に該当するのは18件で、人間の創造的才能を表す傑作が遺されていることを裏付けする。ちなみに、1984年にスペインで初めて世界遺産に登録されたもののひとつが、登録名「コルドバの歴史地区」（1994年拡大）で、登録基準①から④の4つをカヴァーしている。1985年登録の「セゴビア旧市街と水道橋」は、①、③、④にあたり、1986年登録の「古都トレード」は①から④の4つをカヴァーしている。

日本人観光客もよく訪れる歴史都市であるコルドバ、セゴビア、トレードを挙げたが、スペインの世界遺産のスポットは、登録名「アルタミーラ洞窟とスペイン北部の旧石器洞窟美術」（1985年）や「イベリア半島の地中海沿岸の岩絵」（1998年）のような先史時代の貴重な遺跡、「ポブレー修道院（タラゴーナ県）」（1991年）や「アランフエスの文化的景観」（2001年）のような田園の中の重要な建築物や景観、さらには「ブルゴス大聖堂」（1984年）、「アントニ・ガウディの作品群（バルセローナ）」（1984年）、「バレンシアの絹取引所」（1996年）のようなある都市の中の極めて重要な建築物など枚挙にいとまがない。

だが、スペインを訪れる人々が一様に驚くのは、地域を問わず、一定規模の商工業活動を行っている都市空間の中に、かなりの広がりをもつ旧市街が歴史地区として大切に保存されていることである。その典型が古都トレードであることは言うまでもない。その最大の特徴は、古代から中世・近世にかけて都市を舞台に繰り広げられた人々の歴史の痕跡、文化的価値の交流、文化的伝統を明らかにする建築物と景観が遺されていることだ。本書で扱う15都市は、トレードを含めて、それぞれが重要な旧市街をもち世界遺産指定を受けている都市群で、「スペイン世界遺産都市機構（GCPHE）」を形成している。いずれにせよ、各都市において現代まで旧市街が遺ったのは、文化遺産（Patrimonio Cultural）を破壊や消失から守ろうとする人々の様々な営みがあったからである。次章ではその概略を述べておきたい。

（立石博高）

2 スペインの文化遺産保護政策の概観

――文化財流出・破壊から保存・修復へ

文化遺産の概念の変容

今ではユネスコ世界遺産リストには数多くの歴史都市が含まれ、歴史的都心部の範囲を総体として文化遺産としているのが当たり前である。本書で取り上げるスペインの15都市も「歴史地区」を人類の貴重な文化遺産として捉え、ユネスコ世界遺産の指定を受けている。しかし、都市の旧市街を「歴史地区」として保護し再生しようとする考え方は古くからのものではなく、ましてやその具体的計画の実現はほんの半世紀ほど前からのことである。

前近代から近代にかけて、スペインでは文化遺産にあたる「歴史・芸術記念物」という言葉が誕生するが、当初の内容は極めて限定的であった。スペインの場合、18世紀啓蒙の時代にフランスに倣って王立歴史アカデミーと王立サン・フェルナンド美術アカデミーが創設されたが、古代ローマからの古遺物の蒐集・保存がその主たる目的だった。だが19世紀前半に修道院・教会財産の国有化・売却（デサモルティサシオン）に伴って、ムリーリョやベラスケスなどの貴重な絵画の海外流出が進むと、1830年代から1850年代にかけて「歴史・芸術国民記念物」と指定して散逸を防ごうとする措置が執られるようになった。前述の両アカデミーは、対象となった歴史・芸術記念物の保存・修復に熱心に取り組んでいる。ただし、法的拘束力に乏しく、絵画を含めて多くの文化財が先進ヨーロッパ諸国へと流れてしまった。

1900年になってようやく公教育・芸術省が設けられて、国家行政として歴史・芸術記念物の保存・修復が課題とされた。ただし法的な規制は不十分で、この間にも多くの文化財が国外に流出した。1931年、第二共和国憲法が成立して、遅まきながら「国家の芸術歴史的富はその所有者が誰であれ、国民の文化的宝であり、国家保護の対象とされる」（憲法第45条）と定められた。そして1933年には「歴史芸術遺産法」が制定され、この法律に従えば、貴重な文化財の国外流出あるいは国内での破壊行為は防げるものとなった。だが、1936年にスペイン内戦が勃発して、状況は大きく変化した。

フランコ体制下の文化遺産の破壊

スペイン内戦に勝利したフランコ将軍は、1931年制定の第二共和国憲法の廃止にとどまらず、議会制民主主義を否定した独裁体制を1975年まで続けた。一見奇妙なことだが、文化財保護政策に関しては第二共和国が制定した歴史芸術遺産法を基本的に踏襲している。第二共和国をスペインの歴史的・伝統的価値を破壊した共産主義政権として糾弾したからには、19世紀以来培われた文化財保護政策を無効にするわけにはいかなかったからである。

実際にフランコ時代には、アメリカ博物館（1941年）、民俗博物館（1962年）などの博物館の充実が図られ、芸術的・歴史的・考古学的価値をもつものを保護する文化財保護法（1954年）、都市内の文化財破壊を防ぐための都市計画法（1965年）などが制定されている。しかしながらフランコ将軍が地方都市オリガーキー（寡頭支配層）の経済的利益を優先して文化財の破壊を黙認していたのも事実である。独裁時代の法と現実との乖離（かいり）である。

その最も顕著な例として挙げられるのは、南東部の町ムルシアにおける暴挙的出来事である。19世紀以来、都市の経済活動の活発化のために旧都市内の一定地区にメインストリート（グラン・ビア）を東西あるいは南北に走らせる計画が進んでいたが（最も代表的なのはマドリードのグラン・ビア建設）、それに伴って多くの修道院・教会などの歴史的建造物は破壊された。ムルシアのグラン・ビアの場合にネックとなったのは、ちょうど計画されたストリートの途中にあったイスラーム支配時代の浴場である（現在のグラン・ビアとマドレ・デ・ディオス通りの交差する地点）。アル・アンダルス[*1]の文化財保存に熱心なトーレス・バルバス教授らの研究成果もあって1931年に「スペイン国民記念物」に指定されていたアラブ浴場の破壊に対しては、同教授をはじめとする大きな反対の声が上がった。だが1953年2月、当時の市長の判断で突然に倒壊危険建築物と指定されて、跡形もなく破壊された。

市長は、何日か豪雨が続いていて倒壊による二次被害を防ぐためにはこの判断はやむを得なかったと弁明し、政府からのお咎めは一切なかったのである。現在の文化財に関

＊1　中世のイベリア半島のイスラーム支配地域。

01　破壊前の浴場のイラスト画（1844年）(© Biblioteca Nacional de España)

02　浴場の破壊 (© Archivo Municipal de Murcia. Colección Fotos López)

する価値基準からすれば道路の迂回、あるいは建造物の移転が行われるべきであったが、グラン・ビアの建設を一刻も早く進めようとするオリガーキーは、1000年の歴史を誇る文化財の価値を全く無視したのであった。今、浴場の痕跡は一切見られない。

ポストフランコと「歴史・芸術的地区」

ヨーロッパの諸都市でも、1950年代後半になると歴史地区の保全問題は広く議論され始めた。第二次大戦で大きな破壊を経験し、戦後の急速な復興に伴う都市域の乱開発が進む中で、行政による体系的な介入が喫緊の課題となったからである。先鞭をつけたのは大戦の被害の大きかったイタリアであった。1960年、グッビオで「歴史・芸術地区の保護と再生」についての会議が開かれ、個々の記念物にとどまらず都市の歴史的景観が重視されて、歴史地区の保護と再生に関する原則が基本的方針として同意されたのである。

以後、「歴史地区」の議論が深められ、1987年にはICOMOS（国際記念物遺跡会議）の主催で、歴史地区を擁するスペインのトレードを会場にして「歴史都市保存国際会議」が開催され、「歴史的都市域」は「伝統的都市文明の固有の価値の表明である」と謳われたのである。1975年のフランコ没後民主化を進める中、1985年の

03　現在のムルシアのグラン・ビア

スペイン歴史遺産法で文化的価値の拡大とその保存を目指していたスペインが、この宣言に全面的に賛同したことはいうまでもない。

既にスペインは1978年新憲法で、「公権力は、法的状態や所有権の如何に関わらず、スペイン各地方の歴史・文化・芸術遺産およびこれを構成する諸財産の保存を保障する」とともに「これらの遺産への攻撃を処罰する」と明確に罰則規定を設けていた。そして1985年のスペイン歴史遺産法では歴史遺産の範囲を大幅に拡大しており、2015年には「無形文化遺産」にもその適用を広げている。現在、「文化的関心財産(BIC: Bien de Interés Cultural)」として認定される範囲については依然として議論が続くが、「歴史的・民俗的・考古学的・文化人類学的価値」をできるだけ大切に保存・修復しようとするその姿勢には、観光立国を目指すわが国も大いに学ぶべきものがあると思われる。

（立石博高）

3 「スペイン世界遺産都市機構」の15都市

――歴史・文化遺産擁護の共同行動

歴史地区を要とする14の世界遺産

スペインの総計49の文化遺産・複合遺産の中には、都市の中核に世界遺産指定の諸建築物をもち、これらの建築物のある歴史地区が都市そのものの存立に重要な役割を果たしてきたスポットが、14件ある。うち1件はふたつの都市が合わせて世界遺産に指定されているので、都合15都市となる。沿岸地域と島嶼(とうしょ)部、内陸部、アンダルシーアの順にそれらの概略を述べておこう。

(1) サンティアゴ・デ・コンポステーラ（旧市街）

区分：文化遺産　登録年：1985年
登録基準：①、②、⑥
中世ヨーロッパ三大聖地のひとつで、各地からの巡礼路が発達。聖ヤコブの墓の収まる大聖堂はロマネスク芸術の傑作で、その周りには中世とルネサンス時代に建てられた建造物が集まり、洗練された都市景観を形成。

(2) タラゴーナの考古学遺跡群

区分：文化遺産　登録年：2000年
登録基準：②、③
かつてはタラコと呼ばれ、ローマ支配下で行政・商業の中心都市であった。皇帝崇拝の中心地でもあり、現在の大聖堂には壮麗な神殿があった。近年の発掘作業で往時の威容と栄光が次々と明らかになっているが、多くの遺構は後世の建築物の下に眠っている。

(3) イビーサ島の生物多様性と文化

区分：複合遺産　登録年：1999年
登録基準：②、③、④、⑨、⑩
バレアレス諸島の南西部に位置する島で、地中海地域に固有の貴重な植物生態系が見られ、生物多様性に富む。中心都市イビーサはカルタゴが建設し、以後も諸民族に占領されたことから、古代遺跡や各時代の建造物が見られ、特に海上からの景観は見事だ。

世界遺産の登録基準
①人類の創造的才能
②価値の交流
③文化的伝統の証拠
④人類の歴史における重要性
⑤人類の伝統的集落
⑥普遍的な出来事との関連性
⑦自然現象または自然美
⑧地球の歴史の主要な段階
⑨重要な生態学的・生物学的過程
⑩生物の多様性のために重要な自然の生息地

⑷　サン・クリストバル・デ・ラ・ラグーナ

区分：文化遺産　　登録年：1999年
登録基準：②、④

カナリア諸島最大の島テネリーフェの標高550メートルの高地にあり、15世紀末から建設が始まるが、初期の「上の町」に比してその後都市計画に基づいて建設された「下の町」は碁盤目を造っている。16～18世紀の建造物が多く、アメリカ大陸の植民都市建設のモデルとなる。

⑸　サラマンカの旧市街

区分：文化遺産　　登録年：1988年
登録基準：①、②、④

数多くの文化財を誇るスペイン中西部の旧都。15世紀から18世紀に建てられた建物が並び、その中心に「徳と学問と芸術の母」たることを誇るサラマンカ大学がある。この大学が中世後期の人文主義思想の牙城となって、ヨーロッパの四大大学都市のひとつとなる。

⑹　カセレスの旧市街

区分：文化遺産　　登録年：1986年、2016年範囲拡大
登録基準：③、④

世界遺産の登録基準

①人類の創造的才能
②価値の交流
③文化的伝統の証拠
④人類の歴史における重要性
⑤人類の伝統的集落
⑥普遍的な出来事との関連性
⑦自然現象または自然美
⑧地球の歴史の主要な段階
⑨重要な生態学的・生物学的過程
⑩生物の多様性のために重要な自然の生息地

キリスト教徒とイスラーム教徒の対抗を経て発展したこの都市は、建物群にその歴史を反映させ、ロマネスク、イスラーム、ゴシック、イタリア・ルネサンスの各様式がみられる。レコンキスタ後の門閥間の争いから貴族たちは、大きな紋章を館のファサードにつけている。

(7) アビラの旧市街と城壁外の教会群

区分：文化遺産　登録年：1985年、2007年範囲拡大

登録基準：③、④

11世紀にイスラーム教徒との対抗の防御拠点として造られたこの町は、「聖者と石の町」と呼ばれたように堅牢な市壁（88の塔をもつ）に囲まれた要塞都市であった。中世後期から近世にかけて市壁の内と外に教会・修道院が数多く建設された。

(8) セゴビアの旧市街とローマ水道橋

区分：文化遺産　登録年：1985年、2015年範囲拡大

登録基準：①、③、④

この町の水道橋は、規模の大きさ、保存の良さ、歴史都市への入り口という立地の良さから、スペインに遺る古代ローマ水道橋の中で最も有名だ。旧市街の建物群の中でも、王宮のアルカサルとゴシック様式の大聖堂は、特に壮麗である。

⑼　アルカラ・デ・エナーレスの大学都市と歴史地区

区分：文化遺産　　登録年：1998年

登録基準：②、④、⑥

16世紀初め、シスネーロス枢機卿（すうききょう）がこの町に世界で初の大学都市を計画した。大学施設は着々と整い、完成時には25の学寮があったとされる。サンディエゴ広場に面して立つ大学はプラテレスコ風ファサードをもち、多くの建造物に歴史の面影が遺っている。

⑽　歴史都市トレード

区分：文化遺産　　登録年：1986年

登録基準：①、②、③、④

中央部カスティーリャ地方の古都。西ゴート、イスラーム、キリスト教勢力の中心地で、各時代の文化財が多く遺されている。中世のイスラーム、ユダヤ教、キリスト教の3つの宗教が生み出した建築と芸術の傑作も並ぶ。大聖堂は、スペイン・カトリック教会の大本山。

⑾　歴史的要塞都市クエンカ

区分：文化遺産　　登録年：1996年

登録基準：②、⑤

コルドバの後ウマイヤ朝が防御目的で築き、12世紀にカスティーリャが再征服した中

世界遺産の登録基準

①人類の創造的才能
②価値の交流
③文化的伝統の証拠
④人類の歴史における重要性
⑤人類の伝統的集落
⑥普遍的な出来事との関連性
⑦自然現象または自然美
⑧地球の歴史の主要な段階
⑨重要な生態学的・生物学的過程
⑩生物の多様性のために重要な自然の生息地

スペイン世界遺産都市機構 加盟15都市

サンティアゴ・デ・コンポステーラ	タラゴーナ	イビーサ
サン・クリストバル・デ・ラ・ラグーナ	サラマンカ	カセレス
アビラ	セゴビア	トレード
アルカラ・デ・エナーレス	メリダ	クエンカ
コルドバ	ウベダ	バエサ

世の要塞都市で、岩山にそびえ立つ。大モスクの跡に建てられた大聖堂はスペイン初のゴシック建築で、有名な「宙吊りの家」はちょうどその崖上にある。

⑿　**メリダの考古遺跡群**

区分：文化遺産　　登録年：1993年

登録基準：③、④

ローマの植民市エメリタ・アウグスタとして紀元前25年に建設され、ルシタニアの州都として栄えた。ローマ時代の数々の遺跡が保存されており、トラヤヌス帝の門、スペインにスペインで発掘された20件の中で最も豪華なローマ劇場、さらに円形闘技場、円形競技場などが重要である。

⒀　**コルドバの歴史地区**

区分：文化遺産　　登録年：1984年、1994年範囲拡大

登録基準：①、②、③、④

グアダルキビル河岸に位置する都市で、後ウマイヤ朝の首都となり、西方イスラーム圏の学問と芸術の一大中心地となる。歴史中心地区には、メスキータ（大モスク、聖母マリア大聖堂）など世界でも有数の洗練された歴史遺産が見られる。

⒁　**ウベダとバエサのルネサンス様式の記念碑的建造物群**

世界遺産の登録基準

①人類の創造的才能
②価値の交流
③文化的伝統の証拠
④人類の歴史における重要性
⑤人類の伝統的集落
⑥普遍的な出来事との関連性
⑦自然現象または自然美
⑧地球の歴史の主要な段階
⑨重要な生態学的・生物学的過程
⑩生物の多様性のために重要な自然の生息地

区分：文化遺産　　登録年：2003年

登録基準：②、④

南部アンダルシーア地方のふたつの小都市ウベダとバエサは、イスラーム支配下に建設され13世紀に再征服される。アラブ起源と北方起源の両方の都市構造をもち、16世紀ルネサンスの繁栄の中で主にウベダには貴族館などが、バエサには教会や大学が建設された。

スペイン世界遺産都市機構の結成と活動

以上の世界遺産指定14スポットを抱える15都市にとっては、都市の中に埋まっている遺構や歴史的建物群の保存・修復の課題に常に取り組むとともに、そのための財源を確保し都市活動を発展させるために歴史地区を化石化することなく「文化ツーリズム」の対象として活かすことが不可欠である。世界遺産の破壊を許さず、そのサステナブルな存続を可能にするには歴史地区の保存と適切な観光の促進を切り離すことはできない。

そこでお互いの経験を共有し一体となってこの目的に向かって前進しようと結成されたのが、「スペイン世界遺産都市機構（GCPHE）」である。歴史地区をユネスコ世界遺産に指定されたアビラ、カセレス、サラマンカ、サンティアゴ・デ・コンポステー

03

Ciudades Patrimonio de la Humanidad
ESPAÑA | UNESCO

03 GCPHEのロゴマーク

ラ、セゴビア、トレードの6都市が1993年に結成した同機構は、漸次その数を拡大して、現在は上述の15の世界遺産都市が加盟するに至っている。世界遺産に登録されている都市の間の相互協力の世界組織として「世界遺産都市機構（OWHCと略記）」が1993年に発足したが、GCPHE加盟都市は全てこの機構にも加わっている。スペインからはほかにアランフエスとグラナダがOWHCに加盟しているが、GCPHEには加わっていない。

いずれにせよ現在15都市は、「世界遺産に指定された諸都市の歴史・文化遺産の擁護に共同で行動する」（GCPHE協定書より）ことを宣言して、各都市の歴史・文化価値の高さに力点を置いて、文化ツーリズムの促進のために積極的な活動を行っている。その詳細については、GCPHEのウェブサイトを参照されたい（www.ciudadespatrimonio.org）。近年ではスペイン政府観光局と協働で外国でのプロモーションに力を入れており、日本との関係では、2012年9月にGCPHEの市長一行が訪日して、各界との交流を深めている。2016年にはイベリア航空の成田－マドリード直行便就航に合わせて、日本人観光客の誘致に向けた旅行会社向けセミナーを、国営ホテルのパラドールと共同で行っている。コロナ禍の影響でスペインを訪れる日本人旅行者の数は激減したが、GCPHEにとっても今後の回復への期待は大きい。

（立石博高）

第Ⅱ部

沿岸地域と島嶼部の歴史都市

Santiago de Compostela

サンティアゴ・デ・コンポステーラ

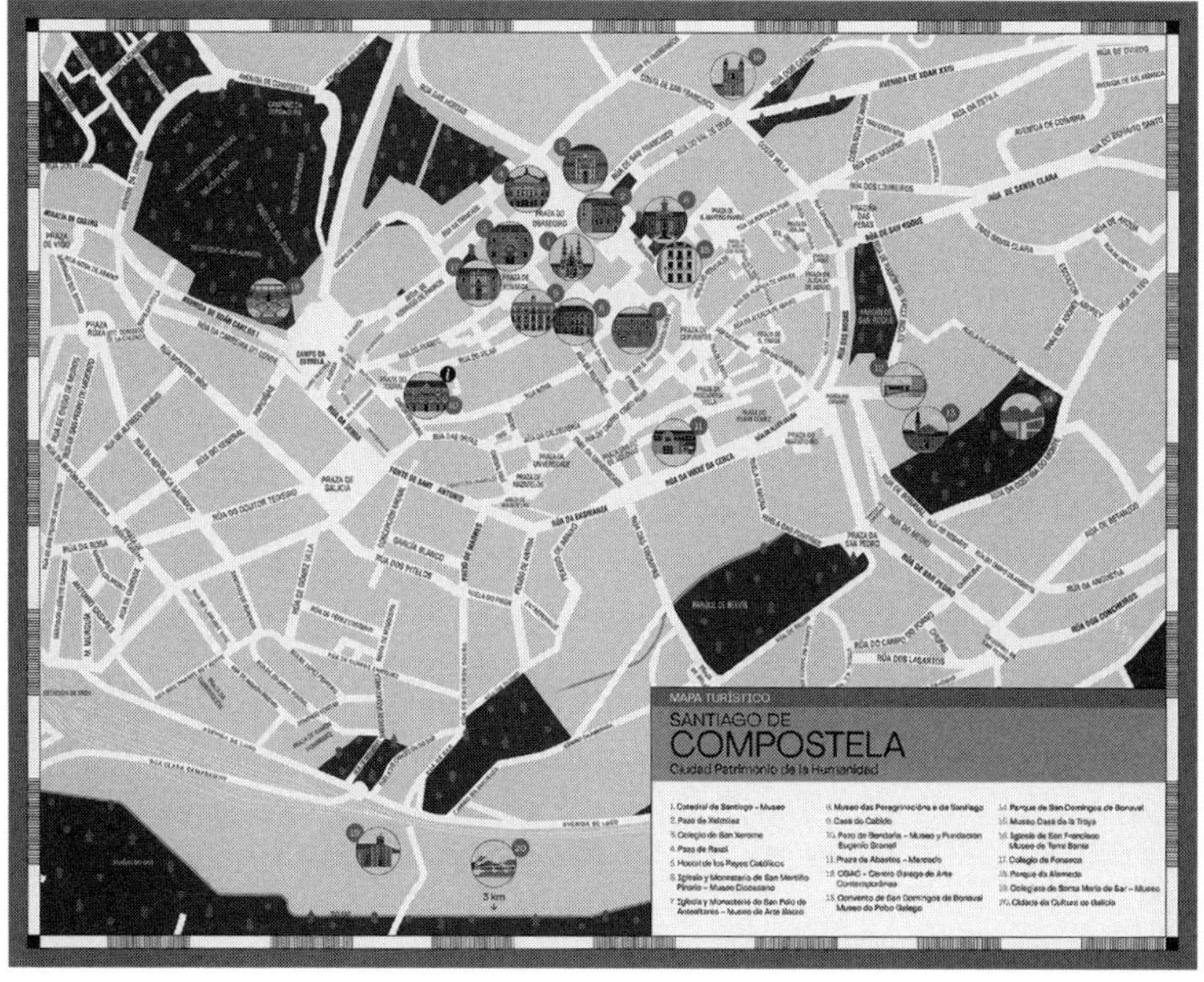

- ガリシア州　ア・コルーニャ県　サンティアゴ・デ・コンポステーラ市
- 人口　約 9 万 9000 人（2023 年現在）
- マドリードから飛行機で約 1 時間 20 分。電車なら約 3 時間半。
- スペイン北西部、ガリシア州の州都。スペイン語のほかにガリシア語も公用語とされている。バチカン、エルサレムと並ぶキリスト教三大巡礼地のひとつで、聖ヤコブが眠る大聖堂は、サンティアゴ巡礼の最終目的地となっている。

4 サンティアゴ・デ・コンポステーラ大聖堂

――巡礼の終着点に眠る聖ヤコブと大聖堂の芸術

町のシンボル「サンティアゴ・デ・コンポステーラ大聖堂」

サンティアゴ・デ・コンポステーラ（以降サンティアゴと省略）の町の中でひときわ存在感がある大聖堂は、世界遺産に指定されているサンティアゴ旧市街の中心、オブラドイロ広場に佇んでいる。この地で聖ヤコブの墓が見つかったとされる9世紀以降、ヨーロッパ中からその聖遺骨を目指して巡礼者が集まり、サンティアゴ大聖堂は人々の信仰と崇拝の象徴として、長い歴史を静かに見守って来た。

サンティアゴとは、スペイン語でヤコブを意味する。ユダヤ人によるイエスの使徒たちへの迫害が激化していった西暦44年、ヤコブはユダヤ王アグリッパの手により十二使

関連動画はこちらから

徒の中では最初の殉教者となる。史実は別として伝承によれば、戦乱の当時のエルサレムは、とてもヤコブを埋葬できるような状況ではなかったため、弟子たちがヤコブの亡骸を船で遠くイベリア半島に運び出し、ひっそりと埋葬したのだった。やがて、墓の場所は人々の記憶から忘れられ、歴史の中に再びその名が現れるのは9世紀になってからのことである。

伝統的な定説によると、サンティアゴで隠遁生活を送っていたペラーヨが毎晩にわたって星の光が流れる不思議な現象を目にし、大司教とともに光の先に使徒ヤコブとその二人の弟子の墓を発見する。大司教はこれを奇跡としてその土地の王アルフォンソ2世に伝えると、王は自らが巡礼者となって遠路はるばるサンティアゴを訪れ、墓のあった場所に教会を建てるように命じた。この場所こそが、現在サンティアゴ大聖堂のそびえる場所である。現在の大聖堂の基礎となるロマネスク様式で設計された教会は、最初の小さな教会の上に建てられたもので、１０７５年に着工し１３６年の歳月をかけ１２１１年には完成したが、その後も改築が繰り返されたため、現在私たちが目にする大聖堂には、ゴシック、ルネサンス、バロック、ネオクラシックなど様々な様式が用いられている。

聖ヤコブが、辺境の地であるイベリア半島に赴いた最初の宣教師であり、ガリシアのある北西部で布教活動を行ったために、二人の弟子たちが聖ヤコブの亡骸をこの地に埋葬したという伝承は、何世紀にもわたって敬虔な信徒たちによって受け継がれてきた。この聖ヤコブのイベリア半島での布教は史実とは言い難いが、

01 サンティアゴ大聖堂

後にスペインの守護聖人[*1]ともなった聖ヤコブが、スペインの長い歴史の中で特別な存在であったことは間違いない。

オブラドイロのファサード

サンティアゴ大聖堂の西側、オブラドイロ広場に面したファサード[*2]は、まぎれもなくサンティアゴ市の、そしてスペインを代表するシンボル的存在だ。それは現在のスペイン製ユーロ硬貨の1、2、5セントのデザインに、このファサードの絵が用いられていることからもわかる。

このファサードは、スペイン・バロック建築を代表する建築家フェルナンド・デ・カサス・ノボアの作品で、12年の歳月をかけて1750年に完成した。ファサードの一番高いところには、手に杖を持ち、オブラドイロ広場を見下ろす聖ヤコブの像がある。下から見上げるとかなり小さく見えるが、実際には高さ約4メートルもある大きな彫刻だ。そのすぐ足下に見える棺は聖ヤコブの墓を象徴しており、二人の弟子アタナシオとテオドロ

＊1　キリスト教の信仰のひとつで、国家、都市、大聖堂、教会、職業などを保護する者として敬われる聖人や天使のこと。

＊2　建築物の正面の装飾のこと。外観的に重要な場合は、背面や側面にあるものを指すこともある。

02　オブラドイロのファサード

03　大聖堂の屋根

の彫刻がその墓を護っている。サンティアゴ大聖堂では、大聖堂の屋根の部分を歩くスリリングなツアーも1日に何度か開催されており、このツアーで屋根に上がると、ファサードの聖ヤコブの彫刻を真後ろから見ることができるので、ぜひ挑戦してほしい。

栄光の門

かつてサンティアゴ大聖堂の顔として西側の入り口で巡礼者を迎えていたのは、「栄光の門」と呼ばれる美しい彫刻からなる門だった。中世美術の粋を集めたとされるこの門の状態が非常に悪くなり、これ以上劣化させないために覆う形でオブラドイロのファサードが造られた。現在は大聖堂の内部からこの門を見ることができる。

栄光の門は、12世紀のロマネスク期のスペインにおける最も重要な彫刻家とされる名工マテオによる作品で、そこに施された彫刻の数々には目を瞠（みは）らずにはいられない。

まず、中央の大きなアーチに囲まれた半月状の部分には、4人の福音書記者の像に囲まれた穏やかなキリストの像が目につく。それまでキリストの彫刻は、全能の神の姿として威厳ある姿で表現されることが多かったが、彫刻家マテオは、キリストの手足にあえて傷跡を残すことで、キリス

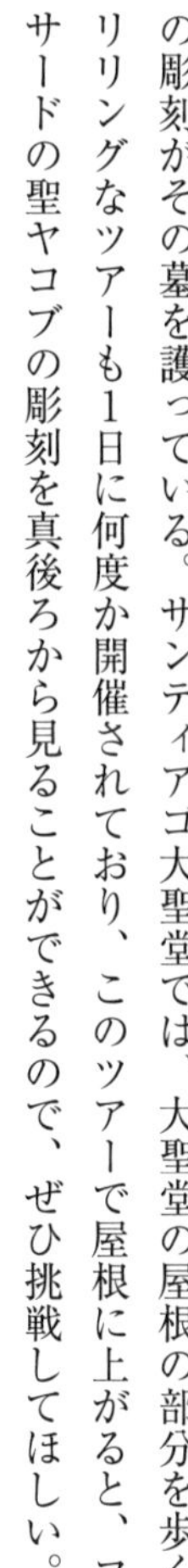

04 栄光の門

トの受けた痛みや苦しみを表現し、キリストの人間的な側面を表現することに成功している。見上げると、まるでキリストが微笑みながら我々に語りかけてくるような錯覚を抱き、生き生きとした表情に感動させられる。

中央のアーチの縁の部分には、24名の老師たちの姿が見える。それぞれに楽器や聖歌集を手にし、お互いを見つめ合いながら演奏している彫刻からは今にも音楽が聞こえてきそうで、マテオが名工と呼ばれた理由がよくわかる。

聖ヤコブの聖遺骨が眠る地下礼拝堂

聖ヤコブの聖遺骨は中央祭壇の下にある霊廟に納められている。この霊廟のある地下礼拝堂には、両側に設けられた階段から下りていくことができ、銀製の聖骨箱を直接拝むことができる。参拝が可能になったのは19世紀のことで、それまでは盗難や略奪を恐れて約700年にわたって隠されてきた。あまりに厳重に隠したためにその所在がわからなくなり、サンティアゴの聖遺骨は2度目の「発見」を経験する。再発見から5年後の1885年には、当時のローマ教皇レオン13世により、この聖遺骨の信憑性が証明され、下火になっていたサンティアゴ巡礼に再び火をつけることとなる。

教会や大聖堂の聖具などが盗難に遭う事件は、実はよく起きており、近年注目を集めたのは、2011年にこの大聖堂の古文書館からカリクストゥス写本が盗まれた事件だ。カリクストゥス写本とは、12世紀に書かれたサンティアゴ巡礼のガイド

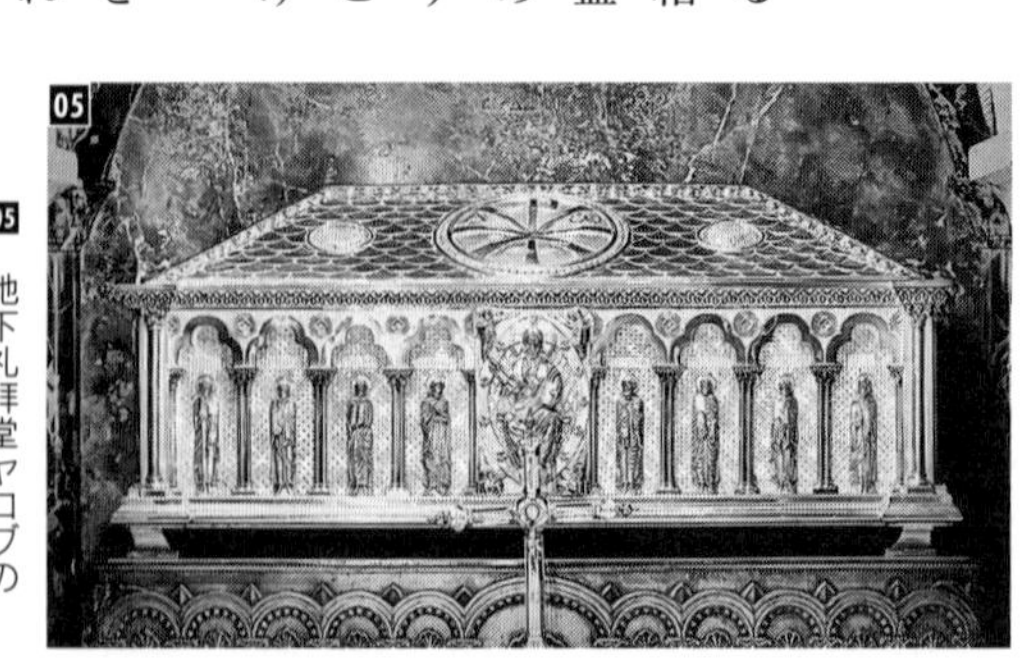

05　地下礼拝堂ヤコブの聖遺骨

ブックのようなもので、大変貴重なものだ。値段がつけられないほど貴重なことから盗難保険もかけられないこの写本が、白昼堂々盗まれたのである。様々な憶測が流れ、スペイン中を賑わす一大スキャンダルとなったが、翌年犯人が逮捕され写本も無事発見された。

ボタフメイロ

この大聖堂でオブラドイロのファサードと並んで有名なシンボルは、ボタフメイロ（振り香炉）だろう。天井から吊るされているロープを6、7人の香炉振り人が一斉に引っ張って勢いをつけ、床面ギリギリを高速で駆け抜けるボタフメイロが一気に天井付近まで振り上げられる様子は圧巻で、普段は静寂な大聖堂に歓声が湧く。長い道のりを歩いて汗まみれになった巡礼者が集う大聖堂内の匂いを抑える効果もあるといわれているボタフメイロだが、実は大聖堂が公式にボタフメイロを振る日は年間わずか12日と少ない。しかし、1回約500ユーロの寄進によっても振ってもらうことができるため、希望する巡礼者の多い聖年[*3]には、ほぼ毎日ボタフメイロが振られるという。これを見るだけでもサンティアゴ大聖堂を訪れる価値があると言えるだろう。（小倉真理子）

06 ボタフメイロと中央祭壇

＊3 聖ヤコブの記念日である7月25日が日曜にあたる年のことで、近年では2021年が聖年であった。しかし、世界的なパンデミックの影響をうけ、特例として2021年と2022年の連続した2年が聖年とされた。スペイン内戦の影響を受けた1937年と1938年にも連続の聖年が設けられたが、12世紀に聖年が制定されてから現在に至るまで、2年連続で聖年が設けられたのはこの2回だけである。

5 旧市街の歴史的スポット

――スペインで2番目に大きな修道院と、サンティアゴ最古の教会

関連動画はこちらから

サンティアゴは、旧市街全体が世界遺産として登録されている。それは、サンティアゴ市の旧市街の景観そのものが評価されて、歴史的な教会や修道院だけでなく、市内の道や一般住宅を含む建造物全てが世界遺産として保護されているということである。したがって旧市街では、たとえ自分の持ち家だったとしても、外壁に手を加えるためには様々な制約に従わなければいけない。サンティアゴ市内には数え切れないほどの歴史的なスポットがあるが、この章では、その中から主だったものを紹介していきたい。

サン・マルティン・ピナリオ修道院

サンティアゴ大聖堂の北側の広場を挟んだ向かいにあるのが、サン・マルティン・ピナリオ修道院だ。ガリシア語では、サン・マルティーニョ・ピナリオと呼ばれる。最初にこの場所に小さな教会が建てられたのは10世紀のことだが、現在の修道院の基礎ができたのは16世紀で、ルネサンス様式、バロック様式、ネオクラシック様式が混在する造りとなっている。スペイン国内では、マドリード郊外にある世界遺産エル・エスコリアル王立修道院に次いで2番目に大きな宗教施設である。

修道院の入り口のファサードの4本のドーリア式[*1]の柱の上には、ピナクロ[*2]と呼ばれる4つの小尖塔が立っている。そしてそのピナクロに挟まれる形でブルボン朝の紋章が配置され、その周りには帆立貝がデザインされている。サンティアゴとその巡礼の道のモチーフに帆立貝が使われているのを目にしたことがある人も多いだろう。その由来には様々な説があり、どれも確実性には欠けるのだが、巡礼者が道中で小川から水を飲む際にコップとして利用されたという言い伝えや、昔は巡礼の証明書とともに帆立貝が贈られ、

*1 古代ギリシア建築の3つの主要な建築様式（ほかはイオニア式とコリント式）のひとつで、最も古い時代に用いられた様式。柱は太く、柱頭は簡素な四角形で柱台がないのが特徴。

*2 主にゴシック様式で多用された頂上部の装飾的な建築物。小尖塔。

01 サン・マルティン・ピナリオ修道院

02 修道院入り口のファサード

巡礼路でこれからサンティアゴに向かう者と、巡礼を終えて帰路に就く者を見分けるための印だったという説もある。現在は復路も巡礼路を歩く者はほとんどいないが、かつては全ての巡礼者がまた来た道を歩いて戻ったことを考えると、道中での帆立貝の勲章としての役割は大きかったのかもしれない。由来がどうであれ、現在では聖年のマークとしても公式に用いられるようになり、帆立貝はサンティアゴとその巡礼のシンボルとなっている。

修道院内部にある教会には、バロック様式の至宝に溢れている。この教会の中で最も価値があり、バロック彫刻として国際的にも高い評価を得ているのは、サンティアゴ大聖堂のファサードを手がけたカサス・ノボアによる黄金色に輝く3つの飾り衝立（ついたて）だ。左側の衝立は月を、右側の衝立は太陽を表し、どちらにも聖ヤコブのシンボルである大きな帆立貝の彫刻が真ん中に据えられている。3つの衝立に囲まれた交差廊[*3]の真上にはドーム型の天井があり、そこに設けられたいくつもの窓から光が取り込まれることで、金色の衝立が文字通りキラキラと輝く。中央の衝立は立体的な造りで、両脇にある小さなアーチで後陣とつながっている。

後陣部分は、聖歌隊席になっていて、ガリシア・バロックの真骨頂ともいえる見事な彫刻の椅子が見所だ。聖歌隊席の両脇の壁には、向かい合わせにふたつの大きな銀色のパイプオルガンがあり、音楽を奏でる天使たちの金色の彫刻が、パイプオルガンを格調

03　サン・マルティン・ピナリオ修道院の飾り衝立

＊3　教会の身廊と翼廊が十字架に交差する場所。通常は祭壇の目の前にくる。

高いものにしている。両方のオルガンをつなぐ天井は半円筒形で、格子状に区切られたカセトンと呼ばれる装飾があり、白と赤を基調とした上品な色使いが、この空間全体をひとつの作品としてまとめ上げている。

サンティアゴのパラドール

スペイン全土に展開している「パラドール」は、主にかつての城や修道院などの歴史的な建築物を改築して造られた国営のホテルである。現在スペイン全土とポルトガルに展開している約100軒のパラドールのうち、5つ星のランクがつけられているのは、サンティアゴのパラドールを含めたった3つしかない。[*4] サンティアゴのパラドールは、ガリシア語でオスタル・ド・レイス・カトリコス（カトリック両王[*5]の療養院の意）と呼ばれる。これは、サンティアゴを訪問したカトリック両王が、巡礼者を受け入れる施設が圧倒的に不足していることを目の当たりにし、トレード出身の著名な建築家エンリケ・エガスに命じて、1509年に完成させた王立の療養所が前身となっているためだ。

04 サン・マルティン・ピナリオ修道院の聖歌隊席

＊4 サンティアゴのパラドール以外の5つ星のパラドールは、グラナダのパラドールとレオンのパラドール。

＊5 カスティーリャ王国のイサベル1世とアラゴン王国のフェルナンド2世を指す。1469年にイサベルはフェルナンドと結婚し、1474年にカスティーリャ女王即位を宣言。1479年に夫フェルナンドがアラゴン王に即位して、両国の共同統治が実現する。彼らの治世で、約8世紀続いたレコンキスタは完了し、コロンブスが新大陸に到達するなど、スペイン史上ひとつの大転換期と位置付けられる。

05 サンティアゴのパラドール

サンティアゴ大聖堂と同じオブラドイロ広場に面しているため、広場側の客室の窓を開けると大聖堂が目の前に迫る。このパラドールに宿泊したら一日中窓際に座って、太陽の光によって様々な表情をみせる大聖堂のファサードを独り占めしながら、読書にふけるのも一興だ。

マサレロスの門・サンティアゴの城壁跡

サンティアゴ市はかつて城壁で囲まれており、7つの門から城壁内に出入りすることができた。城壁も門もそのほとんどが19世紀に姿を消し、遺っているのはマサレロスの門と呼ばれる石造りの門だけである。

この城壁の歴史を辿ると、実はこれはサンティアゴに築かれた2番目の城壁だったということがわかる。最初の城壁は、現在サンティアゴ大聖堂があるあたりに、大聖堂の壁に沿うように造られた。この城壁は、997年にサンティアゴが後ウマイヤ朝の宰相マンスール（スペイン語でアルマンソール）の襲撃を受けた際に全て崩壊してしまう。外敵からサンティアゴを守るために、新たな城壁を建設することとなるが、巡礼者の著しい増加で都市がかなり拡大していたことから、最初の城壁よりさらに外側に、そしてより分厚くて背の高い頑丈な城壁を造った。マサレロスの門は、このときに造られたものだ。かつては、銀の道[*6]を通って南からサンティアゴに到着する者は、必ずこの門を通らねばならなかった。そして、この門より南方にガリシア有数のワインの産地が位置し、そこから良質のワインがこの門をくぐって

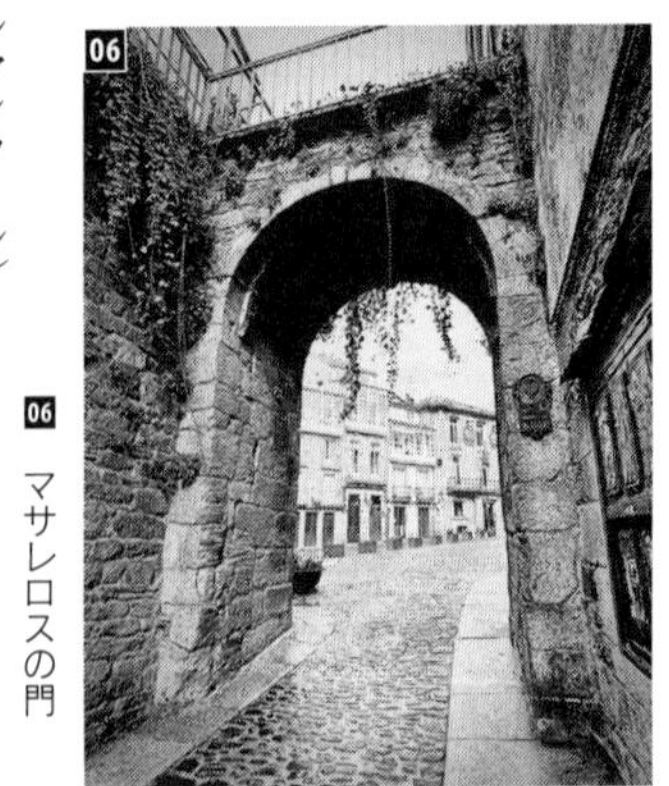

06　マサレロスの門

＊6　スペイン南部アンダルシーア地方の都市セビーリャからサンティアゴを目指す、イベリア半島を縦断する巡礼の道のこと。

サンティアゴ市内に運ばれていたことは、第4章に既出の『カリクストゥス写本』にも記されている。

サン・フェリクス・ソロビオ教会

サン・フェリクス・ソロビオ教会は、ガリシア語のサン・フィス・ソロビオの名前で地元住民に親しまれている。サンティアゴで最も古いと言われる教会で、その起源は10世紀に遡る。オリジナルの教会は、アルマンソールの襲撃で城壁とともに全壊してしまったが、その後12世紀に、同じ場所に同じ名前で建てられたものが現在遺っている教会だ。入り口の門はロマネスク様式で、扉の真上の半円形の部分に非常に貴重な彫刻がある。これは、公現祭[*7]の情景を描いたもので、中心に幼子イエスを抱く聖母マリアが、そして向かって左には東方の三博士が、右側には杖によりかかって座っている聖ヨセフ（マリアの夫）の姿が見える。この彫刻は、かつてポリクロミアと呼ばれる手法でカラフルな色がつけられていたのだが、残念ながらその色彩はほぼ消えてしまっている。それでも彫刻を注意深く見ると、所々にかすかに色が残っているのがわかり、かつての鮮やかな姿を想像しながら時の流れを感じるのも趣深い。

（小倉真理子）

07 サン・フェリクス・ソロビオ教会

＊7 幼子イエスへの東方の三博士の訪問と礼拝を記念する日。1月6日。この日は現在もスペインの祝日となっている。

6

巡礼の終着地に根付く伝統文化

――ガイタの響きと魔除けのアサバチェ、ガリシアの豊かな食文化

ガリシア地方のケルト音楽とバグパイプ

ガリシア地方を含むイベリア半島北西部は、広義のケルト文化圏に属し、この地域の伝統的な音楽ではガイタと呼ばれるバグパイプが用いられる。一口にガイタといっても、地域差や時代による変化も大きく、主にアストゥリアス地方で使われるものはガイタ・アストゥリアーナ、ガリシア地方で使われるものはガイタ・カリェーガ（現地語ではガイタ・ガレーガ）と呼ばれている。

ガイタ・ガレーガの起源はよくわかっていないがその歴史は古く、13世紀にカスティーリャ王アルフォンソ10世が編纂（へんさん）した『聖母マリア賛歌集』の中には、ガイタ・ガ

関連動画はこちらから

レーガを演奏する音楽家の絵がミニアチュール[*1]で彩られている。ここに登場するガイタ・ガレーガは、現在一般的に使用されるものと比べると簡素な作りで、息の吹き込み口、空気を溜める袋、メロディーを奏でる管しかない。この当時は、音楽もまだ原始的で単旋律のみを演奏していたからだと思われるが、その後、多声音楽が発展していくのに合わせて、複雑な構造のガイタ・ガレーガが作られるようになり、現在に伝わっている。この賛歌集はガリシア語で書かれており、当時使用されていた多様な楽器や衣装などを窺い知ることのできる貴重な資料となっている。

民俗音楽としてのガリシア地方のケルト音楽は、一般的にガイタだけで演奏されることは少なく、多くの場合パンデイレタと呼ばれるタンバリンに似た打楽器、サンフォーナと呼ばれる弦楽器などを伴って複数人で演奏される。

サンティアゴ市内にあるガリシア民俗博物館は、ガリシアの伝統的な衣装、建築、交易、生活環境など、ガリシアの文化を深く知るには欠かせない博物館であるが、音楽のコーナーも充実しており、ガイタ・ガレーガの製作の様子や、時代ごとの楽

＊1 中世の写本に収録された挿絵。写本の赤色の顔料として鉛丹（ラテン語でminium）が用いられていたため、この名がついた。

01 ガイタ・ガレーガ
02 ガイタ・ガレーガの制作に使われる工具

器の変遷、またガイタ・ガレーガと一緒に演奏される打楽器や弦楽器の数々も展示されている。中でも面白いのは、打楽器の多様さである。音のなるものなら何でも打楽器として使用してきたことが、展示品からもよくわかる。サンティアゴのシンボルである帆立貝も、もちろんガリシアの人たちにとっては打楽器でもあり、ガイタ・ガレーガの音に合わせて何世紀にもわたってリズムを刻んできた。このコーナーの一角には、オーディオの資料もあり、収録されているたくさんの音源でそれぞれの楽器の音を比較したり、ガリシア地方に特有のリズムや音楽を体験することができる。

このように、ガイタ・ガレーガはガリシア地方の伝統的な楽器として発展してきたが、現在はカルロス・ヌニェスに代表されるような国際的に有名なガイタ演奏家も輩出しており、ガイタ・ガレーガの認知度は一気に世界的なものとなった。ヌニェスは特に他ジャンルの一流ミュージシャンとの共演も多く、日本ではジブリ映画の『ゲド戦記』（２００６年）の楽曲を演奏しており、ティンホイッスルやガイタ・ガレーガの音色を楽しむことができる。

巡礼者のお守り「アサバチェ」

日本語では「黒玉（こくぎょく）」と呼ばれる「アサバチェ」（ジェット）は、太古の樹木が化石化したもので、磨き込むと美しい黒色の艶（つや）が出るため、古くから宝飾品として珍重されてきた世界最古の宝石のひとつである。サンティアゴ大聖堂の北側には、アサバチェリア広場と呼ばれる広場があり、かつてはアサバチェを細工して宝飾品を作る職人たちで溢れていた。巡礼者はサンティアゴ大聖堂への巡礼の記念としてこのアサバチェを求めた。十字架のデザインや聖ヤコブの象徴である帆立貝のデザイン、またフィガと呼ばれる握り拳（こぶし）のデザインは特に人気で、巡礼者だけでなく、地元住民の間でもペンダントなどにして魔除けとして肌身離さないでおく習慣がある。アサバチェは非常にもろい素材のため加工するのが難しく、細かな飾り彫りや透かし細工などで手が込んだものは、かなり高額で取り引きされる。

このようにサンティアゴ巡礼のお守りとして有名なアサバチェであるが、その産地はガリシア地方ではなく、お隣のアストゥリアス地方で、巡礼の道を通ってサンティアゴに運ばれて加工されるようになった。オビエド大学の調査研究によると、現在採掘されるアサバチェの元になったのは、6500万年前には絶滅してしまったとされるナンヨウスギ科の樹木で、ジュラ紀から白亜紀のものと推定される。アストゥリアス産のアサバチェは、イギリスのウィットビー産のものと並んで世界最高ランクの品質を誇る。

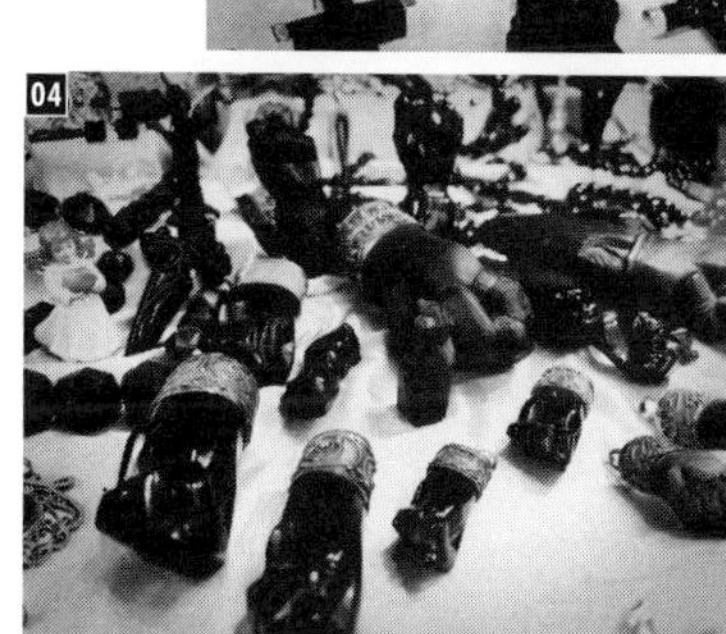

03 ホタテのデザインのアサバチェ
04 拳のデザインのアサバチェ

サンティアゴ市民の胃袋「アバストス市場」とガリシアの食文化

サンティアゴ旧市街の東の外れに、アバストス市場がある。アバストスは固有名詞ではなく、スペイン語で生活必需品のことを指す。つまり肉、魚、野菜、果物、卵など基本的な食材を調達できる市場という意味で、スペイン各地にそれぞれの「アバストス市場」が存在する。

サンティアゴのアバストス市場にも、良質な食材が海や畑から直送され、観光客というよりは主に地元の人々の日々の生活を支えている。ガリシアの食文化は、スペイン全体から見ても特に素材の良質さが際立っている。周りを海に囲まれた地の利のおかげで、新鮮で種類に富んだ魚介類が市場の店頭に並ぶ。

ガリシア料理の代表格と言えるのが「プルポ・ア・ラ・ガリェーガ」だろう。タコを丸ごと茹でて、ハサミで食べやすい大きさにぶつ切りにし、スライスして茹でたジャガイモの上に並べ、塩とパプリカ、オリーブオイルをかけただけのシンプルな料理だ。アバストス市場の一角にはこのタコ料理だけを提供している専門店もあり、新鮮な茹でたてのタコが堪能できる。

ピミエント・デ・パドロンという、シシトウに似た小さなピーマンは、ガリシア州の特産品だ。素揚げして塩で食べるのが本場流で、スペイン全土で、おつまみや前菜と

05　プルポ・ア・ラ・ガリェーガを作る人

06　プルポ・ア・ラ・ガリェーガ

して人気の一品だ。近年では、日本の農家でも栽培が進み、特に遠野産のパドロンは、ビールに合うおつまみとして全国に出荷されている。少しほろ苦く、噛むと甘みが出るのが特徴だが、時に激辛のパドロンが混じっている。見た目は全く同じなので見分けがつかず、大人数で囲む食卓で、おっかなびっくりでパドロンを食べていく様子は、ひとつの余興としても楽しめる。

ガリシア牛は、ＩＧＰ（地理的表示保護制度）と呼ばれる産地の地理的な環境や風土に由来する高品質な特性を指し示す制度で保護されている高品質の牛肉だ。ルビア・ガレーガというガリシア地方の固有種で、低温で熟成させた肉を炭火で焼き、塩で味付けしただけの一品も欠かせない。先ほどのプルポ・ア・ラ・ガリェーガ同様、シンプルだが素材の品質がよいからこそ堪能できる料理が多いのもガリシア料理の特徴といえるだろう。

ガリシア産のチーズの大きな特徴は、そのほかのスペイン産のチーズがヤギや羊の乳を原料にしているのに対し、牛乳から作られていることだ。テティーリャと呼ばれる乳房の形をしたガリシア・チーズを筆頭に、ＤＯ（原産地呼称制度）で保護されている質の高いチーズも多い。

（小倉真理子）

07 多様なガリシアチーズ

コラム 1

サンティアゴ・デ・コンポステーラの巡礼路

1993年に世界遺産に登録された「サンティアゴ・デ・コンポステーラの巡礼路」は、聖ヤコブの眠るサンティアゴ・デ・コンポステーラ大聖堂を目指す、スペイン北部を東西に貫く「道の遺産」である。2015年に範囲が大幅に拡大されて「スペイン北部の道」として、「原始の道」「海沿いの道」「バスクとラ・リオハの内陸の道」そして「リエバナの道」の4つのルートが加えられた。

このほかにも、スペインの首都マドリードから出発する「マドリードの道」やスペイン南部アンダルシーア州のセビーリャから北上する「銀の道」、そしてフランスからピレネー山脈を越えて「スペイン北部の道」に合流するルートなど各方面からサンティアゴに向かう街道がある。フランスの首都パリから出発するフランス側の道は、「フランスのサンティアゴ・デ・コンポステーラの巡礼路」として1998年にフランスの世界遺産に登録されている。

サンティアゴの巡礼路の標識

9世紀にサンティアゴ（聖ヤコブ）の墓が見つかったという知らせは、瞬く間にヨーロッパのキリスト教徒の間に広まり、ヨーロッパ各地から多くの信者が聖ヤコブの墓を目指す巡礼の旅に出ることとなる。これが、サンティアゴ巡礼の始まりである。巡礼者の数は12世紀には年間50万人にも上ったという。イベリア半島全体をみると、この時代はイスラーム教徒が勢力を拡大し、南部を中心に、アル・アンダルスと呼ばれた支配地域を形成していた。多くの都市では教会が破壊されてモスクが建設される中、イベリア半島北部では巡礼者の増加に伴い街道や橋などが次々に整備され、巡礼者を受け入れる宿泊施設や療養所、礼拝堂や教会も建設ラッシュとなり、ロマネスク様式の最盛期を迎える。現在スペインに遺るロマネスク建築のほとんどが北部に密集しているのは、こうした時代背景によるものである。

こうして加熱していった巡礼への情熱も、16世紀に入りドイツのルター、スイスのカルヴァンに代表されるヨーロッパ全体の宗教改革の波と無縁ではなく、この時期から徐々に巡礼者の数は下降の一途を辿る。さらに18世紀に入るとフランスのヴォルテールを筆頭とする啓蒙思想の発展により、反教会的な流れは強まり、巡礼者の減少にさらに追い討ちをかけた。しかし、こうした一連の反教会的思潮の波に揉まれながらも、巡礼者が皆無になることはなく、19世紀にサンティアゴ大聖堂の地下礼拝堂が大幅改築されて聖ヤコブの聖骨箱が一般に開放されたことを機に、再び巡礼者は少しずつ増え始めた。サンティアゴ・デ・コンポステーラ巡礼事務所が発表しているデータによると、1991年には7274人だった年間巡礼者数が、パンデミック直前の2019年には34万7578人にまで大幅に回復している。20世紀末にスペインとフランスの巡礼路が相次いで世界遺産に登録されたことも、こうした人気を支える大きな材料となったことは間違

巡礼路沿いのロマネスク様式の教会（オセブレイロ）

サリアのホタテの欄干

モンテ・デ・ゴソの巡礼者像

いないだろう。

サンティアゴ巡礼は、まずクレデンシアルと呼ばれる巡礼手帳を手に入れるところから始める。巡礼を始めたら、街道沿いの教会や修道院で毎日最低ひとつはスタンプを押してもらうことが必要で、これが巡礼をしてきた証しとなる。無事に巡礼の最終地サンティアゴに到着したら、大聖堂の近くにある巡礼事務所で巡礼証明書を受け取ることができる。巡礼証明書をもらうためには巡礼の道を最低100キロメートル歩いている必要があるため（自転車の場合は200キロメートル）、サンティアゴから逆算して100キロメートルを少し超えるサリア（114キロメートル）は巡礼のスタート地点として最も人気のある都市だ。

現在サンティアゴ巡礼をする人々は、必ずしも敬虔なキリスト教徒だけではなく、トレッキングやスポーツ感覚で巡礼路を歩く人も多い。しかし、1日に20～30キロメートルの距離を歩き自分と向き合うことは精神的な鍛錬になるだろう。また巡礼路を歩きながら、歴史的、文化的意義のある教会や修道院を訪ね、同じ目的をもって歩く世界中の見知らぬ人たちと知り合い交流を深めることは、宗教という枠を超えた人生の大きな体験になるに違いない。

（立石博高）

Tarragona

タラゴーナ

- カタルーニャ州　タラゴーナ県　タラゴーナ市
- 人口　約 13 万 8000 人（2023 年現在）
- バルセローナからスペイン新幹線 AVE で約 30 分。マドリードからは約 3 時間半。
- スペイン北東部、カタルーニャ地方の都市。古代ローマ時代にその基礎ができた歴史ある都市で、市内外に点在する遺跡群が世界遺産に登録されている。地中海に面しており、温暖な気候のため毎年 6 月頃から海水浴を楽しむ人々も多い。

タラゴーナの考古学遺跡群

――市内に遺るローマ帝国の痕跡、紀元前に築かれたタラコの城壁

ローマによるイベリア半島支配の歴史は、紀元前3世紀頃から地中海の覇権をめぐって争った、カルタゴとローマの3度にわたるポエニ戦争に遡る。第2次ポエニ戦争でカルタゴの将軍ハンニバルは、イベリア半島から象を率いてアルプスを越えイタリア本土に攻め入ることでローマに大きな打撃を与えたが、スキピオ・アフリカヌス（大スキピオ）の反撃によってローマ側の勝利に終わり、この結果イベリア半島にローマの属州ヒスパニアが置かれることになる。これ以降、ローマによるヒスパニアの支配は西ローマ帝国が滅亡する5世紀まで、約700年続いていく。初代ローマ皇帝アウグストゥスの時代に、イベリア半島は3つの属州[*1]に分割された。タラゴーナの起源となるタラコは、

関連動画はこちらから

＊1　属州ヒスパニアは、南部のバエティカ（州都はコルドバ）、南西部のルシタニア（州都はエメリタ・アウグスタ。現在のメリダ）とタラコネンシス（州都はタラコ。現在のタラゴーナ）の3つに分割された。

ローマに次ぐ大都市として栄え、その栄華の象徴として建設された多くの建築物が今もタラゴーナ市内外に遺されている。まずは、現在タラゴーナ市内に遺されているローマ遺跡をみていこう。

ローマ時代の城壁・考古学散歩道

タラゴーナの考古学遺跡群として世界遺産に登録されている14件の構成資産のうち、最も古い建造物とされるのがローマ時代の城壁で、紀元前3世紀～2世紀初めに建設されたと推定されている。かつてこの地に栄えたタラコの町は、城壁によって市内と周辺部がきっちりと区別された近代的な都市だった。建設当初、約4・5キロメートルの長さで旧市街を一周していた城壁は、長い歴史の中で拡張や補修、崩落や倒壊を繰り返し、現在は約1・1キロメートルが遺されているのみである。

しかし、この城壁に沿った道は「考古学散歩道」という名で親しまれており、18世紀に城壁と隣り合わせに造られた要塞の上を歩きながら、古代ローマの城壁と、城壁に組み込まれていた3つの塔[*2]を間近に見ることができる。そのうちのひとつミネルバの塔には、ローマ神話に登場するミネ

01　タラゴーナの風景

02　ローマ時代の城壁

＊2　3つの塔はそれぞれ、ミネルバの塔、カビスコルの塔、アルソビスポの塔と呼ばれる。

ルバの女神を象(かたど)ったレリーフの一部が遺っている。この彫刻にはタラゴーナで最古の、そしてイベリア半島全体としても最古の、ラテン語で書かれた碑文が遺されているのは大変興味深い。

円形闘技場（アンフィテアトロ）

紀元1世紀から2世紀初頭に城壁の外側に建設された円形闘技場は、地中海の海辺に位置し、青い海を背景に黄金色に浮かび上がる姿は、タラゴーナを代表する景観となっている。古代ローマ時代には、剣闘士や猛獣の闘いが人気を集め、当時の収容人数は1万4000人に及んだといわれる。日本語には「円形」闘技場と訳されるが、闘いの舞台となる中央の砂の部分は楕円形をしている。その下には地面を掘って板をはめた地下部分があり、見世物に必要な小道具や大道具を保管する倉庫としての機能をもつほか、そこから出場者を登場させるような舞台仕掛けも施されていた。

キリスト教がまだローマ帝国の国教ではなく迫害を受けていた時代は、円形闘技場は娯楽のためだけの施設ではなく、キリスト教徒の公開処刑場としても使われていた。3世紀には、タラコの司教フルクトゥオソとその助祭のアウグリオとエウロヒオが、ここで公開処刑にされた。その後キリスト教が公認され、さらにはローマ帝国の国教となると、円形闘技場の公開処刑場としての役割は終わり、4世紀には円形闘技場の舞台部分

03　ローマ時代の城壁にあるアルソビスポの塔

に、殉教した3人の聖職者たちを祀る小さな教会が建てられた。この頃にはもう見世物を鑑賞するための施設ではなくなり、植物が植えられ歩道ができ、小さな街のような空間になっていた。その後12世紀には、小さな教会の上にロマネスク様式の「奇跡の聖母マリア教会」が建てられるが、その教会も長い年月を経て崩落してしまった。

色褪せてもなお、当時の栄華をこんにちに伝える巨大な円形闘技場は、20世紀になると時の国王アルフォンソ13世の勅令によりスペインの重要文化財に指定される。それを機に、あまりに朽ちてしまった遺跡の補修を目指そうとする市民団体「円形闘技場友の会」も発足し精力的に活動を行ったが、圧倒的な資金不足に見舞われ、修理どころか発掘も調査も行えない状況が続いた。そんな苦境に手を差し伸べてくれたのが、アメリカ人のW・J・ブライアンだった。タラゴーナのローマ遺跡に心底惚れ込んだ彼が、タラゴーナ県立考古学博物館と友の会の活動に資金提供する形で、保全に乗り出したのだ。

潤沢な資金を使って

04 円形闘技場
05 円形闘技場への入り口

06 プレトリオの塔からの眺め

丁寧な修復工事が進んだおかげで、現在我々はかつて剣闘士たちが闘った舞台に立ち、キリスト教の迫害の歴史と、その後に建てられた教会跡を目にしながら、タラゴーナの円形闘技場の2000年の歴史に想いを馳せることができる。

プレトリオの塔とローマ円形競技場（シルコ・ロマーノ）

ローマ時代に造られた公共広場は、総面積18ヘクタールというローマ帝国の歴史の中でも、最も大きなサイズの広場だった。18ヘクタールと言われても想像がつきにくいが、東京ドーム4個分ほどの大きさというとその巨大さがわかるだろう。こうした公共広場はフォーラム（フォルム）と呼ばれ、広場内部には神殿や礼拝所、地方議会や裁判所、そして競技場などが造られた。

ローマ時代のフォーラムがとにかく広いものだったことは間違いないが、現在タラゴーナの街に遺っている大規模建築物としては、プレトリオの塔とシルコ・ロマーノと呼ばれるふたつの遺構のみである。プレトリオの塔は、ローマ時代には法務官の官邸として使われた立派な建物で、中世には王城として修復され再利用された。そのすぐ隣にあるシルコ・ロマーノは、縦325メートル横115メートル、2万5000人を収容できる巨大な競技場だった。ここでは、4頭の馬に引かせた馬車の速さを競うクアドリガという競技が行われていた。

競技場跡に足を踏み入れると、まず大きな石造りの半円アーチの通路に圧倒される。通路の両脇には小さな部屋がいくつもあり、競技場に来た観客が飲み物や食べ物、お土産などを買うための売店だった。メインの通路を左に曲がると、やや低い天井の通路がかなり奥まで続いている。この通路の両脇にも小さな部屋があり、ここは競技出場者のための控え室として使われていた。実際に競技が行われたトラックは、そのほとんどが消失しているため、巨大な全体像を想像するのは難しいが、ほぼ完全な形で遺っているバックステージに足を踏み入れると、当時の開演前の賑わいが聞こえてくるようだ。

（小倉真理子）

07 円形競技場外観

08 円形競技場通路

8 タラゴーナ大聖堂と市外の世界遺産
――悪魔の水道橋とローマ建築を支えたエル・メドル採石場

タラゴーナ大聖堂

タラゴーナ大聖堂は世界遺産の構成資産には含まれていないが、中世都市としてのタラゴーナを代表する建築物であり、また近年の調査で新たにローマ帝国との関連性も発見され、この町の重要な建築物であることには変わりないので、ここで紹介しておきたい。

この大聖堂は、タラゴーナ市の最も高い位置に建てられている。１１７１年に建設が始まり、２００年余りの長い歳月をかけて１３７５年に一旦完成するものの、その後も改修や増築を繰り返したため、スペインの多くの大聖堂や教会がそうであるように、こ

関連動画はこちらから

の大聖堂にもロマネスク、ゴシック、ルネサンス、バロック様式が混在している。例えば、入り口部分だけに限っても、3つある扉のうち中央の大きな扉は尖頭アーチを伴うゴシック様式、そして両脇の小さな扉はロマネスク様式、といった具合だ。

大聖堂の入り口に立つと、大きさ11メートルの巨大なバラ窓に目を奪われる。しかし、その装飾は極めてシンプルであり、バラ窓を囲むファサード上部にも凝った彫刻や装飾は見られない。実は、この大聖堂のバラ窓とファサード上部は、1348年に建設が開始したものの、この年にヨーロッパ全土を襲い多くの死者を出した黒死病（ペスト）のパンデミックにより工事続行が不可能となり、その後も手がつけられることなくそのままになっているのだ。歴史を物語る未完成のデザインというのは、また違った意味で面白い。

1999年から2001年にこの大聖堂はかなり大規模な補修工事を受けることになるのだが、その後も謎に包まれていた床下の発掘調査は続けられ、2007年に大聖堂の地下部分から、初代ローマ皇帝アウグストゥスに捧げる神殿の跡らしきものが発見された。この神殿が存在するらしいということは、それまでにタラゴーナで発見されていたローマ時代の貨幣によって知られていたが、大聖堂がまさにその神

01 タラゴーナ大聖堂ファサード

02 タラゴーナ大聖堂回廊

殿の上に建てられていたことは、この発掘調査で初めて判明した。

ローマ時代の遺跡は、タラゴーナ市外にも数多く点在している。ここからは、その中から主だったものを紹介していこう。

ラス・ファレーラス水道橋

古代ローマの多くの大都市がそうであったように、タラコの町にも大きな水道橋によって水が供給されていた。大都市に生活する人々の生活用水だけでなく、公共浴場であるテルマや噴水にも水が必要だったし、タラコとの交易のために停泊している船も、航海に出る前に飲み水を確保する必要があった。こうした需要を満たすため、タラコにはふたつの水道が造られた。ひとつはフランコリ川から、もうひとつはガイア川から水を引くものだった。

現在遺っているローマ水道橋は、フランコリ川の水を市内に運ぶルート上のもので「ラス・ファレーラス水道橋」と呼ばれるのだが、この大きな橋が短期間で完成したのは悪魔の仕業に違いない、と考えた人たちによって「悪魔の橋」というあだ名がつき、現在でも地元ではこちらの名前で親しまれている。

タラゴーナ市から約4キロメートルの地点にあるこの水道橋は、全長217メートル、一番高いところで27メートルあり、スペイン国内に現存するローマ時代の水道橋の中では、第25章で扱う「セゴビアのローマ水道橋」に次ぐ規模を誇る。この水道橋にアクセスするには、手前にある山林公園を進んでいくのだが、遊歩道を覆っている木々が途切れて突然巨大な遺跡がその姿を現すと、思わず足を止めて感嘆の声を上げてしまう。特に夕暮れ時には、西日を浴びて燃えるような石の色が自然の中に浮かび上がり、非常に印象的だ。

水道橋は二層の構造になっていて、上層は25のアーチ、下層は11のアーチで支えられている。目視しただけではわからないが、この橋の両端では約40センチメートルの高低差があり、この緩やかな傾斜を使って水が流れていた。かつて水が流れていた水路に登ることができ、端から端まで歩いて橋を渡ることができる。水路は幅1メートルほどと狭く欄干部分は低いため、高所恐怖症の人にとってはかなり足のすくむ体験だが、橋の上に立つとこの水道橋の高さを実感でき、ローマ時代の人々の技術の高さを感じずにはいられない。

03 ラス・ファレーラス水道橋

スキピオの塔

タラゴーナ市内からアウグストゥス街道[*1]を約6キロメートル北上した街道沿いにある「スキピオの塔」は長い間、第二次ポエニ戦争で活躍したスキピオ・アフリカヌス（大スキピオ）と、その弟のスキピオ・アシアティクスの兄弟の霊廟だと考えられていた。その真偽には疑問が付きまとい、20世紀以降に様々な調査研究が行われた結果、この塔は紀元1世紀後半に建設されたもので、スキピオ兄弟は一度も埋葬されたことがない

*1 イベリア半島の大都市とローマをつないでいたローマ街道のひとつ。ピレネー山脈のジローナからカディスまでの約1500キロメートルの長い街道。タラゴーナ付近の地中海沿いの街道は現在国道340号線となっている。

と結論付けられた。しかし、長年にわたって親しまれてきた名前は踏襲され、２０００年の世界遺産登録の際にもこの名称がそのまま用いられた。塔の中央付近には死と再生の神アッティスの像があるが、おそらくこれがスキピオ兄弟のレリーフだと考えられてこの歴史的な勘違いが起きたものと思われる。

バラの凱旋門

スキピオの塔からアウグストゥス街道をさらに北上した、タラゴーナ市から約20キロメートルの地点にバラの凱旋門がある。20世紀前半までは、この門の下を人や車が通っていたが、現在は国道３４０号線の上り車線と下り車線が左右に開く形でこの凱旋門を迂回している。２０００年にわたる歴史の中でこの門が最もひどい痛手を受けたのは、スペイン内戦のときだった。開戦直後の１９３６年、凱旋門の柱の内側部分が爆破されたことで、ローマ時代に積み上げられた角石が無残にも根元から崩れ落ち、バラの凱旋門は倒壊の危機に陥った。戦禍の続くこの時代に、なんとか倒壊を防ぐための補修はされたが、その傷跡は長らくそのまま放置されていた。この凱旋門に転機が訪れるのは１９９８年のことだ。考古学者で古代史家のシャビエル・デュプレの手によって、ローマ時代の素材や建築方法にも配慮した形で完璧に修復され、タラゴーナの考古学遺跡群の構成資産のひとつとして世界遺産に登録されること

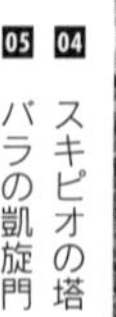

04　スキピオの塔
05　バラの凱旋門

となった。

エル・メドルのローマ採石場

タラゴーナの考古学遺跡群の構成資産は、これまで見てきたように、そのほとんどが石造の建造物である。この大量の石は全てタラゴーナ近郊の採石場からアウグストゥス街道を使って運び出されたものだ。エル・メドルの採石場は、タラゴーナ周辺にいくつもある採石場のうち最大規模のもので、付近には散策に最適な遊歩道もあり、トレッキングを楽しむ人々の姿も目につく。山道を少し歩いて行くと、長いところで幅２００メートルはあろうかという大きな窪みに出くわす。下を覗くとその崖は垂直に切り立っていて、窪みの中央には細長いオベリスクのような塔が立っている。これは、石を切り出すときに手をつけずに残した部分で、この「塔」の高さによって、どれだけ掘り出していったのかがわかる目印の役割がある。

この採石場から採れる石は、中新世（約２３００万年前〜約５００万年前）の石灰岩で、太陽の光を浴びると薄い金色に輝いて見えるため重宝され建築物に多用された。

（小倉真理子）

06 エル・メドルのローマ採石場

9 もうひとつの世界遺産と無形文化遺産

――ポブレー修道院、人間の塔とカルソッツの伝統的食文化

関連動画はこちらから

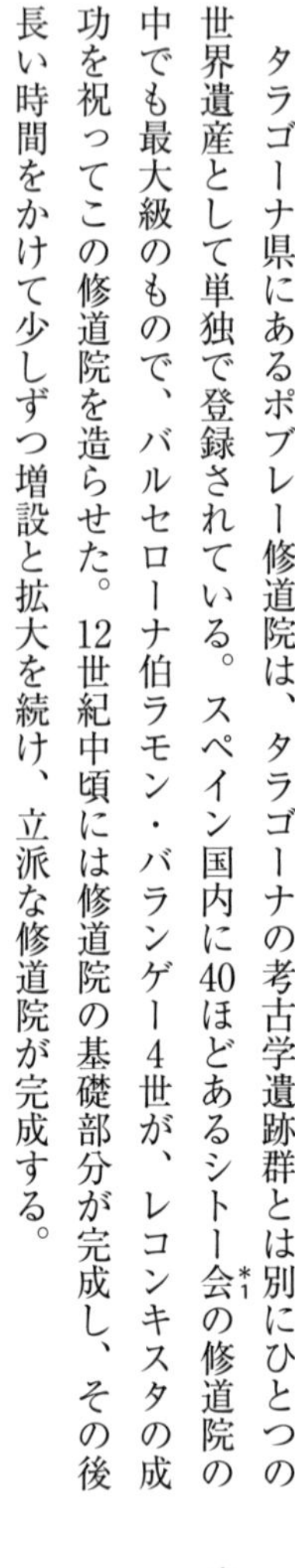

ポブレー修道院

　タラゴーナ県にあるポブレー修道院は、タラゴーナの考古学遺跡群とは別にひとつの世界遺産として単独で登録されている。スペイン国内に40ほどあるシトー会[*1]の修道院の中でも最大級のもので、バルセローナ伯ラモン・バランゲー4世が、レコンキスタの成功を祝ってこの修道院を造らせた。12世紀中頃には修道院の基礎部分が完成し、その後長い時間をかけて少しずつ増設と拡大を続け、立派な修道院が完成する。

　ポブレーは緑豊かな肥沃な土地で、かつては修道院の敷地の中で野菜や果物が栽培されており、修道士は自給自足の生活をしていた。畑ではブドウも栽培されており、現在

*1　フランス北東部のサン＝ニコラ＝レ＝シトーに11世紀末に設立されたシトー修道院を発祥とするカトリック教会に属する修道会。

01 ポブレー修道院・王家の霊廟

でもこの修道院では、赤、白、ロゼのワインを醸造し販売している。

1340年にアラゴン王ペドロ4世によって造られた王家の霊廟は、この修道院の大きな見所のひとつだ。修道院内の教会の中央祭壇の両脇に建てられたふたつの大きな石造りの霊廟で、アーチに支えられて納骨室全体が宙に浮いたような珍しい形をしている。福音書側[*2]の霊廟には、ペドロ4世とその3人の妃、またレコンキスタでバレンシア王国とバレアレス王国をイスラーム教徒の支配から奪回して征服王と呼ばれたハイメ1世をはじめ7名が、使徒書側の霊廟にはカトリック王フェルナンド2世の両親にあたるファン2世とその妃ファナ・エンリケスをはじめ6名が埋葬されている。

*2 キリスト教の教会において、祭壇は常に東側に向かった造りになっており、祭壇に向かって左側（北側）を福音書側、右側（南側）を使徒書側と呼ぶ。

人間の塔

ユネスコの世界遺産は、文化遺産と自然遺産、そしてそのふたつを組み合わせた複合遺産の3つの区分によって有形の文化財を保護するものだが、それとは別に口承伝統、民俗文化、工芸などを保護する無形文化遺産がある。例えば、日本では「和食」や「能楽」「歌舞伎」「人形浄瑠璃文楽」などが無形文化遺産に登録されている。

スペインのタラゴーナ発祥の「人間の塔」は、2010年に無形文化遺産に登録された伝統文化である。２００年以上にわたってカタルーニャ地方で発展してきたため、通常カタルーニャ語を用いて「カステイ」と呼ぶ。カステイの起源は、バレンシアに古くから伝わる宗教的な踊りムイシェランガにあると考えられている。ムイシェランガでは、踊りの最後に人が人の上に乗っていく曲芸が披露されるのだが、これがカタルーニャに伝わった際に宗教的要素と踊りがなくなったと考えられる。そして人間が積み重なっていく組体操だけが進化し、カステイという独自の文化を編み出した。現在はカタルーニャ地方全域にカステイの伝統が受け継がれているが、タラゴーナ県バイス市を起点に広まっていったと考えられ、ここがカステイ発祥の地とされている。

カステイを作るグループをカタルーニャ語で「コリャ」といい、コリャごとに塔が作られる。大きな塔は10メートル以上の高さとなり危険も伴うため、支える側と登る側の信頼関係は不可欠で、コリャは、単に一緒にカステイを作る仲間というよりも、普段の生活もともにする共同体であり、精神的な結び付きも強い。こうしたコリャはカタルーニャ全体で現在60ほどある。

カステイを作るときの衣装も面白い。白いズボンとファイシャと呼ばれる黒い腰巻きはどのコリャにも共通だが、それぞれのコリャは独自のカラフルな色のシャツをユニフォームとして着用するため、見た目も美しく統一感がある。カタルーニャ各地の祭りなどで披露されることが多いが、カステイの高さや大きさ、複雑さを競う競技会もあり、難易度の高い技を成功させるには、力、バランス、勇気、思慮深さの４つの要素が重要だと考えられている。

カステイの見所は、ピーニャ（松ぼっくり）と呼ばれる土台の部分を作る過程、重さを分散させながら人の段を作っていく過程、そして特にアンシャネータと呼ばれる最後の一人（通常6歳ぐらいの子どもがこの役を担う）が最高部に達し、片手を挙げるアレタ（鰭(ひれ)）と呼ばれるポーズをとる瞬間は、拍手喝采が沸き起こる。しかし、カステイはここで終わりではない。組み立てと逆の順序で解体されていく過程もまた芸術的なもので、全ての構成員が地上に降りて初めて「成功」したと認められる。

現在ではどのコリャも男女で構成されているが、1980年代までカステイは男性の世界で、女性が関わることは非常に稀だった。しかし、身軽な子どもから土台を支える力強い大人まで老若男女様々な人材が混じり合うと、より高くより立派な塔を組むことができる。こうした世代や性別を超えた団結の精神や社会的意義も、無形文化遺産としての価値につながっていると言えるだろう。

02 タラゴーナ市内にある人間の塔の銅像

タラゴーナ発祥の食文化

無形文化遺産の人間の塔の発祥地とされるバルスには、この地が発祥とされる食文化がある。カルソッツと呼ばれる長ネギを焼いた料理だ。旬は11月から4月頃までで、カルソッツを焼いて食べる集まりを、カルソタ―ダという。

03　カルソッツを並べているところ
04　カルソッツを焼いているところ
05　ロメスコソース

料理としては非常にシンプルで、長ネギを焚き火で豪快に焼き、焦げた皮を剝いて、中の白くてホクホクの部分をロメスコソースにつけて食べる。ロメスコとは、カルソターダに欠かせないオレンジ色のソースで、トマト、焼きニンニク、焼いた赤パプリカ、揚げたパン、アーモンド、ヘーゼルナッツ、松の実といったナッツ類、ニョラと呼ばれる唐辛子を全て混ぜてミキサーにかけて作る。

この焼き長ネギの食べ方が特徴的で、焦げた外皮を剝いた後、長ネギの緑の葉の部分をつかんで頭の上まで持ち上げ、上を向いて大口を開けて、かぶりつくように1本丸ごと食べるのが本場のやり方だ。

カルソターダでは、この長ネギを前菜として食べ、メイン料理にはブティファラと呼ばれるソーセージや、羊肉を焼いたものなどが食べられることが多い。ブティファラや肉料理には、アリオリソースと呼ばれるニンニクのきいたマヨネーズをつける。このアリオリソースは、カタルーニャだけでなくスペイン全土に普及しており、パエーリャやスペイン風オムレツにもよく合う。

カルソターダ発祥の地から約4キロの隣町にあるカル・ガンショというレストランは、有名なカルソターダの専門店で、1年のうち長ネギが旬となる6ヶ月間しか営業しない。最も美味しい長ネギが収穫できる1～2月には、週末だけで2万5千本のネギを用意しても完売する人気だそうだ。ネギの一時保管庫には束になったネギが一面に並び、長ネギを焼く担当の者たちは冬にもかかわらず汗だくになりながら、屋外の焚き火で次から次へと長ネギを焼いていく。大量に焼かれたネギは、冷めないように素早く紙に包んでダンボールに詰め、レストラン内に運ばれ各テーブルにサーブされる。この時期にカタルーニャ地方を訪れる機会があれば、ぜひ体験したい最高の料理だ。（小倉真理子）

06 ブティファラや羊肉

コラム 2

可視化される遺構
――ラ・フォン広場の銀行支店内部

歴史都市が抱える大きな問題のひとつは、時の経過の中で同一空間に古代から現在までの様々な遺構が重層的に存在することである。タラゴーナの場合、円形闘技場のようにローマ時代の遺跡がほぼ保存されているのは例外で、多くの遺構は中世から近代にかけて築かれた構造物の一部として活用されたり、その下に埋め込まれたりしている。

シルコ・ロマーノ（ローマ円形競技場）の場合もそうである。1990年代以後、市の歴史地区特別計画に基づいて、機会があるごとに古い家屋・倉庫の撤去や広場の創出によって古代ローマの遺構を可視化する努力がなされているが、面積18ヘクタールという広

㊤　プレトリオの塔から見下ろした円形競技場
㊨　円形競技場跡とタラゴーナの町並み

大な遺跡の全てを可視化させることは不可能である。19世紀以後、タラゴーナがカタルーニャ地方の中核都市として発展する中で、横長のラ・フォン広場を例外としてこの区域はほぼ建造物群によって覆われているからである（前ページの写真を参照）。特に民間の所有する建物は一方的収用が難しく、建造物の建て替えを認めつつ、その内部でいかに遺構を可視化させるかが課題となっている。

こうした可視化の成功例として取り上げられるのが、ラ・フォン広場に面した銀行カイシャバンクのラス・ボルタス支店（ラ・フォン通り45番）の建物である。南の奥側に市庁舎が位置するラ・フォン広場は、中世から庶民の商いが行われた空間であったが、その一画に水飲み場があったためにこの名前（ラ・フォン）で呼ばれるようになった。この広場を囲むのは主に19世紀に建てられた5階建ての建物で、いずれも落ち着きのあるファサードを有している。このうちの老朽化した建物をカイシャバンクが１９９７年に購入したのだが、全面改修を経て支店の営業を始めたのは２００６年であった。

文化事業にも力を入れるこの大手銀行は、歴史遺産の保存と可視化という問題に全面的に取り組もうとし、請け負った建築事務所はその付託に見事にこたえた。付言すると、１９９０年代にラ・フォン広場に地下駐車場が造られたが、その建設は古代ローマの遺構への配慮に欠けているという批判を巻き起こしていたため、市当局は遺構保存に神経質になっていた。考古学遺跡群で世界遺産登録を目指す当時のタラゴーナにとって（２０００年に登録）、市内に埋め込まれた考古学遺跡の適切な保全は必須であった。だが同時に、町全体の文化的観光を推進するためには、新古典主義のラ・フォン広場と広場を取り囲む中層建造物群という19世紀的景観の保持も重要な課題であった。

結果として、遺構を可視化しつつ銀行支店の機能を充足させ、建物の外観も保持するために独創

カイシャバンクの内部（© Jaume Arbona）

的な建築物となった。注目すべきは、あえて高さ制限と奥行き制限を緩和しつつ、シルコ・ロマーノの階段席全体を保存し地上階から眺望できる工夫を凝らしたこと、19世紀のファサードの保存・修復を行う一方で建物の構造強化のためにこのファサードの内側に鋼鉄のフレームで支えられた独立したガラス張りの新ファサードを造ったことである。こうして19世紀ファサードの修復だけでは構造的に耐えられない内部空間に、遺跡の空間と現代のオフィス空間とが併存するというユニークな建物（地上12階）が完成し、かつ外側から眺めると、ラ・フォン広場の新古典主義的建物の景観が無傷のままに残ったのである。

この例に見られるように、タラゴーナ市内では地下や壁面の遺構を守りつつそれらを顕在化させる努力が様々になされている。フロアの一部がガラス張りになっていて、足下に古代ローマの遺構を鑑賞できる住宅やレストランも数多い。歴史都市の旧市街を化石化させないひとつの知恵ということができる。テーブルの足下に広がる古代ローマの時代に想いを馳せながらタラゴーナの郷土料理を楽しむのはこの上ない贅沢である。

（立石博高）

Ibiza

イビーサ島

バレアレス諸島州　イビーサ島　イビーサ市

人口　約 16 万 1000 人（2023 年現在）

マドリードから飛行機で 1 時間 10 分。世界 16ヶ国 72 都市から直行便がある。

地中海西部のバレアレス諸島は、一番大きなマヨルカ島とメノルカ島を擁するジムネジアス群島と、イビーサ島とフォルメンテーラ島を含むピティウザス群島からなる。紀元前のフェニキア人の時代からの歴史があり、20 世紀後半にはヒッピー文化の中心地として注目を浴びた。

10

スペイン唯一、単独で複合遺産をもつ島

――フェニキア人、ローマ人が遺した3つの文化遺産

イビーサ島の生物多様性と文化は、「複合遺産」というカテゴリーで世界遺産に登録されている。複合遺産とは、世界遺産のうち文化遺産と自然遺産の両方の登録基準を満たす世界遺産のことで、人間が営んできた文化的活動と、それを取り巻く自然環境の両方に普遍的な価値があると評価されている。スペインは、世界遺産の登録物件が世界で5番目に多い国だが、その50件の世界遺産（2023年現在）の中で複合遺産に登録されているのは、このイビーサ島とピレネー山脈のモン・ペルデュのたった2件しかない。ピレネー山脈の方はフランスと共有する複合遺産のため、スペインが単独で所有する複合遺産はイビーサ島だけであり、

01　イビーサの全景

関連動画はこちらから

稀少価値が高い。

この章では、複合遺産のうち、文化遺産に属する「サ・カレタ」「ダルト・ビラ」「プッチ・ダス・モリンス」の3つの遺構について、地中海とイビーサ島の歴史を振り返りながら見ていこう。

サ・カレタ――古代フェニキア人の住居跡

紀元前8世紀頃、地中海東方からフェニキア人がイベリア半島に到達した。フェニキア人は、人口の大幅な増加や天然資源不足の解消のため、地中海へ乗り出し、やがてイベリア半島に彼らの最初の植民地ガディールを建設する。これは、現在のカディスにあたる。海上交易を得意とするこの民族は、イベリア半島の地中海沿いに次々と陸上の拠点となる植民市を建設していった。イベリア半島の都市を拠点としていた彼らが、イベリア半島から100キロメートル以上離れた沖合にあるイビーサ島に到達したのは、当時の船舶技術からくる必然的な出来事だった。フェニキア人たちが使っていた船は、まだ風に向かって進むことがかなり難しい原始的なものので、ムルシアから地中海沿いにカタルーニャに北上しようとすると、ちょうどデニアのあたりで激しい北風に見舞われ、それ以上まっすぐに進むことができなかった。向か

02 サ・カレタ

03 サ・カレタ近くの切り立った崖

い風を避ける形で一旦北東方向の沖合に出て、そこから北西に向かうルートを開拓したときに、イビーサ島が中継地としてちょうどよい位置にあったのだ。フェニキア人たちがイビーサ島に到達したとき、そこには既に原住民が住んでいたが、その数は隣のマジョルカ島やメノルカ島よりも圧倒的に少なかったため、イビーサ島への入植を始めた。それが紀元前7世紀頃のことで、このときに、フェニキア人が築いたふたつの都市が、サ・カレタとイビーサである。

サ・カレタは島の南に位置する。現在は、海に突き出る崖のすぐそばに、フェニキア人の住居跡が遺されており、これはイビーサの世界遺産に登録されている構成資産のひとつとなっている。フェニキア人が入植した当時と比べると、海岸部の侵食が進んで大部分は消失してしまっているが、元は4ヘクタールほどの広大な区域に数百人のフェニキア人が住んでいたという。家と家の間には小径があり、それが町の広場につながっていた。そして広場近くには共同で使う大きな窯（かま）があり、そこでパンを焼いて主食にしていた。近くの遺跡からは、大きな石臼が見つかっていることからも、小麦を挽いて小麦粉を作っていたことは間違いなさそうだ。一方、肉はあまり食べず、その代わり豊富な海の幸に恵まれた地の利を生かして、魚介類をよく食べていたらしい。見晴らしのよい立地にわずかに遺る、石を積み上げた住居跡を分析することで、当時のフェニキア人たちの暮らしぶりが見えてくるのは面白い。

ダルト・ビラ——フェニキア人の移住先

こうして繁栄したかのように見えるサ・カレタでのフェニキア人の暮らしは長くは続かなかった。入植から約50年後の紀元前6世紀に彼らはこの地を去り、サ・カレタは廃墟となった。それ以降に人が住んだ形跡はない。なぜフェニキア人たちはサ・カレタを後にしたのか？　その後どこへ向かったのか？　長年の研究でその足取りははっきりとしている。海洋交易をさらに発展させるには、サ・カレタは地形的に不利だったため、イビーサ島内のよりよい入り江を求めてそこを後にしたのだ。こうしてフェニキア人たちが移住した先が、後に現在のイビーサ市となる島の南西部にあたる海岸沿いの地だった。当時は「イボシム」と呼ばれており、現在この名前は、地ビールをはじめイビーサ島由来の様々なブランド名や企業名として残っている。ちなみに、ローマ人がこ

04 サ・カレタから望む入り江

05 現在のイビーサの港

の島を征服したときに「エブスス」と呼び名が変わり、その後イスラーム教徒が入植した際に「ヤビサ」となり、レコンキスタでカタルーニャ人がこの地を奪回したときに「アイビッサ」となった。バレアレス州はスペイン語との二言語併用地域であり、カタルーニャ語のアイビッサ、スペイン語のイビーサの両方が併用されている。

イビーサには天然の良港があり、ここではフェニキア人が得意とする海上交易も盛んに行えた。また広大な平野は農業にも適していて、湾のすぐ近くには小高い丘もある。この丘は人々の居住地区として開拓され、「上の町」と言う意味の「ダルト・ビラ」と呼ばれるようになった。住居は、サ・カレタのそれに似た、形の異なる石を積み上げて造った分厚い壁が特徴的で、丘の上にいくつもの家が連なった。域内に大聖堂や市役所を擁するダルト・ビラも、イビーサ島の世界遺産の構成資産のひとつとなっている。

プッチ・ダス・モリンス――フェニキア人、ローマ人の遺跡

フェニキア人の居住区だったダルト・ビラの西側の低地には、彼らが建設した埋葬地ネクロポリスがある。このネクロポリスも世界遺産の構成資産のひとつだ。この墳墓からは、フェニキア人のものだけでなく、その後この地に入植したカルタゴ（前9世紀にフェニキア人が造った植民都市）、さらにローマ人の遺骸も見つかっており、この狭い区域にイビーサ島の変遷の歴史が凝縮している。20世紀に入ってからの調査で、フェニキア人、カルタゴ人、ローマ人はそれぞれ異なる形で死者を埋葬していたことがわかっている。この墳墓は、地下に掘られたいくつもの部屋に石棺が並べられており、その

数は発見されているだけでも3000に上る。石棺と同時に発掘された膨大な副葬品や宝飾類は、フェニキア時代のもの、カルタゴ時代のもの、ローマ時代のものに区別され、同じ敷地内に建つイビーサ・フォルメンテーラ考古学博物館に展示されている。このネクロポリスと考古学博物館の一帯は、「プッチ・ダス・モリンス」と呼ばれているが、それは15世紀になってネクロポリスを見下ろす位置に建てられた風車（モリンス）にちなんで後からつけられた名称である。

（小倉真理子）

06 地下に掘られた墳墓

07 ネクロポリスの石棺

08 プッチ・ダス・モリンスの風車

11 イビーサ大聖堂と島固有の動植物

――中世以降と自然遺産ポシドニア

イビーサ島の文化的重要性は、やはりフェニキア人やカルタゴ人の時代のものに重きが置かれるが、イビーサの歴史はそこで完結しているわけではなく、その後も様々な変遷を遂げてきた。ここでは中世以降のイビーサ島の歴史と、自然遺産として評価されているこの地に特有の植物を見ていこう。

城塞の入り口、セス・タウレスの門

イビーサのシンボルとも言えるダルト・ビラ（第10章参照）は、16世紀に建造された城壁で、現在も内と外をしっかり隔てている。城壁に囲まれる区域には、トルコ（オスマ

関連動画はこちらから

ン帝国）軍の攻撃から町を防御するための要塞が建てられた。城壁内への入り口となるいくつかの門のうち、一番大きく立派な造りの正面の門はセス・タウレスと呼ばれ、市場のある憲法広場から数十メートルの石畳の坂を登った先にある。目の前に迫り来る城壁を見上げると、これだけの規模の城塞を造るのがいかに大変だったか想像せずにはいられない。門には、正面の高い位置にフェリーペ2世の大きな紋章が掲げられ、両脇にはローマ時代の2体の石像が配置されていて格調が高い。劣化が進んでしまったため、現在ここに飾られている石像はレプリカだが、オリジナルのローマ時代のものは、イビーサ・フォルメンテーラ考古学博物館に展示されているので、ぜひ本物のローマ時代の彫刻もみておきたい。

01 セス・タウレスの門

イビーサ大聖堂

イビーサの歴史を辿ると、フェニキア人やローマ人の入植の後は、イベリア半島と時期を同じくしてイスラーム教徒による入植を受けた。イスラーム教徒は、フェニキア人の時代に居住区とされていたダルト・ビラの一番高いところにモスクを建設した。1235年にレコンキスタでイビーサ島がキリスト教徒の手に戻ると、モスクがあった場所に大聖堂が建てられる。征服完了が8月8日で、それを祝うためにその日に最も近い聖人の日である8月5日の「雪の聖母マリア」が島の守護聖人とされ、大聖堂もこの守護聖人に捧げられた。外観はゴシック様式、内装は白を基調としたバロック様式で、祭壇には雪の聖母マリアの彫像が大天蓋の下に鎮座している。この大聖堂のシンボルのひとつでもある聖母マリア像は、スペイン内戦の際に大きく破損し、修復が不可能だったため、すぐに新たな彫像が作られることとなる。スペイン内戦の最中の１９３７年、バレンシアの彫刻家によって２代目の雪の聖母マリアの像が彫られるが、そのときにこの同じ彫刻家による「横たわるキリスト」や「痛みの聖母」などの彫像もこの大聖堂に納められた。

もともとイビーサ市内を見下ろす高台に建設された大聖堂であるが、16世紀のカルロス１世の治世になると、ダルト・ビラ全体が大幅に補強され、フェリーペ２世の時代には立派な城塞となった。後に時計台となる大聖堂の約18メートルの高さの塔（現在は非公開）も、監視塔として島の安全を守る重要な役割を果たした。塔の上からは３６０度の方向が見渡せ、さらには隣のフォルメンテーラ島や、その間を行き来する船まで目視できる。当時の人々にとって、この塔が敵の動きを監視するためにどれだけ重要なものであったか容易に想像することができる。

塔内部の時計盤の後ろ側にあたる部分には、いくつもの歯車からなる内部構造が緻密な動きで時を刻み続けており、定刻になると５つの鐘が市内に響き渡る。これらの鐘

02　イビーサ大聖堂
03　イビーサ大聖堂雪の聖母マリア

は16世紀から17世紀に作られたもので、中には、フェリーペ2世が作らせたものという刻印が残る鐘もある。悠久の時を超えて奏でられるフェリーペ2世の鐘の音を聴きながら、ダルト・ビラの坂道を闊歩するのもまた、イビーサ散策のひとつの思い出になることは間違いない。

海洋植物ポシドニア

ポシドニア、正式名「ポシドニア・オセアニカ」は、地中海特有の海洋植物で、特にイビーサ島とフォルメンテーラ島を取り巻く海域には広範囲にわたって密生しており、この存在が、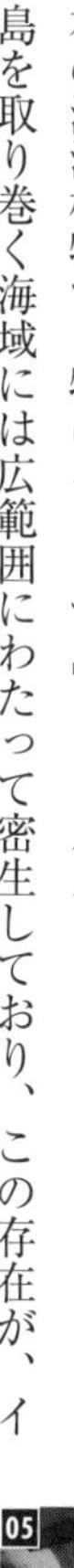イビーサ島が複合遺産として評価を受ける最大のポイントとなった。海中で光合成を行って大量の酸素を生み出すこの植物のおかげで、イビーサ島近海には多様な海の生物が生息でき、その中には島固有の種も数多く確認されている。

ポシドニアは、しばしば「世界最古の植物」と呼ばれることがあるが、この種が本当に世界最古なのかは推測の域を出ない。この植物は、まるで陸上の植物のように茎根が海底の地中でつながっている特殊な形態の水中植物だ。２００６年には、なんと8キロメートルにわたって地下茎でつながっている長いポシドニアがイビーサ島近海で発見され、その推定年齢は10万年と試算された。しかし、7万年前～1万年前の最終氷河期に

04 時計台の内部
05 フェリーペ2世の鐘

は、水面は今より数十メートルは低かったと推定されているので、その時期には陸上に生息していたことになる。このあたりの解明がまだ進んでいないのだが、いずれにしてもこの植物がはるか昔からこの地に生息していたことだけは間違いない。

ポシドニアは鮮やかな緑色の細長い植物で、葉の幅は約1センチメートル、長いものでは1・5メートルほどの長さにまで成長する。秋にはまるで「紅葉」するように葉は茶色に変わり、冬の間に新しい葉が生まれる。抜け落ちた茶色の葉は、海岸に大量に打ち上げられ、それが陸上の植物の肥料となり生態系を確立している。また、波に揉まれてボール状になった繊維はまるでタワシのようで、秋から冬にかけてイビーサ島の砂浜に大量に漂着する。

イビーサ近海のポシドニア生息地は保護区域になっているものの、専門家の引率のもと、スキューバダイビングやシュノーケリングを楽しむことができる。水中でゆらゆらと波に揺られる様子はまるでたくさんの緑のリボンのようで、強い光が差し込む夏場には、キラキラと幻想的な水中風景を見せてくれる。

06　浜辺に打ち上げられたポシドニア
07　水中に生えるポシドニア（© anfibios）

イビーサ固有の動植物

ポシドニア以外にも、イビーサ島にはたくさんの植物、動物の固有種が生息している。

専門家の話では、イビーサ島と隣のフォルメンテーラ島は、生態系が非常に似ているため、イビーサ＝フォルメンテーラの固有種、という呼び方をするらしい。これらのうち多くの固有植物は、ふたつの島内に自生しているが、保護のための立ち入り禁止区域にひっそりと生えているケースがほとんどで、なかなか一般の人々が目にすることは難しい。

イビーサ島には、こうした野生植物を研究する「イビーサ生物工学研究植物園」があり、特別な許可のもと保護区域で採取した固有の野生植物を栽培している。研究所の広大な庭は一般公開されているので、ここではイビーサ固有の珍しい草木を目にすることができる。

この研究所では、固有種の保存と研究のほかにも、生物工学の分野に非常に力を入れており、植物と人間の相互作用によって発生するエネルギーを音に変換する技術を生み出し、それを音階ごとに並べた「植物のピアノ」が展示されている。植物の上に手をかざすことで誰でも簡単にメロディーが奏でられる。また、この同じ敷地内には、塩田を再現した一角もあり、この島で昔から行われていた塩づくりの仕組みが詳しく解説されている。エンターテイメント性も十分に兼ね備えたこの研究所も、イビーサ訪問の際にはぜひ立ち寄ってみたい。

（小倉真理子）

08 イビーサ固有の植物

12 イビーサ島の文化
――フェニキア人の卵装飾からギネス記録をもつナイトクラブまで

フェニキア人が装飾したダチョウの卵

イビーサには、フェニキア人の時代に確立した一種のアートの痕跡がある。それはダチョウの卵の殻に赤色の塗料で絵や模様を描いたエッグアートだ。かつてフェニキア人が定住したイベリア半島内の植民市からも出土しているが、発掘数が圧倒的に多いのがイビーサ島で、第10章で紹介したプッチ・ダス・モリンスのネクロポリスからだけでも100個以上、イビーサ島内のその他の集落跡から出土したものを含めるとその数は数百個に及ぶ。いずれも地下墓地や石棺の中から発見されているため、死者を弔うための副葬品としての役割があったと考えられている。

フェニキア人がイビーサ島に暮らしていた時代、ダチョウは非常に貴重な大型鳥類

関連動画はこちらから

だった。その羽は装飾具として用いられ、肉は食用に、そして卵は中身を食べた後、殻を砕いて薬の原料に使っていた。当時のヨーロッパにはダチョウが生息していなかったため、入手するにはアフリカに繰り出す必要があったが、海上交易を得意としアフリカ北部沿岸にも植民市を持っていたフェニキア人にとって、それは難しいことではなかった。

フェニキア人によって装飾されたダチョウの卵は、イビーサ・フォルメンテーラ考古学博物館に数多く展示されており、同館が中心となってこの卵に関する様々な研究が重ねられている。装飾品としてのダチョウの卵は、ダチョウが孵化（ふか）した後の抜け殻を使うこともあったようだが、人為的に中身を出して装飾したものも多い。それは、上部が直線状に切られた形で発掘される卵が多数あることからわかっている。また、卵の中央部あたりで切り取られていて、お椀として用いられていたのではないかと想像される出土品もあり、この装飾された卵は、埋葬のためだけではなく実生活でも使用されていたと考えられている。ダチョウの卵の殻の厚さは2~3ミリメートルで、我々が日常的に親しんでいる鶏卵の殻の厚さが0・2~0・3ミリメートル程度ということを考えると、約10倍の厚さがあり、成人男性が上に乗っても割れない程の強度をもってい

01 ダチョウの卵の装飾
02 イビーサ・フォルメンテーラ考古学博物館のダチョウの卵の展示

る。そのため卵の加工は簡単ではなく、これを水平に切るには相当な技術も必要だったと考えられる。数千年の時代を超えて現代まで色褪せずに残っている着色ひとつとっても、フェニキア人が文化的に非常に高度な知見を備えていたことを垣間見ることができる。

ヒッピー文化

イビーサ島は、これまで見てきたように古代から続く歴史を物語る文化遺産と、世界的に見ても稀な固有種やポシドニアなどの海洋植物などの豊かな自然遺産の両方が評価され、世界でもたった39件しかない複合遺産のひとつとして登録されている貴重な島だ。しかし、この島が世界的に有名になったのは、ヒッピー文化や夜を彩る数々のクラブがきっかけであることは間違いないだろう。世界遺産とは少しずれるが、この島の歴史を語るには外せないこのヒッピー文化についても、言及しておきたい。

世界中のヒッピーたちがこの島に集まってきた1960年代、スペインはフランコによる独裁体制の最中にあった。多くの自由が奪われ、抑圧や弾圧があったスペインにおいても、島嶼部（とうしょ）であるバレアレス諸島には、本土と比べればまだ自由な雰囲気があった。またバレアレス諸島の中でも比較的小さく、一年を通じて気候がよく、まだ観光地化されていなかった自然豊かな島は、ヒッピーたちが求める自由やスピリチュアルな環境を兼ね備えていた。

1960年代の一番の移住者はベトナム戦争に反対するアメリカ人だった。この頃、世界的なブームとなったヒッピー文化のメッカは、このほかにもインドやネパールにも広がっていたが、その中でもドラッグが違法ではなかったイビーサ島に、より多くの絶対自由主義者たちが集まってきた。イビーサ島は、当時スペインの中でも貧しい田舎だったのだが、こうして世界中から集まってくるヒッピーたちがどんどんお金を落としていったことで経済的に大きく成長した。値段が1～2ペセタ（当時の日本円で10円未満）だった清涼飲料水に、アメリカ人たちは1ドル（同360円）の代金を払ったというのだから、その経済的恩恵の大きさがわかるだろう。

イビーサ島で最古のヒッピーマーケット「エス・カナール」は、現在でもイビーサ島最大の規模を誇る。島内のもうひとつの大きなヒッピーマーケット「ラス・ダリアス」も、1960年代にオープンしたときはほんの5、6店舗だったものが、今では200店舗を超える大きなマーケットに成長している。こうしたマーケットに併設されていたのが、酒や音楽や踊りを楽しむディスコで、当時は現在のクラブのような室内のものではなく、野外に設置されていた。毎晩、夜通しで自由奔放に音楽や踊りを楽しむ風潮は、当時国教とされていたスペイン・カトリックの教義とは相反するもので、イビーサ島各地の教会とディスコの確執は非常に大きかった。

1970年代になると、現在のクラブの前身となるバー

03　イビーサ島のヒッピーマーケット（Helena GARCIA HUERTAS/Shutterstock.com）

などを中心に、音楽活動もより盛んに行われるようになった。現在も営業を続けているイビーサ島で最も古い歴史のあるクラブ「アムネシア」や「パチャ」も、この時代に相次いで創業した老舗だ。２００３年に世界最大のナイトクラブとしてギネスブックに登録された「プリビレッジ」は、1万人収容できるクラブで、室内に大型プールを兼ね備えた巨大な施設だ。25メートルもある高い天井を持つ空間は、煌びやかな照明や大型装置を駆使したショーで、毎晩のように明け方まで音楽や踊りに包まれ、まさに不夜城だ。１９８８年に、イギリスのロックバンド、クイーンのボーカル、フレディ・マーキュリーと、スペインの世界的なオペラ歌手モンセラート・カバリェが共演し『バルセロナ』というタイトルのアルバムが発売されたが、このミュージックビデオの撮影が行われたのも、当時ヒッピーたちのメッカとなっていたこのクラブだった。フレディ・マーキュリーをはじめとするクイーンのメンバーや、同じくイギリスのロックグループ、ピンク・フロイドの創設メンバーたち、ローリング・ストーンズのギタリスト、ロン・ウッドや、レッド・ツェッペリンのギタリスト、ジミー・ペイジなどもイビーサ島を愛し、毎年夏をこの島で過ごしていたことも、世界中のファンをこの島の虜にした要因のひとつだ。

この島から生まれ、１９８０〜１９９０年代初頭までスペインで一世を風靡（ふうび）したエレクトロ・ポップ・グループ「ロコミア」は、４人の男性によるユニットで、トレードマークの大きな扇子と、尖った靴、奇抜な衣装と耳に残る電子的な音楽で、スペインだけでなくラテンアメリカ諸国でも大きな人気を博した。人気絶頂期の１９８９年には日

04 アムネシア
(Amnesia Ibiza from Ibiza, Spain, CC BY 2.0, via Wikimedia Commons)

本にも招待されており、そこで得たインスピレーションから生まれた《Taiyo》（太陽）という曲は、日本語が散りばめられているユニークな曲で、この曲名がそのまま彼らのファーストアルバムのタイトルとなった。スペインでは興行的にも大成功を収め、プラチナディスクの栄誉に輝いた。

イビーサの白い伝統の服「アドリブ」

こうしたヒッピー文化は、音楽だけでなく彼らの服装やファッションにも大きな影響を与えてきた。１９７０年代に、「自由に、でも粋に着こなす」をスローガンに生まれたのが、現在ではイビーサ島のシンボル的なファッションでもある、白を基調としたシンプルでナチュラルなスタイルの服で、「アドリブ」と呼ばれる。そのスローガン通りアドリブのファッションは、年齢、性別、人種を隔てず、誰にでも着られる服を目指し、街中で着るようなスタイルから、結婚式用の衣装やナイトドレス、さらにはビーチで着られるようなラフなものまで、幅広いデザインがあるのが特徴だ。アドリブは世界で唯一、原産地呼称制度で保護されている服飾ブランドでもあり、15名の専属ファッションデザイナーが登録されている。毎年6月にイビーサ島で開催されるアドリブのファッションショーには、これらのデザイナーが新作を揃えて発表する。このショーは、２０２１年に50周年を迎え、コロナ禍による制限はあったものの盛大に開催され、スペイン中で話題となった。イビーサ島を訪れたら、ぜひともこのアドリブスタイルに身を包んで世界遺産の街を闊歩してみたい。

（小倉真理子）

コラム
3

「白い島」、「塩の島」イビーサ

第10章で触れたイビーサ市のダルト・ビラ地区の景観に見られるように、イビーサの伝統的な家屋の壁は石灰を原料とする漆喰（しっくい）で塗られている。地中海の青空にこの白壁は見事に映え、そのために、20世紀初めにこの地を旅したサンティアゴ・ルシニョル（バルセローナの作家兼画家）が「白い島」と名付けたとされる。やがて20世紀半ばからツーリズムが盛んになると、この異名がキャッチフレーズとして使われるようになった。

だがイビーサ島にはもうひとつの白さが際立っている。それは島の南西部に広がる塩田（サリーナス）で、この島は古来「塩の島」と呼ばれてきたのだ。第11章で触れたように、イビーサ島南西部とその南約7キロに位置するフォルメンテーラ島北部の間には貴重な動植物の固有種が生息している（ポシドニアの密生が1999年の世界遺産認定の根拠のひとつ）が、塩湿地と塩田の広がるイビーサとフォルメンテーラの陸地部分も2001年にスペインの自然保護区域（自然公園）と指定され、厳しい管理のもとに置かれることになった。ツーリズムと乱開発で20世紀後半には自然破壊の恐れもあったが、今やこの塩湿地ではアフリカか

塩湿地とフラミンゴ
（Wanderlust Media/Shutterstock.com）

ら渡って来た無数のフラミンゴがなんの恐れもなく餌を食んでおり、まさに風光明媚である。

この地の塩田はフェニキア人の時代より知られており、塩の生産が中世から近世にかけて重要な産業だったことはフェルナン・ブローデルの名著『地中海』で夙に指摘されている。だが、灼熱の太陽で海水の水分を蒸発、濃縮して結晶化した塩をかき集めるには多くの労働力を必要とした（天日採塩法）。積み出し港までの運搬には19世紀末に蒸気機関車が導入されたが、8月から9月にかけての炎天下の収穫時には、約１５００人が手作業の労働に携わっていた。幸いにイビーサ島では住民の大半が農業従事者で、彼らは小麦収穫の終わる7月以後はこの塩田で季節的な重労働をになうことができた。

20世紀半ばには年間5万トンから6万トンの塩

㊤　20世紀半ばの労働風景
（Fotografía tomada por Francesc Català-Roca, “Antigua Salina de IBIZA.”　© VEGAP, Madrid & JASPAR, Tokyo, 2024　B0736）
㊦　現在の塩田の風景
（lunamarina/Shutterstock.com）

が産出されたが、伝統的な塩漬け用に加えて冬の道路の凍結防止用にも需要が広がっていて、とりわけ北欧諸国に輸出されていた。だが、この地の年間雨量は４００ミリに満たないものの、時に夏の嵐に襲われて収穫が台無しになることもあって、経営には不安定さが付きまとっていた。さらに20世紀後半には観光業が盛んとなり農業従事者が減る中で、労働力確保も困難になった。幸いに機械化も進んだが、規模の小さなフォルメンテーラ北部の塩田は採算が合わずに生産を止めた（現在も塩田の風景だけは残っている）。

しかし近年に入ってイビーサの塩田には新たな可能性も生まれている。世界的なグルメブームの中で、料理の最後に味を調える決め塩に最適だとして「塩の花（フロール・デ・サル）」が注目されるようになったのである。天日塩田の場合、海水が結晶化するときに横に広く成長して、中が空洞の美しい塩の花ができる。壊れやすいので丁寧に採取する必要があり手間暇がかかるが、料理家の間では後味に雑味や苦みが少ない塩として珍重されているのだ。日本でも有名なブランド名は文字通りの「サル・デ・イビーサ（イビーサの塩）」である。1グラムが約10円と高価だが、肉料理には最高の味わいを引き出すという。

サル・デ・イビーサ

（立石博高）

San Cristóbal de La Laguna

サン・クリストバル・デ・ラ・ラグーナ

カナリア諸島州　サンタ・クルス・デ・テネリーフェ県　サン・クリストバル・デ・ラ・ラグーナ市

人口　約 15 万 9000 人（2023 年現在）

マドリードから飛行機で約 3 時間。イベリア半島南部のマラガからは 2 時間半。

アフリカ大陸西側の大西洋にあるカナリア諸島は、スペイン本土とは 1 時間の時差がある。テネリーフェ島は、面積、人口ともにカナリア諸島 7 島の中で最大で、ふたつの国際空港をもつ。ラ・ラグーナ市はテネリーフェ島北部の都市。

13 ラテンアメリカのモデル都市

――アデランタード広場周辺の歴史的建築群

イベリア半島から1000キロメートル以上離れた大西洋上にあるカナリア諸島は、新大陸への中継地として、大航海時代に重要な役割を担っていた。15世紀末にテネリーフェ島を征服したアロンソ・フェルナンデス・デ・ルーゴは、国王からアデランタード（辺境総督）という称号を与えられ、テネリーフェ島最初の主都[*1]となるサン・クリストバル・デ・ラ・ラグーナ（以降、ラ・ラグーナと略記）を建設した。「ラグーナ」はスペイン語で小さな湖を意味する。現在は消失しているが、かつてはこの地にアゲーレ湖があり、そこから名付けられた地名だ。ラ・ラグーナがあるのは、標高500メートルあまりの山地で、海岸からは数キロメートル離れているため海からの襲撃にも遭いにくいという

関連動画はこちらから

＊1　1822年以降はサンタ・クルス・デ・テネリーフェが主都となる。

利点があった。

アロンソ・フェルナンデスが築いたラ・ラグーナの町並みは、その後スペインが16世紀以後、ラテンアメリカ（スペイン領アメリカ）で都市を建設する上でのモデルとされた。ラ・ラグーナの景観は、ほぼ当時のまま遺されており、キューバのハバナをはじめ、ペルーのリマ、コロンビアのカルタヘーナ、プエルトリコのサン・ファンなど、多くの都市がラ・ラグーナを想起させる町並みを遺している。ラ・ラグーナの中心広場は、この町を建設したアロンソ・フェルナンデスに敬意を表し、彼の称号を用いてアデランタード広場と呼ばれている。まずはこの広場から、ラ・ラグーナの散策を始めよう。

アデランタード広場

16世紀に町の中心となる広場として建設され、周囲を取り囲むように当時建設された重要な建物が密集していて、今でもラ・ラグーナ市の表玄関とされる。

この広場の中心には、大理石でできた大きな

01 02 アデランタード広場

噴水があり、カナリア地方に独特のリュウケツジュやカナリアヤシなどの樹木や植物が、約17種類80本植えられており、南国的な緑溢れる景観を作り出している。木陰にはベンチが据えられていて、地元の人々の憩いの場となっている。この広場は16世紀に建設されて以来、ラ・ラグーナの様々な変遷をじっと眺めてきた。20世紀までこの広場では曜日ごとに市場が立ち、日用品、野菜や果物を買い求める人々で賑わっていた。町の重要な祭りや闘牛もこの広場を中心に展開され、かつては公開処刑が行われていたという記録もある。

サンタ・カタリーナ・デ・ラ・シエナ修道院

広場に面する形で建っている建物のひとつが、サンタ・カタリーナ・デ・ラ・シエナ修道院だ。ドミニコ会のこの女子修道院は、クラウスーラと呼ばれる「禁域」のある修道院で、厳しい戒律のもと修道女たちが共同生活を行っている。禁域とは、その修道院に属する者以外が立ち入ることができない区域であると同時に、修道女も病気や怪我で病院へ行く必要があるときなどを除いては、外へ出られないことを意味する。ただ外に出られないだけでなく、外の様子を窺うこともできない厳しい戒律で、建物そのものも、窓がほとんどない造りになっているのが特徴だ。こうした神への祈りと奉仕を主な務めとする生活の中で、修道女がほんの少しだけ外界との関わりをもてるのが、建物の一番高いところに造られた「アヒメス」と呼ばれる木造の物見やぐらのような部分だ。物見やぐらは、警備のために遠くまで見渡すために用いられるものだが、アヒメスは白昼堂々と外を眺めるためのものではなく、逆にひっそりと外を垣間見るために造られたものだ。その窓にあたる部分は、斜めの木製の格子で覆われていて、中から外を見ることはできるが外からは中が見えない造りになっている。

ラ・ラグーナ市庁舎

アデランタード広場の斜め向かいにあるのが、現在のラ・ラグーナ市庁舎だ。これも、アロンソ・フェルナンデスによって建設された建物で、１８１２年にカディス憲法が公布されて市役所となるまで、カビルドと呼ばれるテネリーフェの島議会議長の住居として使用されていた。建設されてから現在に至るまで非常に多くの改築が繰り返されてきたため、残念ながら建設当初の面影は残っていない。一番大きな改築が施されたのは19世紀のことで、そのときに掲げられた大理石の市章は、現在もファサードの上部に残されている。ちなみに、ラ・ラグーナ市章とテネリーフェ島章には、同じ紋章が用いられているのだが、これはラ・ラグーナが市と認められた１５１０年にはラ・ラグーナ市が島の主都であったことに由来する。

ナバ邸

アデランタード広場の北東方向の角に位置する邸宅で、

03 ラ・ラグーナ市庁舎

04 サンタ・カタリーナ・デ・ラ・シエナ修道院㊧とナバ邸㊨

05 黒灰色の火山岩のナバ邸

アロンソ・フェルナンデスの指揮下でテネリーフェ島の征服に貢献したホルヘ・グリモンが、褒賞として手に入れた土地に建てられた。カナリア諸島に特有の建築様式がみられる。その特徴とは、バロック様式、ネオクラシック様式とマニエリスム[*2]が入り混じった建築様式で、ファサードは火山岩を使った石造りになっている。テネリーフェ島には、第15章で詳しく紹介するテイデ山という火山があり、そこで採れる黒灰色の火山岩を使った建築物が多い。この邸宅は、世界遺産とは別に、スペインの重要文化財にも登録されている歴史ある建物だが、近年その劣化は激しく、危機文化財として保護されている。

サン・ミゲル礼拝堂

上述の女子修道院や市庁舎からみて、アデランタード広場のちょうど真向かいの位置にあるのが、サン・ミゲル（ミカエル）礼拝堂である。その名の通り、テネリーフェ島

＊2 ルネサンス最盛期とバロック初期の間にあたる、16世紀中頃から末にかけての芸術様式。芸術的洗練を追求した。

とラ・ラグーナの守護聖人である大天使ミカエルに捧げられている。

ラ・ラグーナ市は、その正式名称「サン・クリストバル・デ・ラ・ラグーナ」が示す通り、聖クリストフォロスを守護聖人とする都市だ。だがこの町にはもう一人の守護聖人がいる。テネリーフェ島の守護聖人でもある大天使ミカエルである。

守護聖人の一人である聖ミカエルに捧げられているということが、建築的には非常にシンプルなこの礼拝堂の重要性を高めている。1506年に創立されたこの礼拝堂は、市内で最も古い建築物のひとつで、当初は町の創設者アロンソ・フェルナンデスとその家族のための霊廟として建設された。しかし結局は霊廟としての役割を果たすことはなく、アロンソ・フェルナンデスは、当初よく似た名前のサン・ミゲル・デ・ラス・ビクトリアス修道院に葬られた後、次章で紹介するラ・ラグーナ大聖堂に改葬された。現在遺っている礼拝堂は再建立されたもので、ファサードの十字架のすぐ下に、その年である1759という数字が刻印されているのが見える。

（小倉真理子）

06

06 サン・ミゲル礼拝堂

14 島内でも貴重な歴史的宗教施設
——コンセプシオン教会、大聖堂、サンタ・クララ修道院

関連動画はこちらから

コンセプシオン教会と鐘塔

旧市街の玄関にあたるアデランタード広場から北西方向に伸びる道をまっすぐ進むと、正面に趣のある石造りの高い塔が見えてくる。これが、コンセプシオン教会の塔で、高さは約28メートルと建設当時は市内で一番高い塔だった。コンセプシオン教会は、テネリーフェ島で最も古い教会で、通常は教会の建物には立派なファサードがつけられるのだが、この教会は、建物のどの側面にも手の込んだ彫刻がなく、至ってシンプルな造りになっている。しかし、一度中に足を踏み入れると、外観の簡素

01

な造りからは想像のつかない、美しいデザインに圧倒される。カナリア諸島原産の木材を組み合わせて造られたこの島独特の木製天井と、同じく木造の立派な彫刻が施されたプルピトと呼ばれる説教壇はとても趣がある。教会に付属している鐘塔は17世紀に建立された歴史あるものだが、現在でも塔内部の階段で最頂部まで登ることができる。長い階段を上り詰めた後に目の前に広がるラ・ラグーナの整然とした町並みは息をのむほど美しい。塔には定刻を知らせる鐘がいくつも吊るされており、その中でも一番大きな鐘はカナリア諸島にある鐘の中で最も大きい。

01 コンセプシオン教会の鐘楼
02 コンセプシオン教会内部は木製

ラ・ラグーナ大聖堂（レメディオスの聖母大聖堂）

ラ・ラグーナ大聖堂は、正式名「ヌエストラ・セニョーラ・デ・ロス・レメディオス」といい、レメディオス（救い）の聖母に捧げられている。前述のコンセプシオン教会に次ぐ、ラ・ラグーナで2番目に古い教会として16世紀に建立されたが、19世紀になってから大聖堂に格上げされた。現在の大聖堂がある場所には、この島の先住民族であるグアンチェの埋葬地があり、カスティーリャ王国による征服前は、島中からの巡礼者が訪れる神聖な地だったといわれている。

この大聖堂も数世紀にわたる歴史の中で、幾度も改築や増築を重ね現在のスタイルになったのだが、世界的にみても面白い教会建築のひとつである。19世紀初めの大改築で、大聖堂の正面玄関にあたるファサード全体が再構築されたのだが、そのときに用いられた建築資材はコンクリートだった。それまで、コンクリートで教会を造った例は見られず、非常に斬新なものとされた。しかし、この大聖堂が先駆者的な地位を確固たるものにしたのは、2002年から2014年まで続いた21世紀の大改築のときである。当時、丸天井とそれを支えるヴォールトの腐食が激しかったため、これを一旦全て取り壊して新たな丸天井を造ったのだが、そのときに用いられた素材はなんとポリプロピレンの繊維だった。100年前のコンクリートと同様に、大規模な教会建築にこの素材が使われた例はなく、注目を集めた。ポリプロピレンは強度が高い上に吸湿性がないことが特徴で、最終的にこの素材で造られた丸天井は、41・8メートルの高さを誇り、ラ・ラグーナの歴史地区で最も高い建築物となった。

この大聖堂では、ラ・ラグーナ出身のイエズス会の宣教師、ホセ・デ・アンチエタ（ジョゼ・デ・アンシエタ）が洗礼を受けている。アンチエタは、ポルトガルの王立芸術学校で学び、イエズス会の大学で修練を受けた後、宣教師として新大陸に派遣される。サンパウロ、リオデジャネイロ両市の建設に関わり、ブラジルの歴史に大きな足跡を残した人物である。スペイン語はもちろん、ポルトガル語やラテン語にも精通しており、ブラジルの原住民の言語であるトゥピ語も自在に操ったという。アンチエタと同時期に日本で布教活動を行ったイエズス会のフランシスコ・ザビエルが布教のために日本語を学んだのと同じように、当時布教のために世界中に派遣されたイエズス会士たちは、原住民の言葉を学び、辞書を編纂（へんさん）するという仕事も布教活動の一環

03　ラ・ラグーナ大聖堂

として行っていた。もともと文才のあったアンチエタは、ブラジル文学の創設者として崇められ、2014年には現教皇フランシスコにより聖人に列せられた。500年近く前に活躍した人物が、このように近年になって列聖されることは珍しいことではない。

大聖堂の一角には、ラ・ラグーナの建設者アロンソ・フェルナンデスの墓碑がある。世界最高級の品質を誇る、イタリアのカッラーラの大理石を取り寄せて作られた彫刻には「アロンソ・フェルナンデス・デル・ルーゴ、テネリーフェ島とラ・パルマ島の征服者で、ラ・ラグーナの建設者、1525年5月20日に死す」と記され、その礎石には1881年と彫られている。これは、アロンソ・フェルナンデスがこの大聖堂に葬られた年を示している。実は彼の亡骸はラ・ラグーナ市内の別の場所に埋葬されていた（第13章参照）のだが、その功績が再評価され大聖堂に移されたという経緯がある。

同じカッラーラの白い大理石を使ったプルピトも見事で、その価値はカナリア諸島全体の教会関連の宝物の中で最も高いと言われている。柱に回り込む形で備え付けられている、説教壇に続く階段も同じ大理石で造られており、広い大聖堂の中でひときわ大きな存在感がある。

サンタ・クララ修道院と博物館

サンタ・クララ修道院は、1547年に創設されたカナリア諸島で最初の女子修道院

04 アロンソ・フェルナンデスの墓碑

05 ラ・ラグーナ大聖堂内部、大理石のプルピト㊧

で、当初はサン・ファン・バウティスタ（洗礼者ヨハネ）修道院という名前がつけられていた。13世紀のイタリアでアッシジのフランチェスコによって始められたフランシスコ修道会で、最初の修道女となったのがアッシジのキアラ（クララ）だった。このため、世界中の多くのフランシスコ会女子修道院にサンタ・クララ修道院という名前がつけられるようになった。この女子修道院も、もともとはフランシスコ会の修道女たちが始めたもので、サンタ・クララ修道院と改名されたのである。

　そして現在はラ・ラグーナの王立礼拝堂にもなっており、幾世紀にもわたってカナリア諸島の人々によって崇拝されてきた貴重な木製のキリストの彫刻がある。

　サンタ・クララ修道院も、前章で紹介したサンタ・カタリーナ・デ・ラ・シエナ修道院と同様に禁域のある修道院だが、その一部を美術館として一般公開していて、この修道院が所有する宗教画や彫刻の数々を目にすることができる。毎日上映されている、修道院での生活を紹介した映像も大変に興味深い。建物を入ってすぐに広がる中庭も、木

06 サンタ・クララ修道院

07 サンタ・クララ修道院博物館の大天使ミカエルの彫刻

製の柱、木製の天井に覆われた回廊をもつ、非常にラ・ラグーナらしい造りだ。修道院の建物の模型もあり、建設当時から現在までの変遷もよくわかる造りになっている。全部で9つある展示室には、主に17〜18世紀に作られた貴重な作品が多いが、特に目を引くのはラ・ラグーナの守護聖人でもある大天使ミカエルの彫刻だ。スペイン副王領時代のイタリア・ナポリで作られたものと考えられており、その色合いも当時のままの鮮やかさを残している。

ラ・ラグーナの景観

この地の景観は、決して偶然の産物ではない。教会や修道院の立地から、主要な島政府機関の建物の配置、そしてラ・ラグーナの町を縦横に分割している道の幅まで、緻密な計算のもとに造られている。火山岩からなる石造りの町からは重厚な印象を受けるが、窓から突き出した独特の木製のベランダが、そこに柔らかさを加えている。ひとたび門をくぐって中に入ると、大抵の建物には緑に包まれた中庭があり、それをぐるりと一周している木製の柱からなる回廊と、やはり木製の2階部分の窓枠が、いかにも南国風のラ・ラグーナらしい景観を生み出している。ラ・ラグーナの街歩きでは、ただ街を歩くだけでなくこうした中庭巡りをするのも面白い。

（小倉真理子）

08 ラ・ラグーナに特徴的な中庭（モンタニェス邸）

15 テネリーフェ島の文化と自然遺産

——ゴフィオの味覚とティンプレの音色、自然遺産テイデ国立公園

ゴフィオとその粉挽き場

テネリーフェ島をはじめカナリア諸島では、ゴフィオと呼ばれる粉を使った料理が、郷土料理として現在も地元住民に愛されている。ゴフィオとは、トウモロコシや小麦を焙煎したものを粉状に挽いたもので、練ったり、スープに加えてとろみを出したり、焼き物にしたりと様々な調理法がある。地元の人によると、牛乳を加えて朝食に食べるのもここでは一般的だそうだ。イベリア半島でゴフィオが食べられることはほとんどなく、大きなスーパーでもほとんど扱っていない。

ゴフィオは、カナリア諸島の先住民族であるグアンチェが主食としていて、そ

01

関連動画はこちらから

の後カスティーリャ王国による征服後も征服者たちに受け継がれ、カナリア諸島から新大陸に渡った移民によって、主にカリブ海諸国にもたらされた。現在でもベネズエラ、キューバ、プエルトリコ、ドミニカ共和国などで郷土料理に用いられている。カナリア諸島のゴフィオは、第6章で紹介したガリシア牛と同じく、IGP（地理的表示保護制度）と呼ばれる制度で保護されている。

グアンチェは、小麦やトウモロコシを煎った後、手挽きでゴフィオを作っていた。テイデ山のマグマからできた火山岩である玄武岩には、表面に発泡してできたたくさんの穴があり、粉を挽くのに適していた。

ラ・ラグーナで1886年から続くゴフィオの老舗「ラ・モリネタ」では、創業当時は風車を使って粉を挽いている。風車の帆を12枚まで増やし、風向きによって帆の向きを変えられるよう工夫をしながら生産量を高めてきたが、1933年にラ・ラグーナに電気が通ると、いち早く工場の電化を進め、さらに大量生産を可能とした。現在は伝統的なトウモロコシや小麦だけでなく、ヒヨコ豆を使ったもの、2度焙煎をしてコクを出したもの、様々な穀物をミックスさせたものや、よりキメの細かいデザート作り専用のゴフィオなど幅広い商品を展開する。

ラ・モリネタの工場兼店舗は、玄関を入るとすぐに香ばしい焙煎の香りに包まれる。焙煎はかなりの高温で行われるが、200度を超えない温度に調整し、焙煎が終わるとすぐに袋に入れて寝かせるそうだ。この寝かせ具合もゴフィオの質の良し悪しに反映されるため、季節ごとに変わる温度や湿度に合わせて、熟練の職人の勘

01 ラ・モリネタの事務所に掲示されていた数々のゴフィオのパッケージの写真（許可を得て撮影）

02 加工されたばかりのゴフィオ

が重要とのことだ。ラ・ラグーナを訪れたらぜひこのゴフィオを使った料理も堪能してみたい。

カナリア諸島特有の楽器「ティンプレ」

ティンプレは、5弦からなるカナリア諸島原産の弦楽器だ。バロックギターから派生したもので、全長は約55センチメートルとギターよりはかなり小さく、ウクレレを一回り大きくしたサイズの楽器だ。ティンプレがポルトガルに伝わってカヴァキーニョという弦楽器になり、それがハワイに渡ってウクレレとなったので、ティンプレはウクレレの源流にあたる楽器といえる。

現在は、カナリア諸島を構成する7島全てで演奏されるが、この楽器は主にテネリーフェ島を中心に、グラン・カナリア島、フエルテベントゥーラ島、ランサローテ島で発達したものと言われている。カナリア諸島伝統の音楽の伴奏楽器として、最初はラスゲアード奏法と呼ばれる、全ての弦を一気にかき鳴らしてリズムとハーモニーを奏でるためだけのものだったが、楽器の発展と音楽の多様化に伴って、ギターで用いられるようなアルペジオなどのテクニックも使われるようになった。現在ではティンプレのために作曲された楽曲も数多くあり、オーケストラとティンプレの共演も行われる。ティンプレを専門に演奏する演奏家はティンプリスタと呼ばれ、ベニート・カブレラ、エル・コロラオなど著名なティンプリスタも多い。フラメンコやジャズとティンプレの共演でスペインだけでなく、世界各地で演奏活動をしたホセ・アントニオ・ラモスが２００８年に38歳の若さで亡くなったときには、全国紙に追悼記事が並び、ティンプレ発展に対する貢献への賛辞とともにその若すぎる死が悼まれた。

現在、テネリーフェ島に住居とスタジオを持って活動しているティンプリスタ、ペドロ・イスキエルドは、公演などでの演奏活動のほかに、インターネットを使ったティンプレの教授活動にも力を入れており、カナリア諸島発祥の楽器の魅力を発信し続けている。カナリア諸島一のティンプレ収集家としても知られる彼のスタジオには、大変古いティンプレから最新型のティンプレまでがずらりと並ぶ。イスキエルドは、クラシックギターもティンプレと遜色なく演奏し、ギターのテクニックをティンプレに反映させて、演奏技術の発展にも大きく貢献している。フラメンコギターのような哀愁漂う音色とはまた違った、高音の弦の奏でる音色は、カナリア諸島の気候や風景にもよく合う。ティンプレの音楽を聴きながらテネリーフェ島をドライブすれば、情緒ある旅路になること間違いない。

03　ティンプレのコレクション

04　ギター㊧とティンプレ㊨

テイデ国立公園

スペイン最高峰の3718メートルの高さを誇るテイデ山を中心としたテイデ国立公園は、2007年にユネスコの自然遺産に登録された。ラス・カニャダスと呼ばれるいくつもの峰からなる地形や、マグマが固まってできた奇岩の数々は非常に特徴的で、シンチャードという名前で知られる奇岩はかつてのスペインの1000ペセタの紙幣のデザインにもなった。

この国立公園には、いくつものハイキングコースが用意されており、登山というよりはトレッキング感覚で自然を楽しめるが、一番手軽で人気のある約1時間のコースでも、溶岩がむき出しになった坂道を上り下りしながら進むかなり険しい山路だ。この地域特有の植物も数多く見られるほか、黒曜石や玄武岩など様々な火山岩がどのようにできていったのかが各所で解説されており、実物を目の前に見ながらだと臨場感もあって面白い。こうしたテイデ山の環境や地質は、火星のそれとよく似ているそうで、実際にエクソマーズ計画[*1]で用いられる機器のテストはこのテイデ

05　テイデ国立公園

06　お札のデザインにもなった奇岩シンチャード

＊1　欧州宇宙機関が主導する火星探査計画。

国立公園で行われたほか、火星探査用ロボットの車両試験も行われている。

テイデ山周辺は、世界的にみても良好な視界条件が整っており、テイデ天文台は主要な国際天文台のひとつだ。イギリスのロックグループ、クイーンのギタリストで天文学者のブライアン・メイは、この天文台で研究して博士論文を執筆し、それをテーマにした楽曲も作曲している。

テイデ山のパラドール

テイデ国立公園の敷地内に唯一ある宿泊施設が、「ラス・カニャダス・デル・テイデ」と呼ばれる国営のパラドールだ。標高2152メートルに位置し、最も標高の高いパラドールとしても知られる。1960年に建てられた建物は、雪国などでよく見られる切妻屋根の造りになっていて、雪が積もりにくいようになっている。周囲をいくつもの峰に囲まれているため、客室やサロン、レストランやカフェテリアからも山が目の前に迫る絶景を楽しむことができる。特別室のベランダからは、朝日を浴びて刻一刻と山肌の色を変えていくテイデ山を間近に見ることができるため、大変人気がある。レストランでは、テネリーフェ島の郷土料理も楽しめるので、テイデ国立公園へ足を伸ばしたときにはぜひ泊まってみたいパラドールだ。（小倉真理子）

07

07 カナリア諸島で伝統的に食されるジャガイモ料理、パパス・アルガーダス。皮を剥かずに茹でた後、ジャガイモが乾燥するまで煮詰める。パプリカやニンニク、香辛料を混ぜたモホソースをつけて食べる。

コラム 4

クリストフォロスとミカエル

サン・クリストバル・デ・ラ・ラグーナという都市名で、「ラ・ラグーナ」の由来は第13章で触れられた。ではなぜ「サン・クリストバル」と名付けられているのだろうか。それは、カナリア諸島最大の島テネリーフェ島のアゲーレ湖畔に建設されたのが1496年7月27日で、サン・クリストバル、すなわち聖クリストフォロスの聖人祭（7月25日）に近かったことによるとされている。

中世において聖クリストフォロスは、新天地を求めて移動する人々にとって特別な意味をもっていた。3世紀頃、レプロブスという大男が、乱暴狼藉を働いた後に悔悛して、流れの急な川を渡る人々を背負って助ける日々を送っていた。あるとき小さな男の子に頼まれて川渡しを引き受けたが、途中で異様な重さになったのだ。なんとか向こう岸に渡り切って尋ねると、私は全世界の人々の罪を背負っているから重いのだ、と答える。そしてその子、すなわちイエスはレプロブスを祝福し、今後は「キリストを背負う者」という意味の「クリストフォロス」と名乗るように言ったという。アゲーレ湖を渡りこの地を開拓しようとしていた人々にとって、拠点であるこの町はサン・ク

ヒエロニムス・ボスの絵「聖クリストフォロス」（Hieronymus Bosch, Public domain, via Wikimedia Commons）

リストバルと名付けるにふさわしかったのである。

ちなみに1492年、カナリア諸島を経由して新大陸に到達したコロンブスの洗礼名はイタリア語でクリストフォロ、ラテン語ではクリストフォロスで、この聖人伝説にちなんでいることは間違いない。コロンブスが新大陸「発見」の航海で、先住民グアンチェとスペイン軍との抗争の舞台であったサン・クリストバル・デ・ラ・ラグーナを訪れたという記録はない。だがやがて新大陸征服のモデルとなるこの町が自分と同じ名前をもつことに、歴史の偶然を見たかもしれない。

ところで第13章で触れられたようにラ・ラグーナの守護聖人はサン・ミゲル、すなわち大天使ミカエルである。同市の紋章は1510年に時のカスティーリャ国王フアナによって認可されたが、そこにはラテン語で《Michael Arcangele Veni in Adjuntorium Populo Dei Thenerife Me Fecit》（大天使ミカエルは神の民を助くべく駆けつけたり。テネリーフェはわれを作れり）と刻まれており、「神の民」たるカスティーリャ人たちを助けるために大天使ミカエルが馳せ参じたことが強調されている。もちろんそれは伝承に過ぎないが、中世においてミカエルはしばしば、右手に剣を、左手に秤（はかり）（公正さを測るシンボル）を携えて描かれるように、兵士や警備隊などの守護天使となっていた。異教徒である先住民グアンチェの制圧とキリスト教徒の入植・定住は、剣と秤の偉業だったのだ（ただし同市の紋章では槍と盾をもつ図像となっている）。征服の過程でグアンチェ人口は激減し、抗戦したグアンチェは奴隷として島外に売却され、残留し

ラ・ラグーナ市の紋章

た人々も17世紀までには同化したといわれる。こうしたスペイン人の征服・植民活動が、新大陸において大規模に繰り返されたことはいうまでもない。

なおラ・ラグーナの紋章について付言すると、ミカエルの下に描かれているのは同市と同じく世界遺産となっている活火山のテイデ山（第15章を参照）で、それは波立つ海に囲まれている。火山の両側には城塞（カスティーリョ）と獅子（レオン）が配置されているが、これらはカスティーリャ王国のシンボルである。カスティーリャが主導するスペイン帝国の時代は、サン・クリストバル・デ・ラ・ラグーナの建設から始まったといっても過言ではないだろう。

（立石博高）

第Ⅲ部

内陸部の歴史都市

Salamanca

サラマンカ

🏳 カスティーリャ・イ・レオン州　サラマンカ県　サラマンカ市

👥 人口　約 14 万 4000 人（2023 年現在）

✈ マドリードから特急で約 1 時間 40 分。長距離バスは本数が多く所要約 2 時間半。

📝 スペインを代表する大学都市。その歴史は古く鉄器時代に遡る。古代ローマ時代にはサルマンティカと呼ばれ、交通の要所だった。市内を流れるトルメス川には、トラヤヌス帝の時代に建設された橋が架かる。

16 中世から続く文化・学問の中心地
――サラマンカ大学と新旧大聖堂

現存するスペイン最古の大学・サラマンカ大学

サラマンカ大学は、1218年にレオン王国の王アルフォンソ9世によって創立された、現存するスペイン最古の大学である。その後1254年には、賢王と呼ばれたカスティーリャ王アルフォンソ10世によって整備拡大され、ヨーロッパ初となる大学図書館も創設された。現在もスペイン国内外からの多くの学生が学部と大学院で学んでいる。総学生数は3万人を超え、教員だけでも2300人以上という大きな大学だ。

大学の旧校舎の入り口には、見事なプラテレスコ様式のファサードがある。プラテレスコ様式とは、16世紀にスペインで発祥した建築装飾のひとつで、細かく美しい浮き彫りを特徴とする。その繊細さが銀細工（スペイン語でplatería）を想起させることからこのように呼ばれる。石でできたタペストリーのようなこのファサードは3つの段からなる。一番下にはカトリック両王（第5章注5参照）のレリーフがあり、ギリシャ語で「大学は王のために、王は大学のために」と刻まれている。中央段には、真ん中に大きなカルロス1世の紋章、左側にはスペイン帝国のシンボルである双頭の鷲（わし）の紋章、そして右側にはカトリック両王が好んで使ったとされる聖ヨハネの鷲の紋章が飾られている。最上段にはローマ教皇が説教をしているレリーフがあり、これはサラマンカ大学の紋章にも使われている。

正面広場には、このファサードを見守るようにルイス・デ・レオンの像が佇む。ルイス・デ・レオンは、16世紀に活躍したスペインの神学者、人文学者、詩人で、サラマンカ大学でも神学や哲学の教鞭を執っていた人物である。神学者として、原典から聖書のヘブライ語『雅歌』をスペイン語に訳して解釈したこと*1を問われて異端審問にかけられ投獄

01 サラマンカ大学のファサード

02 ルイス・デ・レオン像と大学のファサード

*1 この当時は、聖書のスペイン語訳は禁書とされていた。異端審問長官バルデスによる禁書目録が有名。

されるが、嫌疑を晴らすために獄中でいくつもの書物を執筆した。最終的には無罪が認められ、再びサラマンカ大学の教壇に戻った彼は、神学者としての使命を全うする傍ら詩人としても多くの優れた作品を遺しており、間違いなく16世紀のスペイン・ルネサンス期を代表する人物といえる。ルイス・デ・レオンの遺体は市内のサン・アグスティン修道院に埋葬されていたが、この修道院がスペイン独立戦争で破壊されたのち、サラマンカ大学の礼拝堂に改葬された。

「サラマンカの天空」と名付けられた、15世紀に描かれた天井画も見逃せない。この作品は、旧校舎から広場を挟んで向かいの、元は図書館として使われていた施設の中にある。中庭を横切った突き当たりにあるこの建物内は照明が落とされており、天井の絵に向けたライトアップで絵が浮かび上がるように演出されている。ドーム型の天井画には、実際の空に見える星座の配置が正確に再現されており、当時の天文学の知識の高さも窺える。

創立以来8世紀に及ぶ大学の歴史では著名な卒業生や教員は数え切れないほどいるが、特に日本との関わりも深いフランシスコ会修道士、ルイス・ソテーロもこの大学の卒業生だった。ソテーロはサラマンカ大学卒業後にキリスト教布教のために訪日し、徳川家康への謁見も果たしている。その後日本で活動していたソテーロは、1613年に仙台

03 ルイス・デ・レオンの墓石

04 サラマンカの天空

藩主伊達政宗がヨーロッパに派遣した慶長遣欧使節団で正使を務め、政宗の家臣で副使に任命された支倉常長とともに、スペイン国王フェリーペ3世やローマ教皇パウロ5世に謁見する。

サラマンカ新・旧大聖堂

サラマンカには、旧大聖堂と新大聖堂のふたつの大聖堂がある。このようにひとつの都市にふたつの大聖堂があるのは珍しく、スペインでも数都市しかない。ふたつの大聖堂は内部でつながっており、旧大聖堂の入り口は新大聖堂の中にあって、実際にはひとつの大きな寺院のようになっているため、このふたつを合わせて単に「サラマンカ大聖堂」と呼ぶこともある。

旧大聖堂は12世紀に建設が始まり、ロマネスク様式からゴシック様式への過渡期に約100年をかけて造られたため、両方の建築様式がみられる造りになっている。16世紀に新大聖堂の建築が始まるとき、この旧大聖堂は取り壊す計画もあったのだが、200年を要した新大聖堂完成までの期間ミサをする場所を確保するため、幸運にも取り壊されずに現在まで遺った貴重な建築だ。旧大聖堂の丸天井を内部から見ると、中心から放射状に伸びる16の天井筋が特徴的で、しばしば「まるでオレンジを半分に切ったような」と形容される。この部分を外側から見ると、スペイン建築としては珍しい鱗状の細かな装飾があり、その天辺には風見鶏がつけられていることから「鶏の塔」と呼ばれている。旧大聖堂のもうひとつの見所は、中央祭壇の飾り衝立だ。イタリア人の画家で、カスティーリャ

王国で活躍したデッロ・デッリによる作品で、聖母マリアの誕生から被昇天*2までの物語が53枚の絵で描かれている。

18世紀に完成した新大聖堂は、旧大聖堂よりもずっと大きな空間を演出しており、ゴシック様式、ルネサンス様式、バロック様式を折衷した建築だ。立派な円柱に支えられた高い天井は、サラマンカを拠点とした建築家一族、チュリゲラ家が生み出した「チュリゲラ様式」と呼ばれる、細かく煌びやかで絢爛な装飾が特徴だ。サラマンカ市内にはチュリゲラ様式の装飾を伴う建築物が多数みられる。

05 旧大聖堂の丸天井

06 旧大聖堂の主身廊から見た中央祭壇の飾り衝立

新大聖堂のパイプオルガン

新大聖堂の聖歌隊席もチュリゲラ様式で、その真上には向かい合わせにふたつの大きなパイプオルガンが配置されている。福音書側（北側）のオルガンは、18世紀以降２０0年以上にわたって壊れて音が出ないままになっていたが、１９８５年に当時の明仁皇太子と美智子妃（現在の上皇・上皇后）がサラマンカを訪問されたことをきっかけに、美智子妃と交流があり岐阜県に工房を構えていたオルガン建造家、故・辻宏氏が修復した。

*2　聖母マリアが、その肉体と霊魂とともに天に上げられたというカトリックの教義。8月15日がこの出来事を記念する祝日。

修復のための資金は、東京でのチャリティーコンサートや日本企業からの寄付によって集められ、1989年から翌年にかけてオルガンの修復が行われた。1994年には、即位後の天皇・皇后両陛下がサラマンカを再訪され、このオルガンの音色を聴かれた。

またこの年には、岐阜市に「サラマンカホール」という名を冠したコンサートホールが完成し、辻氏が制作したサラマンカ大聖堂のオルガンのレプリカが設置された。サラマンカホールのホワイエには、サラマンカ大学とサラマンカ大聖堂のファサードのレプリカも造られた。これらのレプリカは、サラマンカの町の建物に多用されているビリャマヨール石をスペインから取り寄せ、スペイン人彫刻家によって約3年の歳月をかけて造られた作品で、サラマンカと岐阜の友好のシンボルとなっている。

（小倉真理子）

07 新大聖堂内部

08 新大聖堂のパイプオルガン

09 岐阜市サラマンカホールのパイプオルガン

17 ビリャマヨール石で造られた芸術的な町並み

――スペインで最も美しいといわれるマヨール広場とその周辺

関連動画はこちらから

マヨール広場

スペインの大抵の都市には「マヨール広場」がある。日本語に直訳すると「大きな広場」という意味で、その町の活動の中心となる広場のことを指す。サラマンカのマヨール広場は、数あるスペインのマヨール広場の中でも、最も美しいとされる歴史ある広場だ。四方を建物で囲まれたこの広場は、全ての辺の長さの異なる四辺形だが、広場の真ん中に立ってみてもいびつさは全く感じられず、陽の光を浴びて輝くビリャマヨール石造りによる調和のとれた広場だ。

一番立派な構えの王家の棟の壁には、歴代王たちの胸像のレリーフ18枚が掲げら

01　サラマンカのマヨール広場

れている。1937年からは、ここに独裁者フランコのレリーフも並べられていたが、「歴史的記憶法」[*1]に従って2017年に取り除かれた。王家の棟に向かって右側にあるサン・マルティンの棟には、コロンブスやコルテス、ピサロといった新大陸のコンキスタドーレス（征服者）の胸像のレリーフが19枚埋め込まれている。王家の棟の真向かいにあるのがプレティネーロスの棟で、この広場が建設される前にこのあたりで行商をしていた革のベルト売りやその職人を指す言葉に由来する。『ドン・キホーテ』の作者セルバンテスや、アビラの聖テレーサ、哲学者ウナムーノといったスペイン史上重要な文化人や聖人11名のレリーフが並んでいる。もうひとつの棟はサラマンカ市庁舎で、ここには近年のスペイン王や、スペイン第一、第二共和政の指導者たちの姿がある。この広場を一周するとスペインの歴史が全62枚のレリーフで辿れるのが面白い。

*1 正式名称を「内戦及び独裁の間迫害及び暴力に苦しんだ人々に権利を認め拡張することを定める法律」という、2007年に成立した。これ以降スペインではフランコの銅像などの撤去や、内戦に関連する人物名が用いられている通りや広場の名称変更が行われている。

02 貝の家

貝の家

貝の家はその名が示す通り、建物の外壁が300個以上の貝殻のモチーフで装飾されている。なぜたくさんの貝殻の装飾があるのか確かなことはわかっていないが、家主が帆立貝をシンボルとするサンティアゴ騎士団に所属していたためとか、家主の妻が貝を家紋にしているピメンテル家の出身であったからとも伝えられている。

15世紀末から16世紀初めに建設されたゴシック後期の建物で、所々にはスペイン・ルネサンス様式の特徴もみられる。ゴシック様式の部分は、外壁にある様々な窓と鉄格子で、これはイベリア半島に遺る鉄格子の中でも、特に芸術性の高いものとされている。ルネサンス様式の特徴といえるのは、前章で触れたサラマンカ大学のファサードにも用いられているプラテレスコで、入り口の紋章やパティオの装飾などがそれにあたる。上下左右が交互になるように配置されている外壁の貝殻の配列は、幾何学模様を多用したムデハル様式[*2]の影響を受けている。

ラ・クレレシア

17世紀にイエズス会の王立神学校として、フェリーペ3世の妃マルガリータの命により建設された建物で、正面のファサードにはイエズス会の創始者、聖イグナティウス・ロヨーラの彫像がある。彫像の真下にはラテン語で刻まれた碑文があり、そこには当初「カトリックのフェリーペ3世とマルガリータによりイエズス会のために建てられ

03　貝の家の鉄格子

＊2　イベリア半島で発展した建築様式。イスラーム美術・建築の影響を受けている。

04　ラ・クレレシアのロヨーラ像。上から文字が刻印されている

た」と書かれていた。しかしカルロス3世の時代にイエズス会追放令[*3]が出されたため、「イエズス会のために建てられた」の文字に「この建物が建てられた」と上書きされた。大急ぎで修正したため、最初にあった文を消さずに新しい文が上から刻まれており、今でもその両方が読み取れてしまう。

ラ・クレレシア内部の回廊のある中庭に立つと、周りを取り囲む荘厳なバロック様式の建物に圧倒される。この建物の階段の造りは少し奇妙で、それぞれの段が片側の壁だけに固定された片持ち式であり、階段がまるで宙に浮いたような形で上方に続いている。階段の裏側にあたる下方部分には細かな彫刻が施されており、下から見上げると上の階までの装飾が一度に目に入り豪華でとても美しい。正面にみえるふたつの鐘楼には登ることができ、最頂部からサラマンカの町を360度見下ろせる。現在この建物はサラマンカのポンティフィシア大学の校舎となっており、大講堂にあたる部屋の天井に施された見事な彫刻や絵画の数々にも目を瞠（みは）る。18世紀に完成したこの大講堂には木製の説教壇があり、その頭上にはトマス・アクィナスの肖

＊3　1767年にスペイン王カルロス3世によって発せられた王令で、スペイン国内とスペイン領アメリカで活動するイエズス会士を領土内から追放した。

05 ラ・クレレシアの回廊と中庭

06 ラ・クレレシアの宙に浮いたような片持ち式の階段

像画が掲げられている。

サン・エステバン修道院

13世紀中頃に、ドミニコ会の修道士たちがサラマンカに造った小さな修道院が、サン・エステバン修道院の始まりである。その小さな修道院は、後にさらに大きな建物にするために一部を残して取り壊され、現在遺るのは16世紀から建設が始まり約1世紀の歳月をかけて完成した修道院である。ファサードは、スペイン屈指のプラテレスコ様式の作品と評され、きめ細かい浅浮き彫りの装飾が見事で、中央の一番目立つ位置には、サン・エステバン（聖ステファノ）の殉教シーンが描かれている。

このサン・エステバン修道院（現在の建物ではなく、最初の小さな修道院）には、コロンブスが滞在したと言われている。新大陸への航海計画を科学的に裏付けるために、コロンブスはサラマンカ大学の地理学者や天文学者の知恵を借りながら、この修道院で緻密に計画を立てたとされる。小さな修道院の時代から取り壊さずに残され「コロンブスのサロン」と名付けられた部屋でコロンブスは、新大陸に向けた航海の資金調達のために、イサベル1世の聴罪司祭[*4]だったサン・エステバン修道院長ディエゴ・デ・ダサを説得し

07　サン・エステバン修道院ファサード

＊4　信徒の告白を聞き、教導する司祭のこと。

た。最終的にイサベル1世の援助を得てコロンブスが新大陸に到着できたのは、このサン・エステバン修道院で過ごした日々のおかげといっても過言ではない。

ローマ橋

これまで見てきたように、ビリャマヨール石造りのサラマンカの町が、大学や大聖堂を中心に中世以降に発展してきたことは間違いないが、サラマンカの起源は、今から2700年前の鉄器時代に遡ることができる。それ以来、古くからイベリア半島に住んでいたとされるバクセオ人やベトン人、ローマ人、西ゴート人、イスラーム教徒がそれぞれこの地を占有し、サラマンカの歴史を築いてきた。ベトン人が作ったと考えられる雄牛の石像や、市内を流れるトルメス川にかかるローマ橋は、現在のサラマンカ市内に遺る最も古い遺構と言える。サラマンカは、イベリア半島を縦断する「銀の道」と呼ばれる、南部のセビーリャから北部のサンティアゴ・デ・コンポステーラに向かう道の要衝としても栄え、人々はこのローマ橋からサラマンカに入りさらに北を目指した。このローマ橋はサラマンカの景観の一部に溶け込んでおり、現在でも市民の日常の通行に使われている。

（小倉真理子）

08
ローマ橋

18 サラマンカの伝統工芸と食文化

――ボトン・チャーロとハモン・イベリコ

ボトン・チャーロ

サラマンカとその周辺で古くから伝わる伝統工芸に、ボトン・チャーロと呼ばれる細工品がある。サラマンカの街角では、円形がいくつも重なった花びらのようなボトン・チャーロの指輪、ピアス、ネクタイピン、ブレスレットなど様々なアクセサリーが並んだショーウィンドーを目にすることも多い。この工芸がどこで生まれどのように発展して来たかはわかっていないが、サラマンカだけではなく、サモラ、パレンシア、ガリシア、セゴビアなどにも存在していたことが明らかになっている。サラマンカでは16世紀にボトン・チャーロ職人による集まりが作られ、18世紀以降は、伝統衣装のアクセサ

リーにも取り入れられたことで、ボトン・チャーロはサラマンカを代表する伝統工芸として定着した。

近年では金製のものも人気があるそうだが、伝統的なボトン・チャーロは銀製で、いくつもの球が円形に並んだデザインとなっている。真ん中の大きな球を取り巻く12個の小さな球は、黄道十二星座を象徴しており、ボトン・チャーロを身につけることは悪から身を守るという信仰もある。サラマンカでは昔からプロポーズするときにボトン・チャーロの指輪を贈るという習慣があった。このときに使われるボトン・チャーロは中央の大きな球だけは銀製で、周りの12個（または8個）の球の部分には小さな石をつけたものが用いられた。そしてそれを贈られた花嫁は指輪をつけ続け、周りの石が全て落ちたときに二人は晴れて結婚できる、という慣わしである。小石の装飾が自然と落ちるにはかなりの時間がかかるため、その間に二人は、新生活に必要となる十分なお金を貯めるための期間がもてる、という現実的な意味合いも含んでいた。

サラマンカの旧市街で100年以上にわたってボトン・チャーロを専門に扱っている貴金属店、ルイス・メンデス・アルテサノスの工房兼店舗で、ボトン・チャーロができるまでを見学する機会を得た。幅1ミリメートル未満の平べったい銀の糸を編み上げるように、花のような縁取りを作っていく。このときの「花びら」の数にあたるのが、周りを取り囲

01 ボトン・チャーロの作品の数々

む小さな球の数となる。銀の糸を、花びらの内側にも配置して形が出来上がったら、一度水に浸してその上に金銀銅の混じった粉末をかける。バーナーの火にストロー状の細い管で息を吹きかけて火の流れを曲げながら溶接することで、ボトン・チャーロの基礎部分を作る。このときに吐く息の強弱によって火加減を調節するのが全工程の中で最も難しい箇所で、熟練の技が必要になるという。平べったいこの基礎部分を大きさの異なるいくつかの穴に入れ、上から金槌で打つことで丸みをもたせ立体的な作りにする。最後に、この土台に乗せる大小の球を作る。先ほど使った銀の糸を環状にしてバーナーで熱すると一瞬で球ができる。次々に銀の球ができていく様は見ていて爽快だ。これを土台の上に円状に配置し、同じようにバーナーで溶接するとボトン・チャーロの繊細な装飾が完成する。

02 ボトン・チャーロの原料の糸
03 ボトン・チャーロを作る工程

ハモン・イベリコ

スペインを代表するグルメとして知られるハモンは、日本ではスペイン産生ハムとして親しまれている。サラマンカは、スペインを代表するハモンの産地で、スペイン国内生産の約6割のシェアを誇る。一言に「ハモン」といってもその種類は様々で、ハモン・セラーノとハモン・イベリコの2種類に大別される。最近では日本でもスペインの食材が簡単に手に入るようになり、これらの名前を耳にされたことのある方も多いかもしれない。このふたつはどのように違うのだろうか？　一番の大きな違いは豚の種類にある。ハモン・セラーノでは白豚の種類に規定がないのに対し、ハモン・イベリコは、イベリコ種の白豚で作られたものだけを指す。加工の仕方や熟成の期間も異なり、ハモン・イベリコの方がハモン・セラーノよりも、稀少価値が高い。ハモン・イベリコは、さらに4つのカテゴリーに分けられている。イベリコ豚の純血性が１００％、75％、50％のいずれか、放し飼いか厩舎か、主に何を食べて育ったかなど細かなきまりがあり、イベリコ豚１００％でドングリを食べて育ったものが、最高品質のものとされる。消費者がこれらを簡単に区別できるように、全てのハモン・イベリコは、ランクごとに黒、赤、緑、白のタグで厳しく管理されている。

ハモン・イベリコには、スペイン国内に4つのDO（原産地呼称）があり、そのひとつがサラマンカ県のギフエロである。[*1] ギフエロは、サラマンカ市から南に50キロメートルほどにある人口５０００人ほどの小さな町で、町じゅうにハモン加工場がある。この地が特にハモンの生産に適しているのは、標高が１０００メートルを超える高地にあること、気候が乾燥していて冬が長いこと、それゆえに塩漬けしたハモンが塩分を過度に吸収することなく熟成されるため、濃厚な味わいのあるハモンができるからだ。

04　スライスされたハモン・イベリコ

05　ハモンのカテゴリーを区別するタグ

＊1　そのほか3つの原産地呼称は、エストレマドゥーラ州、コルドバ県のペドローチェ、ウエルバ県のハブーゴ。

ハモン・イベリコ製造の老舗イベリコス・トレオン社では、ハモン工場内部を訪問できるツアーやハモンの食べ比べなどを体験できる。温度や湿度が厳重に管理された部屋、数万本のイベリコ豚のハモンが吊るされた光景は圧巻だ。まるで和牛のようなサシの入った最高級のハモン・イベリコは、口の中に入れた途端にとろける。サラマンカを訪れた際には、ぜひ赤ワインと一緒に極上のハモン・イベリコを楽しんでみたい。

06 イベリコ豚のハモンが吊るされている

サラマンカのパラドールと郷土料理

サラマンカにもスペイン国営のパラドールがある。旧市街からローマ橋でトルメス川を渡った先の、少し小高い丘の上に建つ近代的な建物だ。1981年にオープンし、2003年に大改装をしたこのパラドールの内装は、大理石と木材をふんだんに使った格調高いデザインで、全110室ある客室のうち、約半数は窓から旧市街を臨む絶景が楽しめる。特に部屋から眺める夜景は格別なので、宿泊するときはぜひ市内側の部屋をリクエストしたい。

パラドールのレストランでは、サラマンカ特産のハモン・イベリコだけでなく、郷土料理が楽しめる。「レンテハス・デ・ラ・アルムーニャ」もサラマンカを代

07 サラマンカのパラドール

表する料理だ。レンテハスとはレンズ豆のことで、スペイン全土で家庭料理として一般的なものだが、サラマンカ県のラ・アルムーニャ産のレンズ豆は、IGP（地理的表示保護制度）に指定されている高品質のものだ。緑色が濃く粒が大きいが、食感はとても柔らかい。一般的なレンズ豆を煮ると煮汁が濁るのだが、ラ・アルムーニャのレンズ豆の煮汁は澄んでいることからも、品質の高さがわかる。

　サラマンカの郷土料理を語る上で、もうひとつ忘れてはならないのが「チャンファイナ」と呼ばれる一品だ。動物の内臓を使った料理で、ニンニクや玉ねぎをパプリカやクミンパウダーと一緒に煮込み、米を入れてリゾットのように仕上げる。かつて牛、羊、豚などの良質な肉は金持ちしか食べられなかったため、羊飼いや農民は、その残り物である内臓に米を混ぜて嵩（かさ）を増し、腹を満たしていたのが起源だそうだ。マヨール広場からほど近いカサ・バリェーホでは、最も伝統的なスタイルのチャンファイナを堪能できる。前菜として小皿で食べるもよし、メインの一品にするもよし。絶妙な香辛料の香りに食欲をそそられる。

（小倉真理子）

08 アルムーニャのレンズ豆

09 チャンファイナ

コラム 5

ウナムーノとサラマンカ大学

ミゲル・デ・ウナムーノ（1864～1936年）は、ホセ・オルテーガ・イ・ガセー（ガセットとも。1883～1955年）と並んで、近代スペインが生んだ知の巨人とされる哲学者である。両者ともに早くから日本でも注目されて、彼らの主要著作は邦訳がなされている（白水社刊）。後者はその生の哲学の立場を注目されたのに対し、前者は実存主義の先駆として知られている。

ウナムーノは、北部バスク地方ビルバオの出身であるが、世界最古の大学として知られるサラマンカ大学と切っても切れない存在とされる。というのも弱冠35歳だった1900年に、サラマンカ大学長に任命されたが、時の国王アルフォンソ13世に批判的であったために1914年に罷免される。しかし、その後も大学同僚の大きな支持を受け、この間に死をめぐる生と理性の葛藤を論じる著述を著している。その後、1923年にプリモ・デ・リベーラ独裁政権が成立すると、翌年には教授職の停職処分を受けて、亡命を余儀なくされた。

ミゲル・デ・ウナムーノ（Agence de presse Meurisse, Public domain, via Wikimedia Commons）

プリモの独裁が崩壊した1930年、ウナムーノはサラマンカに戻って講義を再開した。ウナムーノは長い空白を経た最初の講義の始めに、「昨日述べましたように（Como decíamos ayer）」

と、16世紀末に異端審問所に拘束されて復帰したときのルイス・デ・レオン師の言葉を援用したとされる。ルイス・デ・レオン師そしてウナムーノの権威主義への抵抗は、サラマンカ大学と学問の自由にとっての最大の財産となっているのである。ちなみにサラマンカ大学は２０１８年に建学８００周年を迎えたが、そのスローガンは「昨日述べましした。明日述べましょう（Decíamos ayer, diremos mañana）」で、学問の府が過去から未来に向けて果たす役割を高らかに謳い上げている。

さらにウナムーノは、第二共和国時代の混乱を嫌って軍部による反共和国蜂起を当初は歓迎したが、その容赦ない弾圧を目の当たりにすると軍部への批判を先鋭化していった。１９３６年10月12日、サラマンカ大学での「種族の日」式典で彼は、軍部が繰り広げているのは「非市民的な戦争（guerra incivil）」であると糾弾した。彼は自宅軟禁を余儀なくされて、同年12月に死去している。

スペイン内戦に勝利したフランコ独裁体制も、ウナムーノの哲学的業績を否定することはできなかったが、おおやけの称賛はできるだけ忘却するように努めた。サラマンカ大学は１９５２年に大学旧校舎の右隣にある、彼が学長時代に居住していた建物を「ウナムーノの家」（ウナムーノ博物館）として整備をはじめ、翌年には開所式を行おうとしたが、政府と教会当局の反対で取りやめになった。その後、紆余曲折を経て一般公開に至るのは民主化以後の１９９６年のことである。この博物館にはウナムーノが実際に使っていた書斎の机やベッドなどの家具が当時のままに再配置され、彼がサラマンカ大学に寄付した６０００冊以上の蔵書が、図書館として展示されている。それらの本のタイトルをよく見ると、様々な言語で書かれた本が並んでいるのに気付く。彼は、スペイン語とバスク語とフランス語を母語レベルで話したほか、ラテン語、古代ギリシア語、アラビア語、ドイツ語、デンマーク語など17の言語を操ったそうだ。

ウナムーノの家(ウナムーノ博物館)。ウナムーノの蔵書のある本棚㊤、ウナムーノの書斎㊥、ウナムーノの折り紙㊦

またウナムーノは、折り紙文化をスペインとスペイン語圏にもたらし、発展させたことでも知られる。彼は、子どもの頃から折り紙（パピロフレクシア）に興味を示し、様々な鳥や動物などを作った。彼の功績のひとつは、独自に開発したゴリラなどの複雑な折り方などを示した解説本を遺したことにある。ウナムーノ博物館には、実際に彼が折った様々な折り紙が展示されている。

（立石博高）

Cáceres

カセレス

- エストレマドゥーラ州　カセレス県　カセレス市
- 人口　約 9 万 6000 人（2023 年現在）
- マドリードから長距離バスで 3 時間半。電車でも乗換なしで同様の所要時間。
- 南部アンダルシーア州のセビーリャから、北西部ガリシア州のサンティアゴ・デ・コンポステーラに向かう、スペインを縦断する「銀の道」の要所。イベリア半島最古の先史時代の人類の痕跡が遺る。旧市街の歴史地区には、ルネサンス建築の貴族の館が立ち並ぶ。

中世の面影を遺す町
——密集する貴族の館

世界遺産のカセレスの旧市街は、石畳に覆われた路地が迷路のように続き、一度その中に足を踏み入れると、まるで中世にタイムスリップしたような感覚を味わえる。スペインの中でも最も古い人類活動の痕跡のひとつとされる先史時代の洞窟（第20章参照）も発見されており、その歴史は6万年以上前まで遡る。カセレスの都市自体はローマ皇帝アウグストゥスの時代に建設され、中世以降

01 カセレス旧市街の石畳の小径

関連動画はこちらから

に建てられた貴族の館が密集する町並みは、近代化されることなくそのまま遺されている。

コウノトリの館

コウノトリの館は、塔をはじめあちこちに、たくさんのコウノトリの巣があることからこの名前で親しまれるようになった。15世紀にカセレスの貴族ディエゴ・フェルナンデス・デ・カセレス・イ・オバンドが建てた邸宅で、カセレス旧市街で最も高い約30メートルの塔がある。この時代にカセレス旧市街に造られた数多くの貴族の館は、コウノトリの館にみられるようなかなり高い塔を備えていたのだが、15世紀後半に全て切り取られ、現在まで遺っているのはこのコウノトリの館の塔のみである。なぜこの塔のみが遺ったのか？　そこにはカスティーリャ王位をめぐる内乱が深く関わってくる。

カスティーリャ王のエンリケ4世が没した後、その後継者の座を争ったのが異母妹でアラゴン王国の王子フェルナンドと結婚していたイサベルと、エンリケ4世の二人目の妃となったポルトガル王女の娘ファアナだった。ファアナは、エンリケ4世の娘だが、父親はエンリケ4世ではなく貴族のベルトラン・ラ・クエバではないかとまことしやかに囁かれ、ベルトランの子、という意味でファアナ・

02 コウノトリの館

ラ・ベルトラネーハと呼ばれていた。ベルトラネーハは、叔父のポルトガル王アルフォンソ5世と婚姻関係を結び、ポルトガルを味方につけて戦った。また、イサベルの後ろ盾でありイタリアや地中海に覇権を持つアラゴン王国とカスティーリャ王国とが同盟するのを望まないフランスもポルトガルに加勢し、内乱は国際的な戦争に発展する。カスティーリャ王国内でも、ベルトラネーハ派とイサベル派に分かれ、カセレスの貴族たちが一丸となってベルトラネーハを支援する中、コウノトリの館の主人である貴族フェルナンデス・デ・カセレス・イ・オバンドだけは唯一イサベルを擁護した。内乱に勝利したイサベル1世は、自分を擁護したフェルナンデスには高い塔の建設を認め、ベルトラネーハを支持したそのほかの貴族の館には塔の建設を禁止し、既に建っている塔は先端を切り取って低い塔にさせた。そのため、カセレスには通常塔の最上部に見られる「アルメナ」と呼ばれる胸壁[*1]がない塔が多い。このコウノトリの館の塔は、最頂部まで登ることができ、そこから見下ろす旧市街のパノラマは絶景だ。

03　コウノトリの館の塔から見下ろすカセレス旧市街

＊1　城壁や城塔の最頂部に設けられた、兵士を守るための低背の壁。この壁は凹凸型になっているものが多く、それらは「狭間胸壁」と呼ばれる。軍事的な意味と装飾的な意味を兼ね備える。

ゴルフィネス・デ・アバホ邸

貴族の館として建てられたゴルフィネス・デ・アバホ邸は、カセレスの歴史地区の中の最も重要な建物のひとつに数えられる。ゴルフィネス一族は、カセレスのレコンキスタの際、レオン王アルフォンソ9世に付き添ってこの地にやってきて、それ以来この地に住み着いたと言われている。そのファサードには、当家が王位継承戦争でイサベルを支持しなかったにもかかわらず、カセレス旧市街の建物の中では唯一となる、カトリック両王（イサベル1世とフェルナンド1世。第5章注5参照）の紋章が掲げられている。実際カトリック両王は当時の当主とも親交があり、両王がカセレスを訪問した際に数度にわたりこの館に宿泊したという記録が残っている。

ゴシック様式とルネサンス様式が混合した造りで、プラテレスコ様式で装飾されている。この館は、元は20軒の家があった土地に建てられたもので、カセレスの貴族の館の中で最も規模の大きな邸宅である。建物の内部に入ると立派な柱に囲まれたパティオ（中庭）があり、またいくつもあるサロンには、16世紀以降にこの館で実際に使われていた椅子やテーブル、装飾品などが、当時を再現する形で展示されており、当時の貴族の優雅な暮らしぶりが窺える。サラ・デ・アルマス（武器の部屋）も大変興味深い。この館に立派な武器の部屋があるのは、ゴルフィネス・デ・アバホ邸が、建設当初は住居であると同時に城塞の役目も担っていたことに由来する。この武器の部屋は、壁と天井に白、赤、黒を基調としたフレスコ画の装飾が施されており、最も目を引くのは部屋の壁の上部を一周する形で掲げられている無数の紋章だ。これらは、この館が建設されて以来ゴルフィネス家と血縁関係になった家々の紋章で、ポリクロミアと呼ばれるカラフルな色彩で着色さ

04 ゴルフィネス・デ・アバホ邸のサロン
05 ゴルフィネス・デ・アバホ邸の武器の部屋

れている。

カルバハル邸

カルバハル邸が建設されたのも、カセレスの多くの貴族の館と同じく15世紀から16世紀にかけてのことだった。後期ゴシック様式とルネサンス様式による建築だが、ひときわ目立つ円形の塔はこの邸宅が建てられる前のイスラーム王朝ムワッヒド朝の時代に造られた最も古い部分であり、邸宅全体はこの塔に隣接させる形で建設されている。塔内部は小さな礼拝堂になっており、その壁にはフレスコ画が描かれている。正面玄関にあたる部分の装飾はシンプルで、カセレスの貴族の館に多用される、花崗岩による半円形のアーチの造りが特徴的だ。アーチの真上には、カルバハル家の大きな紋章が掲げられ、その隣には珍しい角窓もみられる。館の内部には、ルネサンス様式の中庭があり、館の裏側にあたるパティオには、とても古いイチジクの木が植えられている。正確な樹齢はわからないが、一説にはこの館が建てられる以前から既に植えられていたとも言われ、少なく見積もっても約400年の樹齢だろうと推定される。カルバハル邸は、別名カサ・ケマーダ（焼けた家）とも呼ばれているが、これは19世紀末に大きな火事に見舞われ、石造りの外壁や塔を残して館の内部がほぼ焼失してしまったことによる。そのまま1960年代まで放置

06 カルバハル邸
07 カルバハル邸のイチジクの木

されていたがその後修復され、カセレスが世界遺産に登録された１９８６年からは、カセレスの観光局のオフィスとなっている。

トレード＝モクテスマ邸

カセレスのマヨール広場に面する白いドームのある建物が、現在カセレスの歴史資料館となっているトレード＝モクテスマ邸だ。「モクテスマ」という名前は、エルナン・コルテスが、のちに征服することになるメキシコのアステカ王国と最初に接触したときの王、モクテスマ２世に由来する。コルテスの部隊でアステカ王国の征服に関わったカセレス出身のフアン・カーノ・サアベドラは、モクテスマ２世の娘テクイチュポ（のちに洗礼を受けてイサベル・デ・モクテスマと名乗った）と結婚する。この二人の孫にあたるフアン・モクテスマと、その妻となったマリアナ・トレードが、15世紀に建てられた館を再建し、トレード家とモクテスマ家の紋章を掲げたことから、この館がこの名称で呼ばれるようになった。館内部のサロンの壁には、ローマ時代の皇帝のフレスコ画があり、またスペイン人による征服前の王国の王たちの彫像が飾られている。

（小倉真理子）

08 トレード＝モクテスマ邸

09 トレード＝モクテスマ邸のフレスコ画

20 イベリア半島最古のアートとイスラームの遺構

――先史時代の洞窟壁画と旧市街のの遺産

関連動画はこちらから

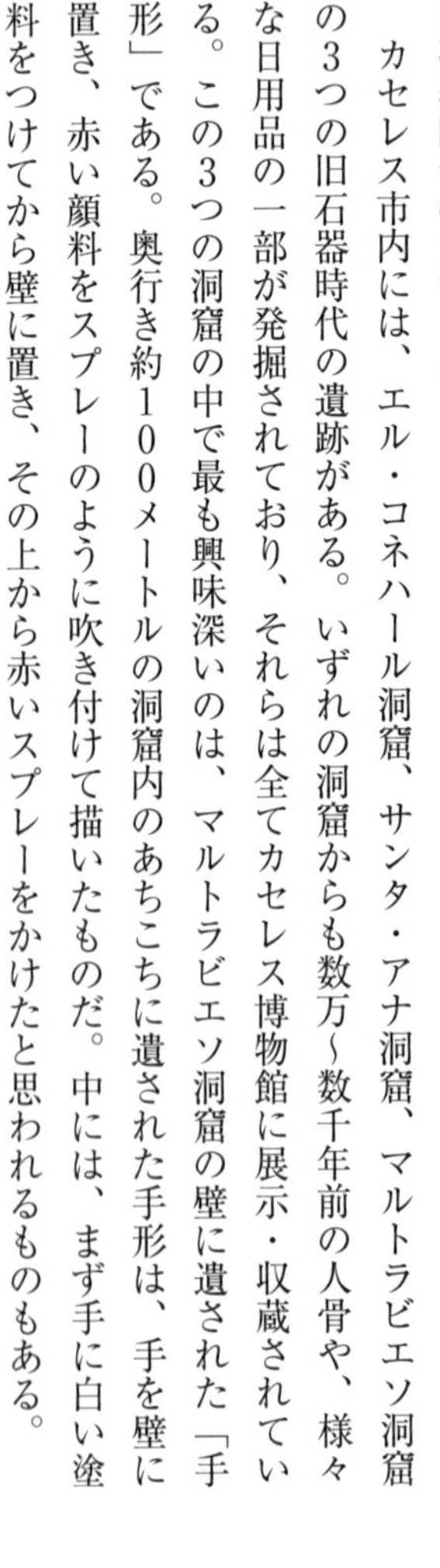

旧石器時代のカセレス

カセレス市内には、エル・コネハール洞窟、サンタ・アナ洞窟、マルトラビエソ洞窟の3つの旧石器時代の遺跡がある。いずれの洞窟からも数万~数千年前の人骨や、様々な日用品の一部が発掘されており、それらは全てカセレス博物館に展示・収蔵されている。この3つの洞窟の中で最も興味深いのは、マルトラビエソ洞窟の壁に遺された「手形」である。奥行き約100メートルの洞窟内のあちこちに遺された手形は、手を壁に置き、赤い顔料をスプレーのように吹き付けて描いたものだ。中には、まず手に白い塗料をつけてから壁に置き、その上から赤いスプレーをかけたと思われるものもある。

こうした「手形」の痕跡は世界各地に遺されているのだが、いずれの遺跡にも共通しているのが、手形のほとんどが左手だということだ。このマルトラビエソ洞窟の手形がその他の各地の手形と異なるのは、遺されている左手の小指が欠けていることだ。様々な研究から、これは実際に小指がなかったのではなく小指を折り曲げて描いたというのが、研究者たちの一致した見解のようだ。その理由については、未だ謎に包まれている。スペイン、ドイツ、イギリスの共同研究チームが、ウラン・トリウム法という年代測定法を用いて行った近年の調査で、このマルトラビエソ洞窟の手形は今から少なくとも6万6700年前の、ネアンデルタール人によるものだということが判明した。世界遺産としても有名なスペインのアルタミラの洞窟壁画でも1万8500年前のものであり、このマルトラビエソの手形の古さがよくわかる。このカセレスの手形の遺跡は、イベリア半島で現在までに発見されている人類最古のアートといえるだろう。

01 マルトラビエソ洞窟

イスラーム時代の遺産・城壁と塔

カセレスにおける人類の歴史はイベリア半島最古のもののひとつではあるが、現在のカセレス旧市街に遺る遺跡で最も古いものは、旧市街を取り巻く城壁である。カセレスは、ローマで第二回三頭政治が行われていた紀元前34年に建設された植民市で、やがて

ルシタニア[*1]の重要な都市のひとつとして発展していく中で、軍事目的の要塞として町を一周する城壁が建設された。この城壁は、ムワッヒド朝の時代にさらに強固に再建され、最も大きな高さ25メートルのブハコの塔をはじめとする城壁塔が加えられた。ブハコという名前の由来については、研究者たちの意見が分かれるところだが、この地を征服したムワッヒド朝の第3代アミール（第40章注1参照）、ヤアクーブ・マンスール（アブ・ハコブ）から来ているとする説が有力である。

このブハコの塔の目の前に、城壁より外側に広がっているのがマヨール広場で、15世紀には既にカセレス市民の日常生活の中心地となっていた。町の人口が増えるに従い、マヨール広場にも馬車で乗り入れられるように、この頃には軍事的な役割を終えていた城壁の一部が壊され「新門」と呼ばれる門が15世紀に完成する。現在遺る門は、サラマンカ新大聖堂の建設にも関わったマヌエル・デ・ラ・チュリゲラが18世紀に再建したものである。門の中央部に、星の聖母が掲げられていることから「星の門」という名で親しまれるようになった。この星の門からマヨール広場に向かって右側にあるのがブハコの塔で、左側にはプルピトの塔と呼ばれるもうひとつ小さめの塔が星の門と同じ頃に造られた。カセレスの城

02　ブハコの塔

＊1　古代ローマの属州で、現在のポルトガルとスペイン西部エストレマドゥーラ州を合わせた地域に該当する。

壁塔の中では唯一、レコンキスタ以降にキリスト教徒によって造られたものである。プルピトとは教会の説教壇の意味だが、塔の両角に教会の説教壇に似た装飾が施されていることからこの名がついた。ブハコの塔、プルピトの塔には登ることができ、城壁も一部の区間はその上を歩くことができる。

風見鶏の館と馬の館、貴重なイスラーム時代の貯水槽

現在カセレス博物館となっている「風見鶏の館」と「馬の館」のふたつの建物も、世界遺産の構成要素となる貴族の館である。１９３３年からカセレス博物館として一般公開されるようになり、博物館にはカセレスとその周辺で発掘された、旧石器時代、新石器時代、銅器時代、青銅器時代、鉄器時代など先史時代の出土品から、ローマ時代、西ゴート時代の装飾品、さらにはパブロ・ピカソやジョアン・ミロなど20世紀の画家の作品まで幅広い展示物が一堂に会している。こうした展示物の価値の高さはいうまでもないが、風見鶏の館の地下部分にある「アルヒベ」と呼ばれるイスラーム時代の貯水槽は保存状態がとてもよく、世界的にも貴重な遺跡として知られる。風見鶏の館は、カトリック両王（第5章注5参照）の許可のもと15世紀に再建された建物であるが、その再建の条件としてこ

03 カセレスのマヨール広場

04 星の門

05 イスラームの貯水槽

の貯水槽を保存し近隣に水を供給し続けること、と定められたことが幸いして現代まで遺された。縦15メートル横10メートルの貯水槽の天井は16のアーチが12本の柱で支えられていて、真上にあるパティオに降った雨水を溜められるシステムになっている。小さな階段で地下に降りると少しひんやりとした空気に包まれ、日中でも薄暗い貯水槽の静けさの中、水が滴る音はなんとも幻想的である。

カセレス・聖母マリア共同大聖堂

カセレスの大聖堂はコンカテドラル（共同大聖堂）と呼ばれる。コンカテドラルとは、別の大聖堂と共同で司教区を管轄している大聖堂のことを指す。カセレスは、全国70の司教区のひとつ「コリア・カセレス司教区」に属し、カセレス大聖堂は、同じカセレス県内にあるコリア大聖堂と共同でこの司教区を管理している。

大聖堂のがっしりした石造りは、一見するとロマネスク様式のように見えるが、その正面入り口の尖頭アーチは明らかにゴシック様式で、大聖堂内部の天井のヴォールトや柱には、美しいゴシック様式の特徴が際立つ。中央祭壇の飾り衝立（ついたて）は松と杉からなる木製で、聖母マリアとイエス・キリスト、十二使徒にまつわるモチーフが、細かな浮き彫りのプラテレスコ様式（第16章参照）で表現されている。中でも2段目中央にある聖母マリアの被昇天

06

（第16章注1参照）は、最も大きく装飾も凝っていて芸術的価値が高い。

この大聖堂の聖具室は、入り口が技巧に長けたプラテレスコ様式で、内部には大聖堂の宝物を保管している。その一隅にはカセレス出身のコンキスタドール、フランシスコ・デ・ゴドイの墳墓がある。彼は、フランシスコ・ピサロの部隊で活躍し、一緒にペルーのインカ帝国を征服した人物でもある。

聖フランシスコ・ザビエル教会

白いふたつの塔がシンボルの聖フランシスコ・ザビエル教会は、18世紀にイエズス会によって建てられたバロック様式の教会だが、現在はミサや礼拝は行われていない。建物の正面には左右対称の石造りの階段があり、その中央には聖ゲオルギウスの彫刻が祀られている。聖ゲオルギウスはカセレスの守護聖人で、その記念日にあたる4月23日は、カセレスの祝日となっている。石造りの階段を登り切ったところが教会の入り口で、両脇に2本ずつの柱、その中央には、聖フランシスコ・ザビエルの彫像が、そのさらに上には、カスティーリャ＝レオン王国の紋章が掲げられている。

（小倉真理子）

06 カセレス大聖堂

07 中央祭壇の木製の飾り衝立

08 聖フランシスコ・ザビエル教会

21 カセレスの多様な文化と第四の宗教

――ミシュラン星付きレストランから現代アートまで

カセレスのパラドール・アルクエスカル騎士団長の館

　カセレスのパラドールも、かつての貴族の館を改築したもので、旧市街の風景に一体化した石造りの佇まいは、中世の趣をそのまま残している。この建物は、過去の主人たちの名前がそのまま愛称となっているため、様々な呼び名がある。「アルクエスカル騎士団長の館」というのは、この館の最初の主人ディエゴ・ガルシア・デ・ウリョアがアルクエスカルのサンティアゴ騎士団長だったことに由来する。14世紀初めに、もともとはイスラーム教徒の館があった場所に新たに邸宅を築いた。ガルシア・デ・ウリョアは、当時カセレスにいた貴族の中でも特に名の通った人物だった。トラスタマラ家のエンリ

ケ（のちのカスティーリャ王エンリケ2世）とも面識があり、エンリケとその異母弟で残虐王と呼ばれたペドロ1世が王位を争った第一次カスティーリャ継承戦争では、エンリケを支援した。さらに、エンリケ2世の息子でカスティーリャ王のファン1世が、ポルトガル王ジョアン1世とポルトガル王位を争ったときには、ファン1世率いるカスティーリャ軍で戦うも、カスティーリャ軍が大敗北を喫した1385年のアルジュバロータの戦いで命を落としてしまう。ガルシア・デ・ウリョアの子孫にあたるのがトーレオルガス侯爵で、15世紀にガルシア・デ・ウリョア邸を大幅に再建築して現在遺る建物の基礎を築いたため、この館は「トーレオルガス侯爵の館」という名前でも親しまれている。

14世紀に最初に建設された後15世紀に大幅改築され、さらに16世紀と18世紀にも大規模な増改築が施されたため、この建物にはいくつもの建築様式が入り混じっている。いくつかある建物の入り口には典型的なゴシック様式のアーチがあり、ファサードにはその後のルネサンス様式やバロック様式の影響も見られる。パラドールの部屋は、石造りと木製の家具を取り入れた落ち着いた造りで、2011年の大改装を経て、レストランやカフェテリアの部分はモダンな内装に生まれ変わった。パティオを利用したカフェテリアからは、石造りの歴史ある建物の見事な外壁が眺められるので、街歩きに疲れたら一服してみたい。

01 パラドールのカフェテリア

カセレスの食文化・カセレスに輝くミシュランの星「レストラン・アトリオ」

カセレスのパラドールの隣に佇むホテル・アトリオは、５つ星の高級ホテルである。その外観は、カセレス旧市街に密集する15～16世紀に相次いで建てられた貴族の館の風景に調和した造りだが、一歩中に入るとそこには近代的な洗練されたデザインの全く異質な空間が広がる。スペイン人の著名な建築家エミリオ・トゥニョンが手がけた建築で、世界遺産の町並みを保全するための厳しい規制を遵守しながら、外観と内観が正反対の世界観を作り出すことに成功し、２０１０年にオープンした。部屋数はわずか14室の隠れ家的な高級ホテルで、各部屋の間取りや内装はシンプルさを基調としながらも個性的なデザインが光る。

アトリオのホテル内には、エストレマドゥーラ州では唯一ミシュランの３つ星を獲得している高級レストランが併設されている。スペイン国内でも最大級の３万本を超えるワインセラーには、スペインの銘柄はもちろん、世界中の稀少なワインの見事なコレクションがある。温度と湿度が徹底的に管理された部屋にある数メートルの高さの棚に並べられたワインボトルは、それだけでも圧巻で、中にはここでしか手に入らない１００年以上前のワインもあり、観賞用ではなくどれも味わうことのできる状態で保存されているのが素晴らしい。

レストランは17皿からなるコースメニューのみだが、その全ての料理に何らかの形でエストレマドゥーラ産の食材を使うというこだわりをもっている。広大な自然の恵み溢れるこの地方では、イベリコ豚をはじめ、ワイン、チーズ、ハチ

02

ミツ、オリーブ、オリーブオイルなど、地理的表示保護制度や原産地呼称制度で保護されている食材が数多くある。地元の食材を使い、地元の伝統料理を意識しながらも、その枠に囚われることない創作料理を考案し続ける姿勢には、カセレス歴史地区の町並みに溶け込みながらも、大胆な近代建築を内包するこのホテル兼レストランの理念が反映されている。料理長でアトリオのオーナーでもあるトニョ・ペレスは、1990年代に世界一のレストランと謳われたカタルーニャ地方の名店「エル・ブジ」のフェラン・アドリアのもとで研鑽を積んだ料理人でもある。カセレスの歴史散歩の合間に、地元食材を使った味わい深い料理に舌鼓を打つのも、素敵な思い出となるに違いない。

ヘルガ・デ・アルヴェアール現代美術館

先史時代からの歴史があり、城壁に囲まれた旧市街の、中世をそのまま残したような町並みが見所のカセレスにおいては異質な感じもするが、カセレスにはスペイン最大規模の、そしてヨーロッパでも有数の現代美術館がある。ヘルガ・デ・アルヴェアールはドイツ人の資産家で、彼女の数千点に及ぶ私的コレクションが、このカセレスの現代美術館に展示されている。この建物は、先に紹介したホテル・アトリオを手がけたスペイン人建築家トゥ

02 洗練されたアトリオのレセプションホール
03 アトリオのワインセラー
04 ヘルガ・デ・アルヴェアール現代美術館

ニョンが設計したもので、2021年2月にオープンした美術館である。

展示されている作品は、スペインが誇るパブロ・ピカソやアントニオ・タピエスから始まり、抽象絵画の創始者とされるロシア出身のワシリー・カンディンスキー、スイス人画家パウル・クレー、抽象表現主義の創設者でアメリカ人画家ロバート・マザーウェル、中国人の現代美術家として知られる艾未未(アイ・ウェイウェイ)など100名を超える国際的なアーティストによる現代絵画、彫刻、映像、写真やオブジェが並ぶ。さらに貴重な作品としては、フランシスコ・デ・ゴヤの版画集『ロス・カプリチョス』の初版のコレクションも見逃せない。建築家トゥニョンと、アルヴェアールが設計する段階で、どの作品をどこにどのように展示するかを考慮して、天井の高さ、部屋の形状や照明の方法などを予め決定して造られた美術館であるため、作品と空間が一体化して作品の魅力が最大限に引き出されているのも、この現代美術館の大きな特徴のひとつである。

05　ヘルガ・デ・アルヴェアール現代美術館のゴヤ『ロス・カプリッチョス』初版本

06　ヘルガ・デ・アルヴェアール現代美術館。作品と空間が一体化している

カセレスに新設される大型仏教寺院とスペインにおける仏教

スペインの歴史を振り返ると、多くの都市でユダヤ教、イスラーム、キリスト教の3

つの宗教や文化が歴史の中で交錯し、ほかのヨーロッパの国々とは明らかに異なる独自の文化を育んできたことがわかる。カセレスもそうした3つの宗教の余情が残された町のひとつだ。そんなカセレスに今、4つ目の宗教にあたる仏教の大型施設の建設が進んでいる。スペインと仏教というのはイメージしにくいが、1970年代にスペインに仏教がもたらされたと考えられている。伝来したのはスペインより一足先に仏教が広まったフランスからで、最初にスペインで広まったのは大乗仏教の禅宗と、チベット仏教のカギュ派だった。スペインでの仏教の歴史は浅いが、21世紀になると3万人以上の教義実践者とそれを上回る数の信奉者がおり、スペイン全土では、バレアレス諸島やカナリア諸島などの島嶼（とうしょ）部を中心に40近くの仏教寺院や仏教施設がある。

現在計画が進んでいるカセレスの仏教寺院は、カセレス市が提供した110ヘクタールの地に、カセレス市とエストレマドゥーラ州政府の認可と協力を得て建設される大型プロジェクトで、高さ47メートルの仏陀像を備えた施設は、完成すればヨーロッパ最大のチベット仏教寺院となる。

（小倉真理子）

07 カセレスの仏教施設

コラム 6

カセレスの地方貴族と新大陸の征服・植民

カセレスの旧市街に数多くの貴族館が遺っているのは、19世紀以後の近代化・工業化の進展に取り残されて、中世後期とルネサンス期の市街地の建物がそのまま残存したためである。そのことが逆に、特に1986年の旧市街の世界遺産指定以後、目立った産業もないカセレスの町をツーリズムの拠点と化し、町を潤していることは歴史的変遷の事例として興味深い。

ところで15、16世紀に立派な貴族館が建てられたのにはふたつの要因があった。ひとつには、カセレスがレコンキスタの進展の中でエストレマドゥーラ地方の農業と牧畜業で富を蓄えた地方貴族の居住地となったことである。13世紀前半に国王直轄都市の地位を獲得したカセレスには、王権に対抗するような大貴族ではなく、特に牧羊（スペイン北部と南部を移動する長距離移牧メスタの牧羊）と牧草地を所有する地方貴族たちが居を構え、さらに再征服される南部アンダルシーアと中部・北部との様々な交易の結節点となったのである。

15世紀末にはもうひとつの繁栄の要因が加わった。新大陸が「発見」され、セビーリャを独占港として新大陸交易が盛んになったのである。カスティーリャ王国では貴族家門の継続を保障するために限嗣相続（マヨラスゴ）という制度が定着するが、特に長男以外の子どもは親の財産分割を期待できず、軍人や聖職者の道を歩むことを求められた。そうした彼らが、新大陸の征服者・入植者となって活躍し、自分の故郷に富を還元させたのである。アステカ帝国を滅ぼしたエルナン・コルテスはメデリィン出身、インカ帝国を滅ぼしたフランシスコ・ピサロはトルヒーリョ出身であるが、これらはいずれもカセレスに近いエストレマドゥーラ地方の地方都市である。

　第20章で触れたように、ピサロと行動をともにしたフランシスコ・デ・ゴドイはカセレス出身で、文字通り故郷に錦を飾った人物である。このゴドイの姻戚関係にあったのがオバンド家で、カセレスの中世末から近世にかけての有力家門であった。第19章で触れたディエゴ・フェルナンデス・デ・カセレス・イ・オバンド（ディエゴ・デ・オバンド・デ・カセレスとも）は、後世に「コウノトリの館」を遺すが、約1万頭の牧羊所有者であるとともにカセレス市参事会員として市政に深く関与した。その家産は父と同名の長男ディエゴが引き継いだ。次男のニコラスは軍人（アルカンタラ騎士団の騎士）となり、新大陸征服・植民に大いに与った人物で、１５０２年から１５０９年にかけて、総司令官（第3代総督）として最初のアメリカ植民地であるイスパニョーラ島（現・ドミニカ共和国、ハイチ）の統治を確立した。

ディエゴ・フェルナンデス・デ・カセレス・イ・オバンド（作者不詳、Public Domain, via Wikimedia Commons）

　ニコラス・デ・オバンドは、サトウキビやカナリア諸島から輸入した作物を栽培するなどしたが、もっぱら原住民労働力の過酷な搾取に依存していた。１５０２年に彼の艦隊に同行してイスパニョーラ島に渡った司祭バルトロメ・デ・ラス・カサスは、のちにこうした原住民搾取を糾弾することになる。その『インディアスの破壊についての簡潔な報告』はあまりにも有名だ。１５０９年にスペインに戻ったニコラスは、その後も軍人として国王に仕えて１５１１年にセビーリャで亡くなった。遺体はその後、アルカンタラ（カセレス県）のサン・ベニート教会に埋葬された。

エルナンド・デ・オバンド邸

三男のエルナンド・デ・オバンドは、やはり軍人となり、サンティアゴ騎士団に入団して、カトリック両王が行ったグラナダ攻略の戦いで功績を挙げた。その生涯は兄ニコラスほど詳らかではないが、カセレスのサンタ・マリア広場の一角を占める館を建造し、長男ディエゴと同じく市参事会員として活躍したようである。エルナンドの住居は、「エルナンド・デ・オバンド邸」として今に伝わっている　　　　（立石博高）

Ávila

アビラ

カスティーリャ・イ・レオン州　アビラ県　アビラ市

人口　約5万8000人（2023年現在）

マドリードから北西に約90 kmの距離にあり、高速バスで約1時間半。

アビラ建設の伝承は、ギリシア神話に遡る。中世に建設されほぼ完璧な形で遺る城壁が町のシンボル。小さな町であるが、「大テレジア」の名で知られる跣足カルメル会の聖テレーサ、ルネサンス音楽最大の作曲家、トマス・ルイス・デ・ビクトリアなど世界的に知られた人物の出身地でもある。

22

完璧な城壁を遺す中世都市

――スペイン最古のゴシック建築と城壁内の遺産

アビラの城壁

アビラの景観の中で最も美しいのは、11世紀に建設された中世の城壁である。スペインの歴史都市には、ローマ時代あるいは中世に築かれた城壁の遺る都市がいくつもあるが、アビラのそれは最も保存状態がよいものである。高さ約12メートル、全長2・5キロメートルの花崗岩の城壁は旧市街を一周しており、幅約3メートルある壁は、南側の一部の区間を除いてその上を歩くことができる。合計88の見張り塔がほぼ等間隔に配置され、旧市街につながる9つの門は現在でもアビラ市民が日常的に利用しているほか、車でも通れるほどの幅と高さを兼ね備え

01

関連動画はこちらから

ている。中でも東側の壁にあるふたつの城門、アルカサル門とサン・ビセンテ門の立派な構えは、アビラの玄関口というのにふさわしいだろう。

アルカサル門は、9つの門の中で最も大きく荘厳な造りで、スペイン各地にある城門の中でも珍しい、ふたつの大きな塔がアーチでつながれた構造になっている。このアーチの上部を歩いてふたつの塔を行き来できる。かつて取り付けられていた木製の跳ね橋と堀とやぐら門で防御力を高め、外部からの侵入を防ぐ役割を果たしていた。

サン・ビセンテ門は、アルカサル門と同じく、大きく高いふたつの塔がアーチでつながれた構造になっているが、塔の部分はよく見ると、石の積み上げ方が内側と外側で異なっている。この門はローマ時代に既にあったと想定される高さの低い門を、11世紀の城壁の建設時に補強し増築する形で造られており、それが目視できるのは面白い。近年になってこの門のすぐ近くから、ベラコ（古代の豚の彫刻）が発見されたことも話題になった。

この門が立つ場所にはローマ時代にネクロポリス（埋葬地）があったと考えられている。興味深いのは、中世にこの門と城壁が造られる際にネクロポリスに使われていた石を再利用したため、至るところに墓碑のものとみられる刻印や、

01 アビラ城壁
02 アルカサル門
03 サン・ビセンテ門

墓石の窪みなどがそのまま残されている点だ。城壁は上部だけでなく、城壁のすぐ近くの地上を歩くことも可能で、こうしたローマ時代のネクロポリスの痕跡を実際に目にすることができる。

クアトロ・ポステス

クアトロ・ポステスとはスペイン語で4つの柱という意味で、アビラの城壁を見下ろす小高い丘の上に建っており、4つの柱の中心には大きな十字架が据えられている。こうした町の入り口に建てられた十字架や聖人像のある場所は、ウミリャデーロと呼ばれ、その町の信仰心や敬虔さのシンボルとして置かれることが多かった。このドーリア式の4本の柱が建てられたのは1566年のことだが、同時に建てられた中央のオリジナルの十字架は、1995年に新しい十字架にとって代わられた。

04　クアトロ・ポステス

この場所は、アビラの城壁の全体を見渡すのに最適な場所と言える。スペインの遺跡はどの都市でもライトアップが見事だが、壮大なアビラの城壁のライトアップは特に幻想的で、真っ黒な夜空に金色に浮かび上がる姿をぜひここから眺めてみたい。

スペイン最古のゴシック様式・アビラ大聖堂

エル・サルバドール大聖堂とも呼ばれるアビラの大聖堂は、第35章で詳しく紹介するクエンカの大聖堂と並び、スペインで最も古いゴシック建築とされる。建設が始まった正確な時期については諸説分かれるところだが、12世紀にフランス人建築家ジラル・フルシェルによって設計され主要部分が建設されたというのが定説となっている。この大聖堂の最も大きな特徴は、アブシデ（後陣）にあたるシモロの塔が城壁と一体化しており、宗教施設であると同時に砦としての役割も果たしていた点である。

05 大聖堂のアブシデ・シモロの塔

ゴシック様式とは、主に12世紀から15世紀に広くヨーロッパで用いられた建築や美術の様式を指す。ゴシック様式が広まる前はロマネスク様式と呼ばれるスタイルが主流だった。ロマネスク様式の特徴は、分厚い壁とずっしりとした重厚感である。こういうと少し聞こえがよいが、この時代は建築技術が未熟だったので、壁を分厚くすることでしか建物の重みを支える術がなく、一般的にロマネスク様式の教会の天井は低い。また、強度を保つために窓を作るのも困難だったため、教会の内部はいつも薄暗かった。人々の敬虔な信仰心は、より天に近いより高い教会建築を求め、少しずつ技術が進歩して生まれたのがゴシック様式だ。天井部分のリブ・ヴォールトと呼ばれる対角線状に施された補強と、壁を外側から支えるフライング・バットレス（飛梁）と呼ばれる技術が生み出されたおかげで、教会の壁を薄くすることに成功した。壁が薄く、つまり軽くなったおかげで建物をより高くすることができるようになり、また採光のための大きな窓も可能になって教会の内部が明るくなった。こうした窓には、聖書の物語を表現するステンドグラスがはめられることが多く、文字の読めない人々にもキリスト教の教えを理解してもらえる大きな契機となった。

もうひとつ、ゴシック様式の大きな特徴のひとつは、尖頭アーチと呼ばれる先の尖ったアーチである。ロマネスク様式で多用された半円アーチは、強度があまりないこと、そしてアーチの高さがそれを支える柱と柱の間隔によって決定されてしまうという弱点をもった。尖頭アーチはこのふたつの問題を解決した、技術的にさらに優れたものである。尖頭アーチでは、中心に向かってより大きな力が働くため強度は圧倒的に高くなり、また柱の間隔に左右されずに自由に高さを変えられるという利点もある。

06 大聖堂の使徒たちの扉

アビラ大聖堂の「使徒たちの扉」と呼ばれる15世紀に造られた扉は、この尖頭アーチの見事な例である。扉の左右には、この扉の名称の由来ともなっている十二使徒の彫刻が並ぶ。扉の真上には、イエス・キリストの生涯の物語が彫られ、尖頭アーチ部分には幾体もの天使や聖人の小さな彫像が並んでいる。これらの彫刻は、15世紀のスペインで活躍した、フランス人彫刻家・建築家のフアン・グアスの作品である。彼は第25章で紹介するセゴビアの大聖堂をはじめ、主にカトリック両王の治世に数多くの建築や彫刻を遺した。

大聖堂内部には立派なパイプオルガンもあり、毎週日曜の朝のミサでは大聖堂専属のオルガン奏者によって奏でられる。アビラ大聖堂のパイプオルガンは19世紀に造られた比較的新しいものだが、スペインの多くの教会や大聖堂にみられる、水平トランペット管を備えたインパクトのある造りになっている。水平トランペット管はヨーロッパの国々や、日本のコンサートホールでも時折目にするが、もともとはスペイン生まれで、音を水平方向に出すことで音量を増幅させる役割を果たしている。紀元前の地中海沿岸には、既にパイプオルガンの祖先と言える楽器が存在したが、このスペイン式の水平トランペット管が誕生したのはずっと後の、17世紀頃とされる。

（小倉真理子）

07 パイプオルガン（両側の壁）

08 パイプオルガンの水平トランペット管

23 城壁外にも広がる世界遺産
――ロマネスク様式とゴシック様式の教会群

アビラの世界遺産は「アビラの旧市街と城壁外の教会群」という名が示す通り、中世の城壁の外側に数多くの教会や修道院が建っている。その多くが12世紀頃から建設が始まり、ロマネスク様式やゴシック様式の特徴を擁しつつ、独自の歴史や伝承を現代に伝える文化的価値の高いものが多い。この章では、世界遺産の構成資産である4つの城壁外の礼拝堂（エルミータ）と大寺院（バシリカ）をみていこう。

サン・セグンド礼拝堂

アビラ旧市街の西側の城壁外を流れるアダハ川のほとりに、ロマネスク様式の小さ

な礼拝堂がある。12世紀の中頃に建設されたサン・セグンド礼拝堂（聖セクンドゥス礼拝堂）で、16世紀に大きな改築を経て現在の姿が完成した。建築された当初は、聖セバスティアン（セバスティアヌス）に捧げられた礼拝堂だったが、改築工事で建物内部の本陣と後陣の間にあった壁を取り除いたところ、サン・セグンドのものと記された墓碑とともに人骨が出てきたことから、それ以降にサン・セグンドに捧げられるものとなった。その後サン・セグンドはアビラの守護聖人となった。この礼拝堂は小さいながらも城壁外の主要な教会群のひとつとして、世界遺産に登録されている。

この礼拝堂内部で最も目を引くのは、16世紀にファン・デ・フニにより制作された聖セグンドの彫刻だ。等身大の聖セグンドがひざまずき、聖書の前で祈りを捧げている。司教の衣装はまるで本物の布に見えるほど柔らかく繊細な作りで、雪花石膏（せっこう）の白さと艶がこの作品に特別な存在感を与えている。ファン・デ・フニはフランス出身の彫刻家で、バリャドリーの教会や礼拝堂に数多くの作品が遺されており、このアビラの彫刻のほかにも、レオン、サラマンカ、セゴビア、ソリアそして遠くはガリシア地方やカタルーニャ地方にも彼が制作した美術品が遺されていて、彫刻家としての人気の高さが窺える。

サン・ビセンテ大寺院

通常「サン・ビセンテ大寺院」（聖ビセンテ大寺院）と呼ばれるこの礼拝堂の正式名称は、「聖ビセンテ、聖サビーナ、聖クリステータの大寺院」という。伝説

01 サン・ビセンテ大寺院の外観

によると、この3人は幼いながらも敬虔なキリスト教徒の兄妹で、ディオクレティアヌス帝のキリスト教迫害によってアビラで命を落とし、中世になってから彼らを祀る礼拝堂が建てられた。彼らが殉教した当初、その遺骨はこの場所にあった大岩の隙間に納められたと言い伝えられる。現在この大岩は、この礼拝堂の地下納骨堂にあたる部分に遺されているが、ここには遺骨はない。

3人の聖人の遺骨は、中世にイスラーム教徒の侵攻から守るため、アビラから遠く離れたブルゴス県のオルティグエラにある修道院に運ばれ保管されていた。アビラのレコンキスタ後もすぐにこの地に戻ることはなかったが、その後アビラ大聖堂に移され聖遺骨として大切に祀られた。最終的には彼らが殉教したとされる聖ビセンテ礼拝堂の中央祭壇の骨壺に納められている。

中央祭壇に向かってすぐ右側にはセノタフィオと呼ばれる立派な記念碑がある。セノタフィオとは、遺骨の納められていない墓碑を意味する。第22章で紹介したアビラ大聖堂を手がけたフランス人建築家フルシェルによって制作されたものだ。彫刻と呼ぶよりは小さな建築物と呼ぶ方がよさそうな造りで、施された色彩豊かで細かい彫刻の数々が、この聖人たちが殉教するまでの物語を伝えている。南側の壁には、この3人の彫刻が飾られている。これ

02 サン・ビセンテ大寺院の内部

もフルシェルの作品で、中央に聖ビセンテ、その両側にいるのが二人の妹、聖サビーナと聖クリステータだ。

サン・ビセンテ大寺院の外観にも見事な芸術作品がみられる。最も目を引くのは大寺院の西側の扉に施された装飾である。ふたつの扉の中央にイエス・キリストの像が、その両側には使徒たちが、そして半円アーチの飾り迫縁(せりぶち)部分は、5種類の異なる植物のモチーフが幾重にも施されており圧巻だ。南側の扉の彫刻も見逃せない。西門と同じく立体的に造られた半円アーチで、シンプルながらも縁が何重にも飾られており、扉の存在感が際立っている。扉の左右には受胎告知の像や、聖ビセンテの彫刻などが飾られているが、これらは建設当初は礼拝堂内に祀られていた。サン・ビセンテ大寺院はかなり大きな建物で、地上からはその全体像が把握できない。だが、前章で紹介したサン・ビセンテの門の向かいに佇むため、城壁の上から眺めると、その大きさや塔の配置がよく見え一番の絶景ポイントとなっている。

サン・アンドレス教会

現存するアビラで最も古い教会で、かつてローマ人たちの居住区だった場所に建てられたと考えられており、2007年の大規模な発掘調査で、この教会付近からローマ時代の豚の彫刻が見つかり、長年の説が立証されることとなった。教会が建てられたのは12世紀のことで、その後幾度も改築、増築を重ねたものの、オリジナ

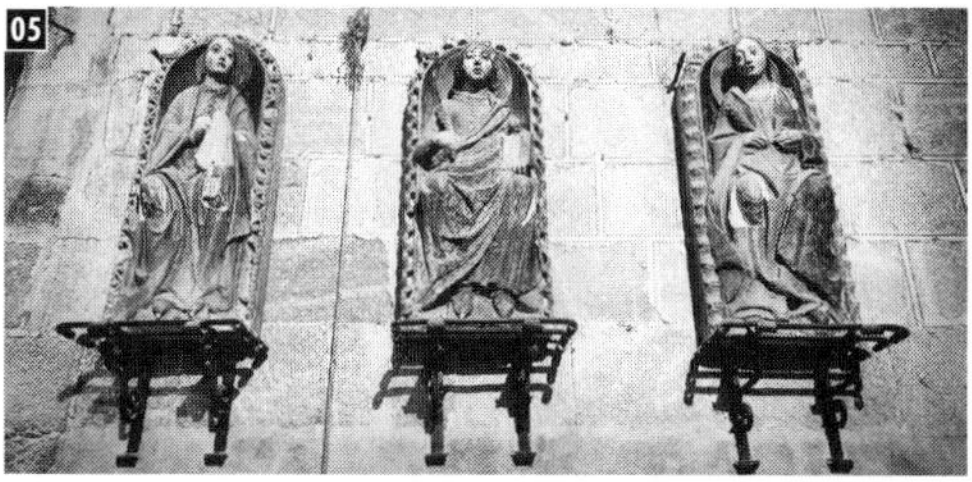

03 地下礼拝堂の大岩
04 セノタフィオ
05 3聖人の彫刻
06 城壁の上から眺めるサン・ビセンテ大寺院

ルのロマネスク様式の特徴を失うことなく、現在まで遺されている貴重な建築物である。ロマネスク様式の教会に特徴的な、半円形に迫り出したアブシデ（後陣）は建設当時のままで、背の低いどっしりとした外観は、アビラ大聖堂やサン・エステバン礼拝堂の壮大さや優美さとは一線を画している。教会内部の造りも至ってシンプルで、天井は木製だ。現在の天井は、12世紀のオリジナルではなく16世紀に改築されたときに新たな木材で造られたものだが、建物内部の素朴な造りに見事に調和している。ロマネスク様式の建築物には、このように建物本体に装飾がほとんどない一方で、柱頭と呼ばれる柱の上部には細かで豪華な装飾がされるのも特徴である。サン・アンドレス教会の内部にいくつかある柱も、その柱頭には、動物や植物、幾何学模様など幅広いデザインが採用され、全て異なるデザインが施されているので、柱頭を見上げながらその個性を見比べてみたい。

07　サン・アンドレス教会

サン・ペドロ教会

サン・ペドロ教会は、アビラの城壁のアルカサル門の正面にある広場を挟んだ向かい側に建つ。これも12世紀に建設が始まったロマネスク様式を基盤とする造りだが、ちょうどロマネスク様式からゴシック様式への過渡期にあたる時期に、いくつかの段階に分けられて建設されたことで、両方の様式の特徴を如実に残す造りとなっている。まず、ロマネスク様式で造られている部分として挙げられるのが、前述のサン・アンドレス教会にもみられた後陣である。サン・ペドロ教会のそれは、中央は最も大きく、両側にふたつの小さなものを従えた、大小3つの後陣が並んでいるのが特徴的だ。大きな中央の後陣部分の教会内部には柱があり、その柱頭部分にはロマネスク様式の特徴である細かく見事な彫刻が施されている。

では、この教会のゴシック的な要素はどこにあるのか？　一番わかりやすい例は、広場に面する教会の入り口のファサードに見られる大きなバラ窓である。第22章で述べたように、ロマネスク様式の建築には強度の問題から窓をほとんど作れなかった。しかし、この教会の正面に直径約5メートルのバラ窓を作ることができたのは、建物をより強固に支えるためのゴシック様式の手法が取り入れられたためだ。教会内部の天井を見上げると一目瞭然で、中央身廊の左右の柱をつなぐように、天井には建物全体の強度を高めるリブ・ヴォールトが張り巡らされている。この柱をよくみると、柱や天井の石の色が2種類あることに気付く。ロマネスク様式の石材には、主にオレンジがかった砂岩や、白っぽい石灰岩が用いられることが多かった。ゴシック様式で建設が進んでいたアビラ大聖堂で灰色がかった花崗岩が使われていたのに倣って、この教会も一部にこの石材を使って建設したため、2色混在の柱となったのである。

（小倉真理子）

08　サン・ペドロ教会のバラ窓

09　サン・ペドロ教会内部

24 アビラの聖テレーサ
――カルメル会改革の軌跡と聖テレーサ関連遺跡

アビラの聖テレーサ

アビラ出身の聖テレーサ（テレジア）は、16世紀に修道院改革の中心人物として活躍した人物で、その死後わずか40年という異例の短期間で列聖されたことからも彼女の功績の偉大さが窺える。ローマ・カトリック教会では、これまでに7000名以上が列聖されているが、その中でも特に博学で、信仰理解を広めることに貢献した人物に教会博士という称号を与えている。アビラのテレーサは、教会博士の称号をもつわずか35名の一人で、女性としてはわずか4名のうちの一人に数えられる。フランスのリジューにもテレジアという聖人が存在したため、リジューの聖テレーサを小テレジア、アビラの聖

関連動画はこちらから

テレーサを大テレジアと呼んで区別する。アビラの聖テレーサは聖テレーサ・デ・ヘスス（イエスの聖テレジア）と呼ばれることも多い。幼少の頃から深い信仰心をもち、20歳でカルメル会のエンカルナシオン修道院に入り、徹底的な禁欲生活や神秘主義的な苦行を経て、１５６２年に改革カルメル会女子修道院を創立した。

生家と博物館

アビラの聖テレーサの生家は、現在サンタ・テレーサ博物館として一般公開されている。実際に彼女が使っていたとされる部屋は遺っていないが、それを再現した小さな空間には、サン・ホセ修道院（後述）で彼女が実際に使っていた簡素なベッドと小さなテーブルが展示されており、彼女の清貧な生活ぶりが窺える。博物館の小さな中庭には、少女時代の聖テレーサが、弟のロドリーゴと遊ぶ彫刻が置かれている。殉教者になるためにこの弟と二人で「モーロ人の地」へ冒険の旅に出たのは彼女がわずか10歳の頃のことだったとされる。この家出は失敗に終わるが、二人が発見された場所が第22章で触れた「クアトロ・ポステス」だった。

彼女の死後、17世紀になってから、カルメル会の建築家アロンソ・デ・サン・ホセによ

01 聖テレーサと弟のロドリーゴの彫刻
02 聖テレーサの部屋の再現

り、生家の建物を増築する形で修道院と教会が建てられた。この教会は、建物の向きに大きな特徴がある。教会建築では入り口が西側、中央祭壇が東側になるように建てられるのが一般的だが、この教会は入り口が南側にあり、中央祭壇が北側に配置されている。この奇妙な造りになったのは、聖テレーサの生家の彼女の部屋があった位置に中央祭壇を造ったためだとされる。教会内の生誕の礼拝堂の祭壇には、スペイン・バロック時代の著名な彫刻家、グレゴリオ・フェルナンデスによる聖テレーサとイエスの彫像があり、博物館には聖テレーサにちなんだこの彫刻家の多くの作品が展示されている。

エンカルナシオン修道院

１４７８年に3名の修道女によって、アビラに建設された最初のカルメル会の女子修道院で、当初はアビラの城壁の内側にあるビリャビシオサ邸がその本部となった。やがて修道女の数は増え続け、邸宅の中だけでは手狭になったため、城壁外にあった古いユダヤ人墓地跡に新たに修道院のための建物が建設された。偶然にもこの修道院が完成したのはアビラの聖テレーサが生まれた１５１５年のことだった。彼女は人生の大半の時間をここで過ごし、後年には修道院長として迎えられるが、特に初期の数年間にこの修道院で経験した神秘体験は、その後の彼女の修道

03 グレゴリオ・フェルナンデス作の彫刻のレプリカ

04 エンカルナシオン修道院と聖テレーサ像

院改革の基礎を築くものとなった。現在、一般公開されている聖テレーサの部屋、台所、階段や扉などは、聖テレーサが過ごした頃のまま遺されている。

サン・ホセ修道院

アビラのサン・ホセ修道院は、1562年に聖テレーサが最初に建設した改革カルメル会の修道院である。原点に立ち戻り、カルメル会修道院を規律によって正そうとするのが改革の主な目的で、彼女自身が新たに設けた戒律もそこに加えられた。そのひとつが靴を履かない、あるいは靴の代わりに質素なサンダルのみを着用するというものがあり、そこから跣足（せんそく）（裸足の）カルメル会という名称が生まれた。最初の数年間は、この修道院で隠匿生活をしながら数多くの著書を遺し、以降約20年の間に自らスペイン中を巡って、全国に16のカルメル会の改革派女子修道院を建設した。彼女の精神を見習って、同じようにカルメル会の男子修道会の改革を推進したのが、第44章で後述する十字架のヨハネだった。

アビラのパラドール

アビラにも、スペイン国営のパラドール（宿泊施設）がある。アビラの城壁内部に位置し、かつて城壁のすぐそばにあった貴族の館を改築して、1966年に開業した。オ

05 アビラのパラドール

リジナルの貴族の館は、そのほとんどが16世紀にルネサンス様式で建築されたものだが、幾度もの修復を経てきたため、当時のまま遺されているのは中庭と階段の部分のみである。とはいえ、全体の調和を考えて補修されてきたおかげで、パラドール全体は均整のとれた石造りが見事だ。レストランの窓からは、城壁と9つの門のひとつであるカルメン門が正面に見え、太陽の光を浴びて輝く城壁を眺めながら郷土料理に舌鼓を打つのも、このパラドールの醍醐味のひとつだ。

アビラ特産といえば、ＩＧＰ（地理的表示保護制度）にも指定されているアビラ牛が最も有名だ。主にアビラの山岳地帯で飼育される「アビラ黒イベリコ種」と呼ばれる種類の牛で、レストランでこれを注文すると、およそ1キログラムはある大きな塊を直火で焼いて、切り身にしたものが出てくる。「チュレトン・デ・アビラ」と呼ばれるアビラの代表料理だ。牛は厳しく管理された飼料と飼育法で育てられており、濃厚な肉の旨味が特徴で、部位によって脂の乗り方がそれぞれ異なり、違った味わいが楽しめる。「テルネラ・ブランカ・デ・アビラ」（アビラの白い子牛）と呼ばれる肉はさらに稀少価値が高い。生後8ヶ月までの子牛で、乳だけを飲んで育っているため、肉質がさらに柔らかく薄いピンク色をしている。こちらは脂が少なめで、さっぱりとした口当たりが人気を集めている。

06　チュレトン・デ・アビラ

銘菓「イェマス・デ・アビラ」

イェマスとはスペイン語で卵の黄身を指すが、見た目がまるで黄身のように丸く、口当たりがまろやかでふんわりとした同名の菓子は、アビラ土産の代名詞だ。イスラーム時代には既にこれに似た菓子が作られていたとされるが、1860年に菓子職人イサベロ・サンチェスが、この菓子を「考案」し、聖テレーサへのオマージュとして「イェマス・デ・サンタ・テレーサ」（聖テレーサの黄身）という名をつけた。黄身に砂糖を加え、弱火で加熱しながら練り混ぜた生地を丸め、精製された粉砂糖でコーティングした、シンプルだがコクのある味わいの菓子だ。「イェマス・デ・サンタ・テレーサ」は商標登録されており、ラ・フロール・デ・カスティーリャという老舗の菓子店でしか購入できない。アビラの土産物店に溢れる「イェマス」は「イェマス・デ・アビラ」（アビラの黄身）と呼ばれるものだ。製法は聖テレーサのそれとほぼ同じだが、シナモンやレモンの皮で風味をつけ（レシピを変え）、店ごとに工夫を凝らしている。どのイェマスも美味しいので、本家のイェマスとの食べ比べをするのも面白いかもしれない。

（小倉真理子）

07 イェマス・デ・サンタ・テレーサ

08 ラ・フロール・デ・カスティーリャ

コラム
7

サント・トマス修道院と異端審問長官トルケマーダ

「太陽の沈まない帝国」を標榜していたものの、近世スペインは、議会、法律、貨幣などの異なる諸王国・公国から構成され、統一国家とは言い難かった。それだけに支配領域の一体性を培い維持するためにカトリック信仰を金科玉条とし、異教と異端は徹底的に排除されていた。そのため「カトリック君主国」とも称されたのだが、その基礎を築いたのはカトリック両王（イサベル1世とフェルナンド1世。第5章注5参照）の右腕とされたドミニコ会士トマス・デ・トルケマーダだといっても過言ではない。教皇庁の認可を受けて1480年からスペイン異端審問制が活動を始め、その初代長官となったのがイサベルの聴罪司祭トルケマーダで、1498年に亡くなるまでユダヤ教徒やイスラーム教徒からの偽装改宗者を容赦なく弾圧・処刑して、信仰の浄化に努めた。異端審問制が最終的に廃止されたのは1834年、実にほぼ350年後のことである。

アビラの城壁の外に1ヘクタールの広大な敷地をもつサント・トマス修道院（1985年登録の当地の世界遺産の一部をなす）があるが、この修道院の建設に尽力したのもトルケマーダで、建設費用のかなりの部分に異端審問所が異端者から没収した財産が充てられたといわれる。サント・トマスとはドミニコ会士で教会博士の一人であるトマス・アクィナスのことで、この修道院はドミニコ会士たちの修道の場として設けられた。修道院は教会と修練士回廊、沈黙回廊、両王回廊という3つの回廊付き建物からなるが、両王回廊はカトリック両王のアビラでの隠遁のための施設であった。1497年に早世したその唯一の息子フアン王子の埋葬場所としてこれを指定したのは、両王がこの修道院に愛着をもったこと

㊤　修道院全体　　㊦　フアン王子の石棺

の証しである。教会内にあるその石棺は、母イサベルの遺言通り大理石造りで、フィレンツェのファンチェッリの作とされる。

ところでトルケマーダの遺骸は、希望通りに修道院総会室（カピトゥロ）に埋葬されたが、1699年に火災が起こって室内装飾品の大部分は焼失した。その後の遺骸の扱いに関しては諸説があり定かでない。一説では別の場所に保管されたが、19世紀初めにナポレオン軍がこの地にやって

「カトリック両王の聖母」（Anonymous, Public Domain, via Wikimedia Commons）

きたとき、多くの改宗者を火刑に追いやった張本人だとして遺骸を粉々に砕いたとされる。

トルケマーダの遺骸を埋葬した総会室の壁に掛かっていた1枚の絵画「カトリック両王の聖母」（作者不詳、1491～1493年）の行方は判明している。19世紀に入ると修道院財産の国有化・売却（デサモルティサシオン）が行われ、サント・トマス修道院が擁していた絵画の多くもその対象となったが、修道院の両王回廊の居室に移されていた貴重なこの作品は売却を免れて、国立絵画彫刻博物館（トリニダー博物館）の所有となったのである。この博物館と王立絵画博物館が1872年に合併して現在の国立プラド美術館となり、今この絵は展示室51Aで多くの鑑賞者の眼を惹き付けている。

ただしこの絵のもともとのモチーフは、カトリック両王の聖母崇敬の篤さを称えるというような単純なものではない。この絵には両王と二人の子どものほかに、ドミニコ会創始者の聖ドミニコ、聖トマス・アクィナス、さらには異端者撲滅に尽くしたドミニコ会士の聖ピエトロ・ダ・ヴェローナ、そしてトルケマーダ自身が描かれており、この絵画制作のパトロンであったトルケマーダの意図通り、「王権、異端審問制、ドミニコ会」の三位一体を謳い上げているのである。（立石博高）

Segovia

セゴビア

カスティーリャ・イ・レオン州　セゴビア県　セゴビア市

人口　約5万1000人（2023年現在）

マドリードからスペイン新幹線AVEで30分。首都から日帰りできる観光地。

紀元前に建設され20世紀初頭まで利用されていた、スペイン最大のローマ水道橋が遺る。ふたつの川に挟まれた断崖の上に立つアルカサル（王城）は、ディズニー映画『白雪姫』のモデルになったとも言われる。

25 古代ローマと中世の遺産群
――スペイン最大のローマ水道橋と白雪姫の城のモデル

ローマ水道橋

　セゴビア市内にやってきて、まず目に入るのが巨大なローマ水道橋である。トラヤヌス帝の時代に建設されたとされるこの水道橋は、一番高いところで28メートルの高さがあり、ローマ人の技術の高さに感嘆せずにはいられない。第8章で触れたタラゴーナのラス・ファレーラス水道橋もローマ時代の壮大な遺跡だったが、それをさらに上回るスペイン最大のローマ水道橋

01

02

関連動画はこちらから

である。水源はセゴビアから約17キロメートル離れた山中にあり、市内に入る直前にあるカサ・デ・アグア（水の家）と呼ばれる小さな浄水施設で砂や不純物を取り除き、そこから綺麗になった水が、1％の緩やかな傾斜で全長813メートルの水道橋の上部の溝を流れ、最終的には町外れに立つアルカサル（王城）まで辿り着く。水道橋の最初の区間には、まだ背丈の低い一重の75個のアーチがディアナ・サンス広場まで続く。この区間は、11世紀のレコンキスタの際にイスラーム軍によって破壊されたが、カトリック両王（第5章注5参照）の時代に修復されている。そして、この広場で水道橋は右側に約90度角度を変え、ここを起点に今度は徐々に背の高くなっていく二層のアーチが44連（上下合わせて88のアーチ）続く。

水道橋で積み上げられている石は、アーチ部分を含め、緻密な計算に基づき単に積み上げただけの造りである。約2000年前に造られたこの建築物が、現代までこれだけ完璧な形で遺されたのは、20世紀の初め頃まで現役の水道橋として、セゴビア市内に水を運ぶ実用的なものであったという理由も大きい。重機のなかった古代ローマ時代にどのようにこれほどの大掛かりな工事がなされたのかは、ビジターセンターで模型や当時の工事現場の様子を再現した

01 ローマ水道橋・石の所々に穴が空いているのが見える

02 カサ・デ・アグア（水の家）

03 約90度折れ曲がる水道橋

ミニチュアで紹介されている。木製の大掛かりな足場と、まるでクレーンのような木製の長い支柱を使って、重さ数百キロの石を積み上げていった。水道橋の石を間近で見ると、その平面に所々穴が空いているのが目視できる。これは、まさにこの木製のクレーンで石を積み上げるときに引っかけるために空けられた穴の名残である。青空に向かってそびえ立つ迫力のある姿も雄々しいが、ライトアップされて闇夜に浮かび上がる姿も大変神秘的で美しい。

04 ミニチュアで紹介されている水道橋建設の様子

アルカサル（王城）

セゴビアの美しいアルカサルの佇まいはディズニー映画の『白雪姫』の城のモデルになったとも言われ、スペインに数多くある城の中でも世界的に最も有名なものかもしれない。ウマイヤ朝の時代に、ローマ時代の遺跡の上に基礎が造られ、レコンキスタ後12世紀になって現在の城が建てられた。中世にはカスティーリャ王国の王たちが好んでこの城に居住し、アルフォンソ10世の時代からフェリーペ2世の時代にかけてさらに増築され、現在我々が目にするアルカサルのシルエットが完成した。フェリーペ2世が、4人目の妃と結婚式を挙げたのも、このアルカサル内の礼拝

05 アルカサル外観

所だった。アルカサルは、12世紀の建設当初から要塞としての性格をもち、エレスマ川とクラモレス川に挟まれた断崖絶壁の上に建てられている。ファン2世の塔と呼ばれる高くそびえる塔の真下には深い堀があって、跳ね橋がつけられており、セゴビア市内からも容易には侵入できない難攻不落の城塞の様相を呈している。

アルカサルは19世紀の大火事でその一部を焼失しているが、城内にはいくつもの広間があり、再建された部分とオリジナルの部分が混在している。どの工事も建てられたときの建築に忠実に再建されているためほとんど遜色ない。城内に入ってすぐの中庭から北側に広がるサロンは、14世紀以降に増設された部分で、部屋の一部の壁は第27章で紹介するエスグラフィアードと呼ばれるセゴビアに古くから伝わる壁装飾が施されており、ここがかつて城の外壁だったことが容易に想像できる。

アルカサルの中でも特に見事なのは、諸王の間と呼ばれる広間である。黄金色に輝く天井をもち、歴代王の肖像画が部屋を一周する

06 アルカサル内の礼拝堂

07 アルカサル「諸王の間」

ように掲げられている。賢王と呼ばれたアルフォンソ10世が造らせたサロンで、アストゥリア王国の初代王とされたドン・ペラーヨ（コバドンガの戦いでイスラーム軍を破ったことから、歴史的にレコンキスタの創始者と位置付けられる）から始まり、アルフォンソ10世に至るまでの諸王の肖像画が掲げられた。その後エンリケ4世の時代に、アルフォンソ10世以降のカスティーリャ王国の王たちが、そして最終的にはフェリーペ2世の時代にカトリック両王や女王フアナ1世などが加えられた。先に触れたフェリーペ2世の婚礼の際、饗宴が催されたのもこの広間だった。武器の間と呼ばれる広間には、カルロス1世の使ったとされる投石機をはじめ、16世紀に実際に使用されていた大砲や武器の数々が展示されている。

大聖堂

セゴビアの大聖堂は、スペイン最後のゴシック様式の建築で、まるでスカートを広げたような優美な姿から「大聖堂の貴婦人」という異名をもつ。この大聖堂はセゴビアに建てられたふたつ目の大聖堂で、ひとつ目に造られた大聖堂は、第22章で触れたアビラの大聖堂を建築したフアン・グアスが設計し、アルカサルの目の前に建っていたという記録がある。城塞であるアルカサルからあまりに近い位置にあり、古くから大聖堂を移転させようという動きはあったのだが、最終的にひとつ目の大聖堂が壊されるきっかけになったのは、カルロス1世時代のコムネーロスの乱（カスティーリャ諸都市の反王権蜂起）だった。カルロス1世派はアルカサルを、コムネーロス派は大聖堂を拠点に壮絶な戦いを繰り広げた結果、カルロス1世の軍により大聖堂は完全に破壊されてしまった。1525年にカルロス1世自らの命により、現在の位置に大聖堂の建設が始まり、完成までには約200年を要した。この時代のスペインには既にルネサンス建築のブームが到来していたが、この大聖堂はゴシック様式で建設されていることは興味深い。大聖堂内のヴォールトや、中庭の回廊は、円熟したゴシック様式の真骨頂といえる。

木製の見事な聖歌隊席は、旧大聖堂から運び出されて設置されたもので、ふたつの向かい合わせのパイプオルガンを擁する。また、大聖堂内部にはいくつもの礼拝堂があり、飾られている彫刻も歴史的芸術的価値の高いものが多い。特に「横たわるキリスト」と題されたグレゴリオ・フェルナンデスの作品や、ファアン・デ・フニの「キリストの埋葬」は見事だ。回廊の地下部分に設けられた、大聖堂に併設される美術館には、貴重な絵画42点が展示されている。中でも16世紀のフランドルの画家アンブロシオ・ベンソンの三連の祭壇画「キリストの降架」は、布の柔らかさやビロードの質感までもが表現された傑作である。

（小倉真理子）

08 セゴビア大聖堂外観

09 グレゴリオ・フェルナンデス「横たわるキリスト」

26 旧市街に遺る歴史的教会と修道院

——イサベル1世の即位と十字架の聖ヨハネの埋葬

サン・ミゲル教会とイサベル1世の即位

セゴビアのマヨール広場脇に建つサン・ミゲル教会は、スペインの歴史上とても重要な教会のひとつに数えられる。1474年に、イサベル1世の即位式が行われた由緒ある教会だからだ。当時の公式文書のオリジナルも大切に保管され一般公開されている。セゴビアの大聖堂と同じく、サン・ミゲル教会も同名のふたつ目の教会で、即位式の執り行われた最初の教会はマ

01

02

関連動画はこちらから

ヨール広場の中央に建てられていた。しかしマヨール広場の拡張と、その隣で始まった新しい大聖堂の建設に伴う区画整理のため、1532年に取り壊されて数十メートル離れた現在の場所に再建された。ゴシック様式で建築された新しい教会は、小さいながらも高く美しいヴォールトの天井が特徴だ。入り口の門と塔は、古い教会が取り壊されるときに保存され再利用されたため、この部分にはロマネスク様式が用いられている。中央祭壇のホセ・フェレーラスの彫刻も格調高い。現在は大聖堂の地下美術館に保存されているアンブロシオ・ベンソンの三連の祭壇画「キリストの降架」は、元はこの教会の中央祭壇に収められていたものだ。

セゴビア最古のロマネスク建築サン・ミリャン教会

セゴビア市内に遺る教会群で最も古い建築とされるのが、ロマネスク様式のサン・ミリャン教会である。もともとモサラベ[*1]のネクロポリス（埋葬地）があったところに建設されたロマネスク様式の教会で、最も古い部分である鐘楼は11世紀より以前に建設されたものと推定されており、この部分にはムデハル様式（第17章注2参照）の特徴が見られる。12世紀に戦士王と呼ばれたアラゴン王アルフォンソ1世によって最初の大掛かりな修復が施される。アラゴン王である彼がセゴ

03 サン・ミリャン教会外観

＊1 イスラーム支配下のイベリア半島におけるキリスト教徒のこと。

01 サン・ミゲル教会

02 イサベル1世の即位式の公式文書

ビアを支配下に置いていたのは、カスティーリャ王でありレオン王であったウラカ1世と婚姻関係があったためである。もともとは3つのアブシデ（後陣）をもつ建築だったが、13世紀になって教会の拡張とともに4つ目のアブシデが加えられた。教会内部の造りは至ってシンプルであるが、立派な柱の柱頭にはロマネスク様式の大きな特徴のひとつである動物や植物をモチーフにした凝った装飾がみられる。

04　サン・ミリャン教会内部

サン・アントニオ・エル・レアル修道院

１４５５年にカスティーリャ王エンリケ4世によって建てられたフランシスコ会の修道院で、ローマ水道橋を通ってくる水を浄化する「カサ・デ・アグア」（第25章参照）のすぐ近くに建つゴシック様式の建物である。１４８８年にエンリケ4世の異母妹イサベル1世が、この修道院をフランシスコ会女子修道院とした。修道院の教会の門は、アビラの大聖堂やセゴビアの旧大聖堂も手がけたファン・グアスと、第5章で触れた、現在サンティアゴ・デ・コンポステーラのパラドールとなっているカトリック両王の療養院を手がけたエンリケ・エガスの二人による作品とされている。ファサードの左右には、エンリケ4世の紋章が掲げられている。

修道院内には数多くの貴重な美術品が展示されているが、建物自体にも大きな芸術的価値がある。特に天井を飾る格間[*2]を施した装飾にはムデハル様式の影響がみられ、部屋ごとに異なるデザインを見比べたい。修道院の総会議室として使われていた広間の八角

＊2　ごうま。天井を覆う正方形、長方形、八角形のくぼみを擁するパネルのこと。格間で覆われた天井は格天井（ごうてんじょう）と呼ばれる。

形の天井は金色に輝く見事な装飾で、その中心には、カスティーリャ王国の紋章も掲げられている。この修道院も幾度も修復を重ねてきたが、16世紀の建設当初のオリジナルがそのまま遺されているところも多いのが特徴で、入り口から広間に続く回廊は、実際にエンリケ4世やイサベル1世が歩いた当時のものであるというのは感慨深い。

跣足カルメル会サン・ホセ修道院

セゴビア大聖堂からアルカサルに続く道沿いに跣足(せんそく)カルメル会サン・ホセ修道院がある。この修道院は、第24章で触れたアビラの聖テレーサが十字架の聖ヨハネ（サン・ファン・デ・ラ・クルス）とともに1574年に建てた修道院だ。彼女が深く信仰していたサン・ホセ（聖ヨセフ）の名が冠せられ、正面門の上部には聖ヨセフの彫刻が王冠とともに掲げられている。現在も、禁域（第13章参照）のある跣足カルメル会の女子修道院として機能しており、約10名の修道女が共同生活をしている。修道院の教会内部の造りはバロック様式で、中央祭壇の中央にも聖ヨセフの彫像が、そして中央祭壇を挟む柱の一番高い位置には、右側に聖テレーサの、左側に十字架の聖ヨハネの円形の肖像画がそれぞれ掲げられている。

05 跣足カルメル会サン・ホセ修道院

06 サン・ホセ修道院中央祭壇、聖テレーサと十字架の聖ヨハネの肖像画（上部左右の円形）

十字架の聖ヨハネ修道院

旧市街を取り巻くように流れるエレスマ川のほとりに、跣足カルメル会の修道院がもうひとつある。こちらは、先に触れたサン・ホセ修道院より後に、十字架の聖ヨハネによって建てられたもので、清貧を重んじるカルメル会の教義に沿った簡素な外観をもつ。十字架の聖ヨハネはこの修道院の建設に献身しており、自らが工事そのものにも関わったという記録も残っている。彼は、1586年の創設以来1591年に亡くなる年まで修道院長としてこの修道院に滞在した。第44章で後述する通り、彼はアンダルシーアのウベダで没するが、その後彼の聖遺体はここに移送された。彼の死後400年以上経った1926年に教会博士（第24章参照）として認められ、それを機にこの修道院内にある教会の奥の礼拝堂に、立派な聖体安置所が造られた。飾らず質素な生活を重んじた十字架の聖ヨハネの生き方とは相反する豪華絢爛な聖墳墓であるが、そこには人々の彼を敬う気持ちが反映されているのかもしれない。1982年には、当時のローマ教皇ヨハネ・パウロ2世もこの小さな修道院を訪れている。

07　十字架の聖ヨハネの聖墳墓

ベラ・クルス教会

十字架の聖ヨハネ修道院のほど近くに、ひっそりと佇む小さな教会が、ベラ・クルス教会だ。非常に珍しい十二角形の身廊を擁する13世紀前半に建設された後期ロマネスク様式の建築で、教会内部の中心部分には、外観と同じく十二角形の2階建ての部屋があり、これは建築物の中の小建築物という意味のエディクロと呼ばれる。キリスト教初期には、この形状の教会が数多く建てられており、セゴビアのベラ・クルス教会は、エルサレムの聖墳墓教会（旧市街のキリストの墓とされる場所に建つ世界遺産）をモデルとして建設されたと考えられている。この形状のロマネスク教会としてはヨーロッパで最も保存状態がよいもののひとつで、スペインの重要文化遺産にも指定されている。

身廊はエディクロを一周する円形になっていて、十二角形の一辺には、キリスト復活が描かれた天井にまで届く大きな祭壇画が掲げられている。この教会は、11世紀に起源をもつ聖ヨハネ騎士団に所属する教会を前身とするマルタ騎士団に帰属するため、身廊にはこの騎士団の団章や紋章があちこちに掲げられている。19世紀のメンディサバルによる永代所有財産解放令（第9章参照）により、政府に没収され、一時は干し草置き場として使用された時期もあったが、20世紀になって再び宗教施設として蘇ったという経緯をもつ。

ベラ・クルス教会を出ると、正面にセゴビアのアルカサルが見える。夕暮れ時にはアルカサルが夕日に照らされ金色に輝いて見える。ここからは切り立った崖とその下を流れる川を含めたアルカサルの全貌が目に入り、この城塞を攻め落とすのが不可能に近かったことを実感できる。

（小倉真理子）

08 ベラ・クルス教会外観
09 ベラ・クルス教会内部

27 セゴビアの街歩きで巡りあえる伝統と文化

——ヨーロッパ最古の産業建築物と受け継がれる美食

アントニオ・マチャードの家

アントニオ・マチャードは、スペインを代表する詩人の一人で、98年世代[*1]の中で最も若かった。彼は、第47章で後述するバエサ大学で教鞭を執った後、１９１９年の暮れから１９３２年までのおよそ12年間、セゴビア大学のフランス語教授の職にあった。彼の代表作のひとつである『新しい歌』を執筆したのも、このセゴビア時代のことだった。

当時彼が住んでいた下宿は、現在アントニオ・マチャード博物館として一般公開されている。小さな階段を2階へ上がると下宿人の部屋が並ぶ通路があり、その壁には下宿のオーナーだったルイサ・トレード・イリャナスの写真が飾られている。小さな扉を抜

関連動画はこちらから

＊1　１８９８年に米西戦争に敗れたスペインは、キューバやフィリピンを失い、大航海時代からの植民地をほぼ喪失した。こうした状況を憂えた小説家や詩人によって構成され、スペインの将来を模索した知識人のグループをこのように呼ぶ。

けると台所があり、当時のままの調理器具が展示されていて、20世紀初頭のスペインの一般家庭の台所を再現した博物館の様相を呈している。マチャードがほかの下宿人とともに食事をとった食卓のあるサロンの先には、たくさんの本の並んだ図書室があり、マチャードの著作や彼が収集した本が陳列されている。そして、この2階部分の一番奥にマチャードの寝室兼書斎があり、簡素なシングルベッドと丸テーブル、そして彼が実際に執筆活動をした机がそのまま遺されている。あまりに質素なこの部屋から、現代の私たちの心を震わすたくさんの文学作品が生まれたと思うと、この空間そのものが神秘的にさえ感じられ感慨深い。

王立造幣所

セゴビアの王立造幣所は、1583年にフェリーペ2世が建設したもので、それまで手作業で製造されていた貨幣を、機械を用いて製造するスペイン初の施設となった。これは、ヨーロッパでも最古の産業建築物とされている。設計したのは、エル・エスコリアル王立修道院（マドリード州の世界遺産）を建設した、スペインを代表するルネサンスの建築家ファン・デ・エレーラで、彼自身によって3度にわたり増築されている。フェリーペ2世は、当時既に造幣技術が進

01 マチャードの家
02 マチャードが暮らした部屋

03 王立造幣所の水車
04 王立造幣所の機械

んでいたオーストリアのチロルから、大規模な機械を買い付け、セゴビアのこの施設に据え付けた。原動力はエレスマ川を利用した水力で、いくつもの大小の水車を使って力を増幅し、圧延機によって一定の厚さに延ばした金属から円形の硬貨を切り抜き、そこに文字や図柄を刻印する。硬貨を切り抜いた後の周りの不要部分は、溶かされて再利用された。それまで、職人が1枚ずつ金槌を使って手作業で刻印していた造幣作業は、この画期的な機械の導入により、一気に大量かつ高品質な生産に切り替わった。細かな過程は、現在博物館となっているこの造幣所で映像でも紹介されているほか、エレスマ川からの水力で動く水車なども実物を見ることができる。

壁の装飾エスグラフィアード

セゴビアの旧市街を歩いていると、歴史的な建物の壁やファサードの多くが、珍しい装飾で覆われていることに気付くだろう。幾何学模様や植物のパターンがデザインされたこうした壁の装飾は、エスグラフィアードと呼ばれ、スペインの中でも主にセゴビアの建物に多く見られる特徴のひとつだ。こうした装飾は、14世紀には既に施されるようになっており、当時はイスラーム建築とキリスト教建築が融合したムデハル様式の建築に多用されていた。長い年月が経ちそのほとんどが失われかけたが、この芸術の美しさが再認識された19世紀に、オリジナルになるべく近い形でセゴビアの街中のエスグラフィアードが修復され、現在は３００種類以上の異なるデザインを目にすることができる。

05 エスグラフィアード

セゴビアのパラドール

セゴビアにもスペイン国営のパラドールがある。セゴビア旧市街の水道橋からわずか3キロメートルの高台にあり、セゴビア市内の全景が一望できる素晴らしい立地だ。１９７８年のオープン以来、セゴビア観光の要所として国内外の観光客を数多く受け入れてきた。歴史的建造物の改築ではないモダン建築でありながら、好立地から人気を博して、

06 セゴビアのパラドール

スペイン国内のパラドールネットワークを牽引している。客室から独占するセゴビアの眺めもよいが、カフェテリア兼バーのサロンにある、大きな窓から望む旧市街はまるで絵画のようだ。春から秋にかけては絶景を楽しめるテラス席も設けられるので、ぜひこの季節を狙って宿泊してみたい。

セゴビアの食文化――子豚の丸焼きとポンチェ・セゴビアーノ

セゴビアの豊かな食文化は枚挙にいとまがないが、カスティーリャ・イ・レオン州によって「ブランド保証」に指定されているセゴビア風子豚の丸焼きは特に有名で、これを目当てに内外からやってくる観光客も数多い。「セゴビア風」という名称を使えるのは、地理的にはセゴビア県限定で、その子豚の種類や生育方法などにも細かな規定がある。これについては、第18章で紹介したハモン・イベリコの飼育に関する規定に通ずるものがあるが、セゴビア風子豚の場合は、生後3週間以内の子豚のみが使われるため、子豚そのものよりも母豚の飼料や飼育環境に関する規定があるのが特徴である。

セゴビアのローマ水道橋のすぐ隣に店を構える「メソン・デ・カンディド」は、19世紀から3代にわたって続くこの料理の老舗で、なかなか予約のとれない超人気店だ。木製の天井と煉瓦造りの落ち着いた内装と、なにより窓から覗くと目の前に水道橋がそびえ立つ絶景は圧巻だ。子豚は水とバターを使って蒸し焼き風に調理するため、柔らかい肉質が際立つ。その柔らかさを証明するために、肉をナイフでは

07 メソン・デ・カンディド

なく皿の縁で切り裂いた後、その皿を高く放り投げて割るというパフォーマンスも人気だ。

セゴビア風子豚の丸焼きでお腹を満たしたら、締めくくりにはぜひセゴビア風ポンチェを味わいたい。これは、スポンジケーキとカスタードクリームを層にして表面をマサパン（マジパン）で覆い、仕上げに格子模様に焼印をつけたセゴビア銘菓だ。メソン・デ・カンディドからセゴビア大聖堂に向かう通りにある専門店「フレイア」は、伝統的なポンチェ・セゴビアーノを販売する名店として知られる。

ポンチェ・セゴビアーノの歴史を辿るのは難しい。この菓子の歴史を研究しているフレイアのオーナー夫婦によると、文献に最初に登場するのは『私たちの料理』という1935年に初版が出された料理レシピ本でのことだそうだ。しかし、それ以前に出されている『料理法全集』にも、「ポンチェ・セゴビアーノ」という名前こそ登場しないものの、調理の工程が全く同じ菓子についての記述があるという。料理という文化は、一定の場所にとどまらず人とともに広がっていくものであることを考えれば、ある料理がその土地だけの固有のものと考えてしまうのはよくないと、オーナー夫婦は強調する。この店では、ポンチェ・セゴビアーノのレシピが完成するまでのプロセスや歴史に目を向けつつ、プレーンな味の伝統的なポンチェのほかにも、チョコレート味やオレンジ味のバリエーションを生み出し、人気を博している。

（小倉真理子）

08 ポンチェ・セゴビアーノ

コラム 8

もうひとつの中世・フデリーア（ユダヤ人街）

カトリック・スペインの一体性を謳う伝統史学では、中世はイスラーム勢力を駆逐するレコンキスタの時代であり、実際にはキリスト教徒社会の中で暮らしていたユダヤ教徒の存在は過小に評価されてきた。１９６０年代からスペインは観光客誘致に力を入れたが、「3宗教の共存」を象徴するトレード（第31～33章）を除いては、各都市にあったフデリーア（ユダヤ人街）の痕跡が文化遺産として再評価されることも観光スポットとして観光客を集めることも稀であった。

しかしフランコ体制が崩壊し、移民受け入れ国になったスペインでは、20世紀末から明らかに、過去の文化への眼差しに変化が見られた。多文化の共存、共生が謳われるようになったのである。画期となったのは１９９2年である。コロンブスのアメリカ到達５００周年を「ふたつの世界の出会い」として祝っただけではなく、１４９２年のグラナダ陥落とユダヤ教徒追放を中世スペインに栄えていたイスラームとユダヤの豊かな文化を失った負の出来事として捉え、それぞれに「アル・アンダルス（イスラーム勢力の半島支配地域）」、「セファラー（ヘブライ語で半島を指す言葉）」の５００周年として記念したのである。さらにマドリード郊外に「3つの文化の庭園」を造り、キリスト教、イスラーム、ユダヤ教の共存の時代を想起してスペインの多文化共生の必要性を謳ったのであった。

この頃からスペインの各都市ではかつて市内に存在していたフデリーアやモレリーア（イスラーム教徒街）の発掘調査と再建作業が進み、文化ツーリズムの隆盛と相まってそれらは観光スポットとして脚光を浴びるようになった。特に国内外のユダヤ人団体の支援もあってフデリーアの復興は精力的に行われ、1996年にはユダヤ人共同体（アルハーマ）の遺産を現在に伝える市町村の連合体として「セファラーの道――スペインのフデリーア・ネットワーク」が結成されて現在は21の自治体がこの団体に加盟している。トレード、コルドバ、カセレス、バルセローナ、そしてセゴビアなどが含まれており、中世スペインにユダヤ人の存在がいかに大きかったかをここからも窺い知ることができる。

「セファラーの道」団体のシンボルマーク（CarlosVdeHabsburgo, CC BY-SA 4.0, via Wikimedia Commons）

セゴビアのユダヤ人共同体は14世紀には約100世帯からなっていたが、政治社会の混乱した15世紀には完全に居住地区を隔離され（メルセー広場からサン・アンドレス門の間）、主シナゴーグも接収されてコルプス・クリスティ教会に代わってしまった。そして1492年の追放令でセゴビアのユダヤ教徒の存在も消滅したのである。その後およそ500年にわたって、一般には忘却の対象であった。

そして20世紀末まで、特にセゴビア大聖堂の裏手にあたる地区は荒れ果てたといってよいほどの状態だった。だが、かつてはレコンキスタを推進したキリスト教スペインの象徴的存在であったセゴビアもまた、新たな観光の目玉として中世フデリーアの存在を顕在化する施策に着手した。今やフデリーアのあった地区は綺麗に整備されて、狭い路地を興味深げに散策する観光客で溢れている。中には自分のルーツを求めるセファルディ（1492年に「セファラー」の地から追放されたユダヤ人の子孫）もいるという。フランコ時代のセゴビアを知る世代には隔世の感を否めない。

セゴビアのユダヤ教徒の歴史を知るためには、旧フデリーア通りの一角を占める「フデリーア教育センター」をぜひ訪れてほしい。ここは、15世紀末のユダヤ人共同体の有力者であったアブラハム・セネオルが居住した建物で、セネオル死後はコンベルソ（ユダヤ教からキリスト教への改宗者）の著名な医者アンドレス・ラグーナの住居となった。内部にはユダヤ教徒の信仰や風俗習慣を伝える品々が所狭しと並べられていて、ユダヤ文化になじみのないツーリストには格好のスポットである。

（立石博高）

㊤　セゴビアのフデリーアの町並み
㊦　フデリーア教育センターの建物

Alcalá de Henares

アルカラ・デ・エナーレス

マドリード州　マドリード県　アルカラ・デ・エナーレス市

人口　約19万9000人（2023年現在）

マドリード市内から近郊電車で30分。マドリードのベッドタウンでもある。

マドリード州東部に位置する都市。15世紀末に建設された世界初の計画的大学都市としての価値が評価され、世界遺産に登録される。『ドン・キホーテ』の作者ミゲル・デ・セルバンテスの生まれ故郷としても知られる。

28

シスネーロス枢機卿と世界初の計画的な大学都市

——アルカラ・デ・エナーレスのコンプルテンセ大学

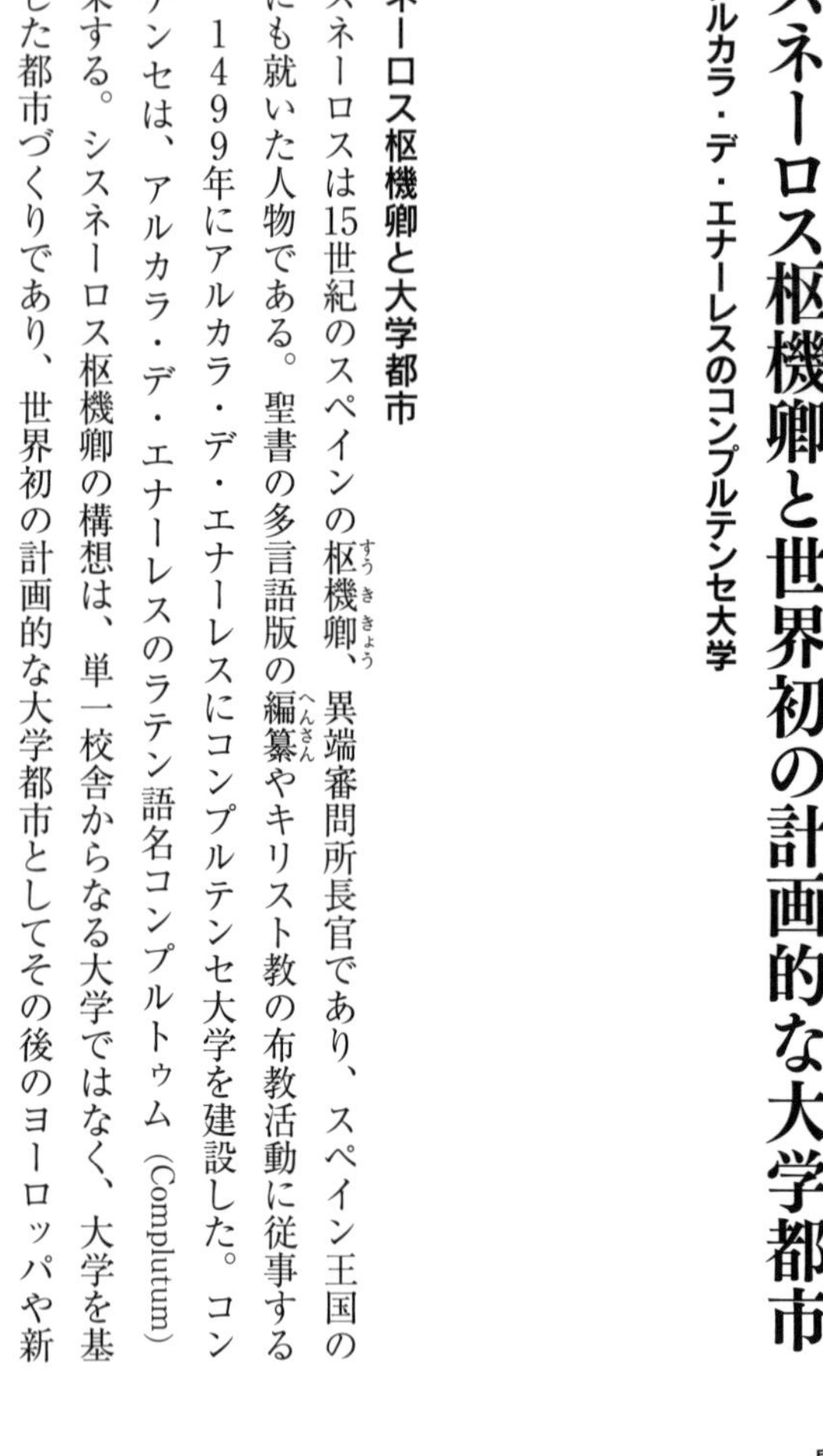

シスネーロス枢機卿と大学都市

シスネーロスは15世紀のスペインの枢機卿（すうききょう）、異端審問所長官であり、スペイン王国の摂政にも就いた人物である。聖書の多言語版の編纂（へんさん）やキリスト教の布教活動に従事する傍ら、１４９９年にアルカラ・デ・エナーレスにコンプルテンセ大学を建設した。コンプルテンセは、アルカラ・デ・エナーレスのラテン語名コンプルトゥム（Complutum）に由来する。シスネーロス枢機卿の構想は、単一校舎からなる大学ではなく、大学を基盤とした都市づくりであり、世界初の計画的な大学都市としてその後のヨーロッパや新大陸でのモデルとなった。この点が、アルカラ・デ・エナーレスが世界遺産に登録され

関連動画はこちらから

る際に最も評価された点である。

1836年に、コンプルテンセ大学は、アルカラ・デ・エナーレスからマドリードに移転し、「マドリード中央大学」と名称が変更された。1968年にふたつ目の公立大学となるマドリード自治大学ができたのを機に、マドリード・コンプルテンセ大学と名称が再変更された。一方、アルカラ・デ・エナーレス市などの強い要望もあって、かつてコンプルテンセ大学として使われていた校舎を再利用する形で、1977年にアルカラ・デ・エナーレス大学が新設され、のちにアルカラ大学と改称された。現在のアルカラ大学とマドリード・コンプルテンセ大学は別組織だが、コンプルテンセ大学の沿革は共有する。以下、シスネーロス枢機卿が設立したコンプルテンセ大学の校舎やゆかりの地を巡りながら、大学都市アルカラ・デ・エナーレスの全貌をみていこう。

セルバンテス広場とマヨール通り

セルバンテス広場はアルカラ・デ・エナーレスの象徴的な広場で、『ドン・キホーテ』の作者ミゲル・デ・セルバンテスの銅像が置かれており名を冠しているが、町の中心にあるため、地元住民の間ではマヨール広場という名称でも親しまれている。セルバンテスの銅像が建てられたのは19世紀のことで、シスネーロス枢機卿が大学都市を建設しようとしていた15世紀にはここで青空市場が開かれていたことから、メルカード（市場）広場と呼ばれていた。アルカラ・デ・エナーレスの大学都市は、こ

01 シスネーロス枢機卿像

の広場を中心に東半分と西半分に二分される。広場から東側に延びるのがリブレーロス（本屋）通りで、こちら側には大学校舎の中心となるサン・イルデフォンソ学寮やその礼拝堂がある。一方、西側に延びるのがマヨール通りで、大学と関連性の高い大聖堂や大司教館などがある。

マヨール通りは、大学都市計画よりずっと以前から存在したが、シスネーロス枢機卿は、アーケードにある柱を全て石造りに変え、またこの通りと平行するサンティアゴ通りをつなぐ小径をいくつも造ることで往来しやすくし、これらの改革により西側地区はルネサンス様式の町並みに取って代わられた。

02 セルバンテス広場
03 マヨール通り

大司教館（パラシオ・アルソビスパル）

元は1209年にムデハル様式（第17章注2参照）で建設された館で、トレード大司教がこの市に滞在中に利用したために大司教館と呼ばれた。現在、この館はアルカラ・デ・エナーレス司教区の司教館となっている。幾世紀もの期間をかけて4つの中庭をもつ立派な館となったが、1939年の大火事でその大部分は焼け落ちてしまい、当初の建築が遺っているのはファサード部分のみである。カトリック両王（第5章注5参照）も度々この館を訪れており、その末娘で後にイングランドのヘンリー8世に嫁ぐカタリーナ・デ・アラゴン（キャサリン・オブ・アラゴン）や、両王の次女フアナ1世とフェリーペ

1世の間の次男で、後にオーストリア・ハプスブルク家の第4代神聖ローマ皇帝となるフェルナンド（フェルディナント）1世が生まれたのもこの館であった。

このように、スペインの王家とつながりの強い大司教館であったが、この建物が「スペインで最も美しいルネサンス様式」と呼ばれる館に生まれ変わったのは、16世紀のフォンセーカとタベーラ両枢機卿の功績による。ルネサンス期に活躍した建築家アルフォンソ・コバルビアスによる改築で中庭には見事な回廊が造られた。前述の通りこの回廊も火事で失われ、現在我々が目にできるのは数少ない写真とデッサンのみである。コロンブスがここでカトリック両王に初めての謁見を果たしたことも、スペインの歴史におけるこの大司教館の意味を大きなものにしている。彼が新大陸に到達する6年前、1486年のことだった。

04　大司教館

マヒストラル大聖堂

マヒストラル大聖堂は、アルカラ・デ・エナーレスに遺る唯一のゴシック建築である。「聖フストと聖パストールの大聖堂」という別名をもつのは、古代ローマ時代にディオクレティアヌス帝のキリスト教迫害により、フストとパストールという二人の子どもがこの場所で殉教したという逸話に基づく。シスネーロス枢機卿は1497年に大規模

05　マヒストラル大聖堂

な改築を命じ、建築家の兄弟アントンとエンリケ・エガスが設計と施工を担当した。マヒストラルとは、教会や大聖堂に与えられる称号で、得るためには聖堂参事会員の全員が大学教師である必要がある。この条件を満たした教会は世界でふたつしかなく、アルカラ大聖堂と、ベルギーの世界遺産である聖ペテロ教会がそれにあたる。シスネーロス枢機卿は、教会は大学と同じように知的で文化的であるべきだと考えており、教会の質の向上を目標のひとつに掲げていた。アルカラ・デ・エナーレスの大聖堂が、ローマ教皇レオ1世からこの称号を受けたのは１５１９年のことだった。

サン・イルデフォンソ学寮

シスネーロス枢機卿の大学都市計画の中心となった建物で、スペイン・ルネサンス建築の巨匠の一人、ロドリーゴ・ヒル・デ・オンタニョンが設計したプラテレスコ様式の立派なファサードをもつ。最上部のフロントンと呼ばれる三角形の部分は、中央の神の両脇に老若男女の4人の彫刻が配置され、学生たちに人生の時間は儚いので勉学に励むよう示唆している。神の彫像の真下には、カルロス1世の大きな紋章があり、両脇には10個の窓が並ぶ。これはこの時代の館の建築によく見られるもので、モーセの十戒を暗示している。この建物の中心には鉄格子のはめられた窓があり、建築当初はこの部屋に大学図書館があった。窓の両側にはシスネーロス枢機卿の紋章が見える。

サン・イルデフォンソ学寮には3つの中庭がある。最初の一番大きな中庭は、

06　サン・イルデフォンソ学寮

「サント・トマス・デ・ビリャヌエバの中庭」と呼ばれる。聖トマスはコンプルテンセ大学の卒業生として初めて列聖された人物である。続くふたつ目の中庭は、「哲学者の中庭」と呼ばれ、シスネーロス枢機卿の時代に既に存在した唯一の中庭である。最後の中庭は、「三言語の中庭」と呼ばれる。ここに面する教室で、ヘブライ語、ラテン語、ギリシア語の授業が行われていたことに由来する。

サン・イルデフォンソ礼拝堂

外観はあまりに簡素で、うっかり見過ごしてしまいそうな佇まいの礼拝堂だが、中に入ると、広い空間を形作る天井や壁の一面に施されたムデハル様式の模様に目を奪われる。正面奥の中央礼拝堂には、ルネサンス様式の立派な石棺があり、ここにシスネーロス枢機卿が葬られている。質素倹約を教義のひとつとするフランシスコ会に属したシスネーロス枢機卿は、できるだけ簡素な棺に葬ってほしいと遺言していたものの、作られた石棺はその当時最も豪華で、最も高額なものとなった。アルカラの大学都市建設に身命をなげうったシスネーロス枢機卿への、称賛と敬慕の念の表れともいえるだろう。

（小倉真理子）

07 サン・イルデフォンソ礼拝堂

08 シスネーロスの棺

29 文学で辿るアルカラ・デ・エナーレス

――『ドン・キホーテ』だけじゃない、アルカラ文学散歩

アルカラ・デ・エナーレスは、『ドン・キホーテ』の作者ミゲル・デ・セルバンテスの出身地であり、マヨール通り（第27章参照）の中程には、彼の生家がセルバンテス博物館として一般公開されているが、この文豪とアルカラ・デ・エナーレスとの関わりはコラム9で詳しく扱うことにして、ここではセルバンテス以外の文豪にスポットを当て、それぞれに所縁（ゆかり）の地を西から東に訪ねてみよう。

ホセ・ソリーリャと大司教館の菜園

19世紀スペインの劇作家で詩人のホセ・ソリーリャの代表作『ドン・フアン・

関連動画はこちらから

01 大司教館の菜園
02 アルカラの城壁

テノリオ』は、1984年から毎年アルカラ・デ・エナーレスで上演されている。「大司教館の菜園」と呼ばれる、12世紀建設の城壁に囲まれた広大な広場が会場となる。演劇の最後の幕がカトリック諸聖人の日である11月1日を舞台にしたものであるため、スペインでは伝統的にその前夜である10月31日から11月1日に上演されることが多い。アルカラ・デ・エナーレスでの野外上演はスペイン最大規模を誇り、毎年約2万人の観客を集める大きなイベントで、スペインの「国民的重要観光祭礼」に指定されている。なお、城壁の塔には登ることができ、城壁の一部の区間はその上を散歩できる。

マヌエル・アサーニャと生家

スペイン第二共和政の首相で、最後の大統領として知られるマヌエル・アサーニャは、1880年、アルカラ・デ・エナーレスのセルバンテス生家のすぐ隣の家に生まれる。彼のキャリアは、政治家としての印象が強いが、スペイン国家文学賞を受賞する作家でもあった。アサーニャは内戦の敗北後フランスに亡命し、この家はファランヘ党[*1]に接収されるが、1950年代になって遺族に返還された。まるで時間が止まったかのような室内には、家族写真やピアノ、彼が寝室としていた部屋が当時

＊1　スペインのファシスト政党。1933年にホセ・アントニオ・プリモ・デ・リベーラが結成し、1937年にフランシスコ・フランコが王党派と糾合して単一政党とした。

03　アサーニャの生家

のまま残されている（内部は一般公開されていない）。祖父エステバン・アサーニャは19世紀末のアルカラ・デ・エナーレス市長であり、現在のセルバンテス広場にセルバンテスの銅像を設置した人物である。

04　セルバンテス像

聖イグナティウス・ロヨーラが働いていたアンテサーナ療養院

聖フランシスコ・ザビエルらとともにイエズス会を創設し、初代の総長となる聖イグナティウス・ロヨーラは、1526年から1527年にかけての約1年半アルカラ・デ・エナーレスに滞在した。バスク生まれのロヨーラがこの地にやってきたのは、その頃シスネーロス枢機卿によって設立されたばかりのコンプルテンセ大学で学ぶためだったが、主にマヨール通りのアンテサーナ療養院で看護師や料理人として働いていた。のちにパリ大学で神学を学ぶが、彼の代表的著書『霊操』の基本的なアイデアは、この頃には既にまとめられていたとされる。この療養院に併設される教会には、後年描かれ、ロヨーラに捧げられた肖像画が飾られている。現在この施設の一部は小さな博物館になっており、ロヨーラが料理をしたとされる台所が保存されている。史上初のアメリカ大陸（アルゼンチン）出身で、史上初のイエズス会出身のローマ教皇となったフランシスコも、1970年代に3年間このアンテサーナ療養院に滞在し、ロヨーラの教えについ

て学んでいる。

カルデロン・デ・ラ・バルカとコラル・デ・コメディアス劇場

『人生は夢』『名誉の医師』『サラメアの村長』などの代表作をもつ、スペイン黄金世紀演劇[*2]時代の劇作家カルデロン・デ・ラ・バルカは、わずか14歳でコンプルテンセ大学に入学した。これがこの奇才とアルカラ・デ・エナーレスとの最初の出会いだった。カルデロンは、ティルソ・デ・モリーナやロペ・デ・ベガの演劇の流れを受け継ぎ、そこに舞踊や音楽までを盛り込んだエンターテイメントとしての演劇を作り上げ、大衆演劇のカリスマ的な作家として人気を博した。アルカラ・デ・エナーレスで毎年開催されている古典演劇祭でも、カルデロンの作品は度々取り上げられ、コラル・デ・コメディアス劇場で上演される。コメディアス劇場とは、16世紀から17世紀にスペインの至るところに建設された中庭を利用した半野外劇場のことで、セルバンテス広場にあるアルカラ・デ・エナーレスの劇場は、1601年に建設されたスペインでも最古の劇場のひとつ

＊2　16～17世紀頃のスペイン演劇を指す。この期間に創作された作品は、ヨーロッパ演劇史の最高峰と評される。

05　コラル・デ・コメディアス劇場
06　コラル・デ・コメディアス劇場内部

である。18世紀には屋根がつけられて現在の形となった。

アントニオ・デ・ネブリーハとサンディエゴ広場

スペイン語（カスティーリャ語）の世界初となる文法書を執筆したアントニオ・デ・ネブリーハは、彼の時代に最も影響力のあった人文主義者の一人だった。ネブリーハはイサベル1世にカスティーリャ語の文法書の重要性を説き、女王の許可を得て1492年に初版が刊行される。サラマンカ大学で人文学を、その後イタリアのボローニャで言語学を学んだ彼は、教養に溢れたラテン語を復興させる必要性を強く感じ、スペイン語とラテン語の最初の辞書を作った人物でもあった。文法書と辞書の初版はマドリードの国立図書館に所蔵されており、2022年ネブリーハ没後500年の記念展ではオリジナルが展示された。ネブリーハは、シスネーロス枢機卿に聖書の多言語版の編纂の主要人物としてコンプルテンセ大学に呼ばれるが、ほかの翻訳者との意見の食い違いから、最終的には志半ばにプロジェクトから外れることになる。しかし晩年は同大学に戻り、1522年にアルカラ・デ・エナーレスで亡くなるまで、サンディエゴ広場に面

07

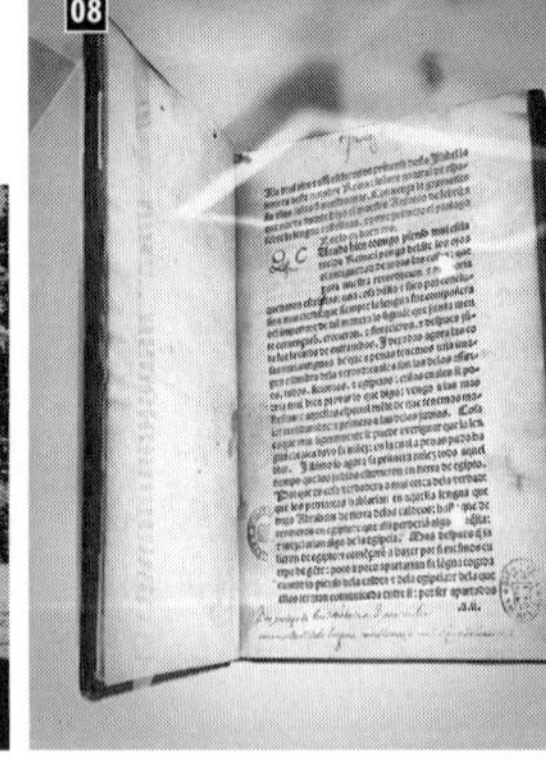
08

09

する大学の校舎で教鞭を執った。

フェデリーコ・ガルシア・ロルカらが集った学生宿

フェデリーコ・ガルシア・ロルカは、27年世代に属するスペインの詩人で劇作家である。27年世代とは、スペイン黄金世紀に活躍した詩人ルイス・デ・ゴンゴラの没後300年となる1927年に、彼の作品を再評価しようとした若い作家や詩人によるグループで、メンバーには後にノーベル文学賞を受賞するビセンテ・アレイクサンドレや、スペイン語文学の最高峰であるセルバンテス賞を受賞することになるホルヘ・ギリェン、ダマーソ・アロンソ、ラファエル・アルベルティなどがいた。

ロルカはマドリードで学んでいる頃、友人で画家のホセ・カバリェーロに会いに、度々アルカラ・デ・エナーレスを訪れていた。この時代には、コンプルテンセ大学は既にマドリードに移転した後で、かつての栄光とはかけ離れた衰微した町並みであったが、新たに国立観光局によって建設された学生宿（オステリア・デル・エストゥディアンテ）がロルカとカバリェーロほか、多くの文化人たちの集いの場だった。この建物は、現在アルカラ・デ・エナーレスのパラドールの一部となり、本館の向かいでレストランとして営業している。建物自体は17世紀に建設されたものを改築しており、クラシックで気品のあるデザインの内装で、マドリードの郷土料理を楽しめる。

（小倉真理子）

07 ネブリーハ肖像画（国立図書館ネブリーハ展にて）
08 ネブリーハによる文法書初版本（国立図書館ネブリーハ展にて）
09 サンディエゴ広場

30 アルカラ・デ・エナーレスの伝統と文学の祭典

——国民的重要観光祭礼の聖週間とセルバンテス文学賞授賞式

アルカラ・デ・エナーレスの聖週間（セマナ・サンタ）

アルカラ・デ・エナーレスでは年間を通じていくつもの祭礼が開催され、そのうちの3つが「国民的重要観光祭礼」に指定されているが、中でも最大のものが聖週間である。聖週間の神輿の行列が歴史都市を練り歩く姿は壮大で、毎年10万人を超える人々が沿道に集う。聖週間とは、枝の主日（キリストのエルサレム入城の日）から復活祭（キリストの復活を記念するキリスト教にお

01

02

関連動画はこちらから

いて最も重要な日）までの1週間を指す。特に大きな宗教行列がみられるのが、キリストが最後の晩餐をした聖木曜日、十字架刑に処された聖金曜日と復活祭の日曜日で、キリストが眠りに就いているとされる聖土曜日はキリストの受難を偲ぶ日とされ、1年のうちでも婚姻や葬儀のミサも執り行われない特殊な日である。聖土曜日の宗教行列が行われる地域も多いが、アルカラ・デ・エナーレスでは行われない。

クライマックスとなる復活祭の行列では、マヒストラル大聖堂（第28章参照）から悲しみの聖母マリアと、キリストのふたつの神輿が出発する。この日は朝早くから、コフラデスと呼ばれる信徒グループのメンバーたちがそれぞれの衣装を着て待機している。行列には、神輿の前後にカピロテと呼ばれる円錐形の尖った帽子をかぶった信徒が歩く。顔がわからないように覆面をして、自らの罪を悔い改めるという意味をもつ。カピロテをかぶった人たちをペニテンテ（懺悔する人）と呼ぶ。これとは別に、神輿を担ぐメンバーがそれぞれの神輿に20名ほどいる。等身大の彫像が乗せられて立派な装飾の施された神輿は約800～900キロの重さがある。1人当たり数十キロの重さを頭と手で支えながら何時間も巡行するのは骨身を削る体験だといい、重さから頭を保護するためにターバ

01 長布を頭に巻いた神輿を担ぐメンバー
02 大聖堂の中で巡行の始まりを待つカピロテ姿の信徒たち
03 街中を練り歩く神輿
04 カピロテ姿の信徒の行列

ンのような長い布を巻く。アルカラ・デ・エナーレスの神輿のスタイルでは、担ぎ手は幕で隠された内側にいるため外からは見えないが、巡行の小休止のときに汗びっしょりになって交代する様子を見ると、その過酷さがよくわかる。

聖母マリアとキリストの神輿は、別々のルートでアルカラ市内を何時間もかけて一回りし、再び大聖堂前の広場に戻ってくる。この広場で、初めてふたつの神輿が「出会う」のだが、マリア像が巡行の間ずっとかぶっていた黒いベールを剝がされ、本来の鮮やかで美しいベールに代わるとき、盛り上がりは最高潮を迎え、沿道の人々からは称賛の叫びと感涙する咽び泣きが溢れる。

アルカラ・デ・エナーレスのパラドール

アルカラ・デ・エナーレスにも国営パラドールがある。２００９年にオープンした比較的新しいパラドールで、モダンなデザインと歴史的建築の保存を融合させる一大プロジェクトだ。メインの建物は、16世紀にコンプルテンセ大学の施設として建設され、ドミニコ会のサント・トマス修道院だった建物で、デサモルティサシオン（コラム7参照）によって収公された後は、牢獄や刑務所内の工房としても使われていた経緯がある。改築に当たっては、元の景観を壊さないため、約９０００平方メートルの広大な庭や中庭の緑はそのまま残し、必要なスペースは地下部分を掘って確保した。最新式のスパや１０００平方メートルの大きなサロンをもつレストランなどを完備し、内装はパラドールの中でも最も現代風にアレンジされている。この建築は、ニューヨー

05　聖母マリアとキリストの出会いのシーン

ク近代美術館で「スペインの革新と卓越性のある建築開発」として紹介された。

通常、パラドールにはひとつのレストランが併設されているが、アルカラには本館と別館（第29章で触れた「オステリア・デル・エストゥディアンテ」）のふたつのレストランがある。双方のレストランでは、それぞれ異なった料理が楽しめる。いずれもマドリードの郷土料理をメインにしつつも、スペイン中の特産物を揃えた幅広いレパートリー、そしてスペイン産の赤ワインと白ワインを存分に楽しめる。スペイン料理に舌鼓を打ち、宿泊客でなくても利用できるスパで極上の時間を過ごすのも、優雅なアルカラ・デ・エナーレス滞在になること間違いない。

06 セルバンテス賞のメダルと同じデザインの置物

セルバンテス文学賞とアルカラ大学のパラニンフォ（講堂）

ミゲル・デ・セルバンテス・スペイン語文学賞は、スペイン語圏で最も権威のある文学賞である。歴史上最高峰とされるスペイン語文学『ドン・キホーテ』の作者であるセルバンテスの名を冠し、1976年にスペイン教育文化省により創立された。これまでに48名がこの賞を受賞しており、国籍別に見るとスペイン人が24名と最多で、メキシコ人6名、アルゼンチン人4名、チリ人、キューバ人、ウルグアイ人がそれぞれ3名ずつ、そのほかにコロンビア人、パラグアイ人、ペルー人、ニカラグア人、ベネズエラ人がそれぞれ1名ずつ受賞している。文学賞の最高峰であるノーベル文学賞とセルバンテス賞の両方を受賞している作家は、メキシコ人のオクタビオ・パス、ペルー人のマリオ・バルガス・リョサ、そしてスペイン人のカミロ・ホセ・セラのたった3名だ。セルバンテス賞創立前にノーベル文学賞を受賞しているスペイン語圏作家は6名で、ホセ・エチェガライ、ハシント・ベナベンテ、ガブリエラ・ミストラル、ファン・ラモン・ヒメネス、ミゲル・アンヘル・アストゥリアス、パブロ・ネルーダである。こうした作家の名前はスペインの多くの都市で広場や通りの名前になっており、日常生活の中で目にする機会も多いため、スペインでの認知度は非常に高い。

セルバンテス賞の授賞式は、毎年セルバンテスの命日である4月23日にアルカラ大学のパラニンフォ（講堂）で開催され、受賞者にはスペイン国王からメダルと賞金が授与される。賞金は12万5000ユーロ、日本円で約2000万円（2024年1月のレート）と非常に高額だ。パラニンフォは、シスネーロス枢機卿がコンプルテンセ大学を建設したときに建てられ現在まで遺っている長方形の講堂で、450平方メートルの広さをもつ。天井は金色に赤と青のアクセントがつけられたムデハル様式の装飾が美しい。

07 アルカラ大学パラニンフォ

08 ムデハル様式の天井

インスティトゥト・セルバンテス本部とフランシスコ・デ・ケベード

インスティトゥト・セルバンテスは、1991年にスペイン政府によって設立された機関で、スペイン外務省の管轄下にある。現在世界45ヶ国に88の施設があり、スペイン語教育とスペイン語圏の文化普及を目的としている。2007年に東京にオープンしたインスティトゥト・セルバンテス東京は、世界の施設の中でも最大級の規模を誇り、常設されたスペイン語講座やスペイン語圏の文化講座のほか、著名人を招いた講演会や展覧会なども開催され、活発な活動をしている。

インスティトゥト・セルバンテスの本部は、マドリードとアルカラ・デ・エナーレスにある。後者の拠点となっている建物は、フェリーペ2世によって16世紀に建設されたアルカラ大学付属神学校だった。この学校で学ぶのは王室関係者の子どもたちばかりで、母が女王の侍女だった、スペイン黄金時代の文豪フランシスコ・デ・ケベードも生徒の一人だった。ケベードのピカレスク小説『ぺてん師ドン・パブロスの生涯』の第4章と第5章には、アルカラの風景と大学の様子が生き生きと描かれており、彼の青年時代に大きな影響を与えたことが窺える。

（小倉真理子）

09 インスティトゥト・セルバンテス本部

コラム 9

数々の「セルバンテスの家」

世界的文豪ミゲル・デ・セルバンテスとアルカラ・デ・エナーレスの関わりは深いようにみえる。セルバンテスは１５４７年にこの地に生まれた。その生家とされるところが「セルバンテスの家（Casa de Cervantes）」（正式名称は、セルバンテス生家＝博物館）となっており、彼の名にちなんだ「セルバンテス文学賞」は毎年アルカラ大学のパラニンフォで開催され、「インスティトゥト・セルバンテス」もこの町に置かれている（第30章参照）。

文豪セルバンテスとの関わりを強調して観光の目玉にしようとするのは心情として理解できるが、セルバンテス自身がこの町からどれほどの影響を受けたかを推察するのは難しい。というのも１５５１年、わずか4歳のときには父親の仕事の都合でバリャドリーに移っており、その後も幼少期・少年期にはコルドバ、セビーリャ、マドリードの各地を転々としている。その後は、ローマに行き、兵士となり、レパントの海戦に参加して負傷し（１５７１年）、帰国の途次には捕虜となってアルジェで幽囚生活を5年間送り、帰国後もセビーリャ、バリャドリー、マドリードと転居して、この間に入獄を含めて様々な体験をしている。セルバンテスは遅咲きの作家で、かの名作『ドン・キホーテ』第1部を著したのは１６０５年、第2部を著したのは１６１５年である。そして翌１６１６年にはマドリードで68年間の生涯を閉じている。『ドン・キホーテ』はしばしば近代小説の祖といわれるが、その文学の厚みは彼の様々な人生経験に裏打ちされているのである。

わが国でも『ドン・キホーテ』は明治時代から注目されて数々の翻訳があるが、長大な長編小説を読み切った人は少ないだろう。だがスペインに行けば必ずと言ってよいほど話題に上る作品だ。幸いに故牛島信明氏の抄訳があるので、ぜひチャレンジしてほしい（『ドン・キホーテ』岩波少年文庫、２０００年）。セルバンテスは多くの短編小説も遺しているので、そちらからアプローチして作家の魅力を知るのもよいだろう。私の好きな作品は「ガラスの学士」である。人々は、自分はガラスでできていると信じて狂乱する学士が発する警句、因習に対する批判には耳を傾けるが、正気に戻った彼にはもう忠告の言葉を期待しないのである。私たちは、時には狂人になる勇気を持たなければならないかもしれない（『セルバンテス短篇集』牛島信明編訳、岩波文庫、１９８８年）。

　セルバンテス人気にあやかって、スペインの各地に「セルバンテスの家」が設けられている。それらの地と作家との関わりの程度は様々だが、そのことを知った上でこれらの数々の「家」を訪れるのも一興である。まずはアルカラ・デ・エナーレスの「家」だが、実は20世紀半ばまでは生まれた場所は現在「セルバンテス劇場サロン」となっているところの一角と推定されていた（『ドン・キホーテ』出版３００周年の１９０５年には記念碑も設けられた）のだが、ルイス・アストラナの研究で現在の地にあたると特定された。そこで１９５６年、改めて現在の地に伝統的なカスティーリャ風の建物を新たに建てて「家」としたわけである。家具や絵画、陶器などで16世紀当時の雰囲気を醸し出しており、当時の生活の一部をみるようで興味深い。新事実が現れて再び移転することがないことを願いたい。

　セルバンテスのファンならバリャドリーの「家」は必見である。バリャドリーの「家」は17世紀初めに数年間、実際に暮らしていた住居とされ、建物はそのままであり、簡素な家具も実際にセルバンテスが使っていたものと推定される。

　その後セルバンテスはマドリードに移るが、１６１２年から１６１６年までの晩年の５年間を過ごしたのが現在のセルバンテス通り２番の場所である。残念ながら本来の建物は1833年に壊されてしまったが、新たな建物のファサードに記念碑が設けられている。碑文には「全世界がその才知を称賛するミゲル・デ・セルバンテス・サアベドラがここで暮らし死去した」と刻まれている。

そのほか、トレード県のエスキビアス、マラガ県のベレス・マラガにも「家」があるが、作家との関連性は希薄である。注意したいのはスペイン南西部の町カルタヘーナの「セルバンテスの家」で、これは近代主義建築の建物であって、名称だけを借用している。

（立石博高）

㊤　アルカラ・デ・エナーレスの「セルバンテスの家」の外観
㊦　同内部

Toledo

トレード

カスティーリャ=ラ・マンチャ州　トレード県　トレード市

人口　約 8 万 6000 人（2023 年現在）

マドリードから南に約 70 km の距離にあり、スペイン新幹線 AVE で 30 分。

ローマ時代にはトレトゥムとよばれる。西ゴート王国の時代には首都となり、トレード公会議が開かれる。宗教的、文化的、政治的な中心地として繁栄してきた。トレード大聖堂には現在も大司教座が置かれ、スペインカトリックの総本山である。

31

タホ川に囲まれた中世の要塞都市

――スペイン・カトリックの中枢トレード大聖堂と城塞アルカサル

トレードの地形

トレードの町はその南側半分をタホ川に囲まれた岩山の上に築かれた天然の要塞都市である。タホ川に面していない北半分には城壁があり、ローマ時代に造られたものがイスラーム支配下で再建され現在に遺る。トレードの東側にかかるアルカンタラ橋のおかげで、タホ川によって分断されていたイベリア半島の南部と北部の往来が容易になった。ローマ時代に建設された石造りの橋は、８５４年に後ウマイヤ朝のアミール（第40章注1参照）、ムハンマド1世によって破壊されてしまう。その後イスラーム勢力が再建した橋がレコンキスタ後も使われていたが、

01

関連動画はこちらから

それも1257年のタホ川の大氾濫によって崩壊してしまう。翌年、賢王アルフォンソ10世によって再建された橋が、現在遺る橋の基盤となった。通行を管理するために塔が設けられ、カトリック両王（第5章注5参照）の治世に修復された際、紋章が掲げられた。

トレードの歴史

トレードはローマ時代にはトレトゥム（Toletum）と呼ばれた。その後西ゴート王国が建設されると、その首都として大きな役割を果たすようになる。5世紀から7世紀の間には18回のトレード公会議が開かれ、キリスト教の教義に関する重要な決定がなされてきた。こうしてトレードは宗教的権威を高めてゆき、首座大司教座となる。711年、西ゴート王国はグアダレーテの戦いに敗れ、トレードはイスラーム支配下に入るが、1085年にアルフォンソ6世によるレコンキスタで、再びキリスト教徒の手に戻る。中世はそのとき王がいる場所が宮廷となる「移動宮廷」の時代であるが、トレードは文化的、政治的中心地のひとつとして繁栄を享受した。1561年にフェリーペ2世が首都をマドリードに定めたのちは、徐々に衰微するが、現在もトレード大聖堂には大司教座が置かれ、トレード大司教はスペイン・カトリック教会の首位聖職者とされる。

01　タホ川に囲まれたトレード
02　アルカンタラ橋の塔
03　アルカンタラ橋全景

トレード大聖堂とパリのノートルダム寺院

現在トレード大聖堂がある場所には、かつてローマ時代の寺院が、その後西ゴート時代の大寺院が、さらにはイスラーム時代のメスキータ（モスク）が建っていた。アルフォンソ6世はレコンキスタ後にこのメスキータを破壊せず、イスラーム教徒の礼拝の場としてそのまま維持した。現在我々が目にするフランス・ゴシック様式の大聖堂の建設が始まるのは、１２１２年のナバス・デ・トローサの戦い（第44章で後述）以降である。

なぜ、トレードにフランス・ゴシック式の大聖堂が建てられたのか？　それには、フランスの世界遺産であるパリのノートルダム寺院の存在が関わっている。トレードの大聖堂よりも先に建設が進んでいたノートルダム寺院は、建築デザインのコンセプトや装飾、彫刻やステンドグラスに至るまで、非常に高度で優れた技術の粋が集められており、中世フランスにおけるキリスト教の重要性と強大さを誇示するものだった。後にトレード大司教としてトレード大聖堂の建設を命じるロドリーゴ・ヒメネス・デ・ラダは、パリで神学を学んでいたときにそれを肌で感じており、トレードに造る大聖堂はパリのそれと同じく大規模で、威厳があり、スペインのキリスト教のシンボルとなるものでなければいけない、という思いを強く持っていた。そして１２２６年、パリでノートルダム寺院の建設に携わったマエストロ・マルティンをトレードに呼び寄せ、大聖堂を設計させた。パリのノートルダム寺院は、13世紀のゴシック建築としては非常に珍しい、５つ

04　トレード大聖堂外観

の身廊（通常は多くて３つ）をもつ全長１２８メートル、幅48メートル、高さ91メートルの巨大な建築であるが、トレード大聖堂はそれにほぼ似せた全長１２０メートル、幅60メートル、高さ92メートルの大きさで、パリと同じく5つの身廊が造られた。

巨大な建物内部にたくさんの光を取り込む様々な工夫も施されたが、その中で最も芸術的価値が高いと言われるのが、「エル・トランスパレンテ」と呼ばれる、豪華な彫刻が施された採光窓だ。一般的に「トランスパレンテ」とは、祭壇背後にあるステンドグラスや採光窓を指すが、定冠詞エルがついた場合は、トレード大聖堂のこの芸術作品を指す。サラマンカを拠点にバロック時代に活躍したチュリゲラ一族が考案した装飾で、トレードのそれはバロック期の彫刻家ナルシーソ・トメによって18世紀に作られた。

　トレード大聖堂の魅力は尽きず、それを全て語るには紙幅が足りないが、中央祭壇の飾り衝立に言及しないわけにはいかない。シスネーロス枢機卿（第28章参照）がトレード大司教だった頃、高さ25メートルの立派な飾り衝立が造られ、古いものにとって代わった。シスネーロス枢機卿は、当時巨匠と呼ばれていた建築家や彫刻家をヨーロッパ中から呼び寄せ、キリストの生涯を彫刻で表

05 トレード大聖堂のエル・トランスパレンテ

06 中央祭壇の飾り衝立

現させたが、中でもサンティアゴ・デ・コンポステーラの「カトリック両王の療養院」を建設したエンリケ・エガス（第5章参照）の活躍は目覚ましかった。

イサベル1世の王冠や、コロンブスが新大陸から持ち帰った金で作られたという聖体顕示台[*1]が展示されている宝物室、エル・グレコ、ベラスケス、ゴヤの絵画が飾られた聖具保管室も見逃せない。2層からなる聖歌隊席の椅子の彫刻はスペイン最高峰のものと評される。

*1　聖別されている聖体を飾るための容器。

城塞アルカサル

トレードの町の一番高い場所に、アルカサル（城塞）が佇む。豪壮で堅固な建物はトレード旧市街の中でもひときわ大きな存在感がある。周囲を見渡せるこの好立地に建つアルカサルは、ローマ時代に最初に建設されてから21世紀に至るまで、絶え間ない修復と増築、破壊と再建の数奇な運命を辿って来た。ローマ時代の3世紀にはプレトリオ（法務官の官邸）として、西ゴート時代には王たちの宮殿として、イスラームによる征服後はアミールたちの城塞として増築され、アルフォンソ10世の時代にはアルカサルの四隅に塔が建設された。

16世紀のカルロス1世とフェリーペ2世の治世に、トレード近代都市化の一環として、玄関口であるビサグラ新門や、中心広場であるソコドベール広場が建設されたとき、アルカサルも再建されることとなった。1537年に建築家アロンソ・デ・コバルビアスの指揮で着工し、フランシスコ・デ・ビリャルパンド[*2]によって北側のファサードが、エ

07　トレード大聖堂の聖歌隊席

*2　サモラ県の小さな村ビリャルパンド出身

ル・エスコリアル修道院を建設したルネサンスの巨匠、ファン・デ・エレーラによって南側のファサードが造られた。西壁と東壁には中世建築の趣を残し、スペイン帝国の強大な権力を象徴する荘厳なアルカサルが完成した。

20世紀にアルカサルは再び大きな打撃と再建を経験する。スペイン内戦初期段階におけるナショナリストの象徴的な勝利となった「アルカサル包囲戦」の舞台となり、１万発以上の砲撃、５００発以上の爆撃、３５００発の手榴弾によって、木っ端微塵に破壊され、内戦終了後に再建された。

２０１０年には、ブエン・レティーロ宮の諸王国の間（マドリードの世界遺産）の建物にあった軍事博物館がアルカサルに移された。これに先立ち、約10年間かけて内装の大掛かりな改築がされた際、敷地内からローマ、西ゴート、イスラーム時代の遺跡が発掘され、このアルカサルが辿った増築と破壊の歴史が証明された形となった。発掘された遺跡群を展示するため、この部分には屋根がつけられ、２１００平方メートルの巨大なロビーホールとされた。実際に使われた武器や防具をはじめ、トレードの刀剣（第33章を参照）の展示も素晴らしい。

（小倉真理子）

の彫刻家、建築家からなる一族の一人。ルネサンス期にスペイン各地の建築を手がけた。

08 アルカサル外観

09 アルカサルとタホ川

32 トレードに遺るイスラームとユダヤの足跡

――クリスト・デ・ラ・ルス教会、トランシト教会、サンタ・マリア・ラ・ブランカ教会

中世盛期の「三宗教の共存」

トレードは11世紀末にキリスト教徒の手に戻るが、ただちに異教徒、つまりユダヤ教徒とイスラーム教徒が追放されたわけではなかった。後者はそれぞれに一定の自治権をもった共同体を維持して居住区を形成した。つまり、あくまでキリスト教徒の優位を前提としながらも、三宗教の平和裏の共存が実現したのである。これらの異なる宗教＝文化の共存についてはコラム10で扱うことにして、本章では建造物を中心にそれらの相互影響や混淆についてみることにしたい。

モスクからクリスト・デ・ラ・ルス教会へ

トレードがイスラームの支配下にあった頃、市内に少なくとも大小15のメスキータ（モスク）があったとされる。残念ながらそのほとんどが破壊されてしまい、現在まで遺っているのはこのクリスト・デ・ラ・ルス教会ひとつのみである。なぜこのモスクは遺されたのか？　こんな伝説がある。

西ゴート王国時代に、ここにはキリスト教の教会があった。トレードのキリスト教徒は、イベリア半島に勢力を広げ始めたイスラーム軍から逃げる際に、教会のキリスト像を持ち出したいと考えたが、それはあまりに大きかったので諦めざるを得ず、異教徒たちに破壊されないよう壁の後ろ側に埋め込む形で隠すことにした。やがて、この地を征服したイスラーム教徒は、この教会をモスクに改築し、バブ・アル・マルドゥムという名をつけた。それから４００年近くの月日が流れ、トレードを取り戻したアルフォンソ6世がこのモスクの前を馬で通りかかると、馬はそこでひざまずき、王がいくら鞭打っても動き出さなかった。不思議に思った王が馬から降り、モスクの中に踏み入ると壁の隙間から一筋の光が差し込み、その光の先に４００年前に西ゴートの民が隠したキリスト像が現れた。驚いたアルフォンソ6世は、「光るキリスト」という意味のクリ

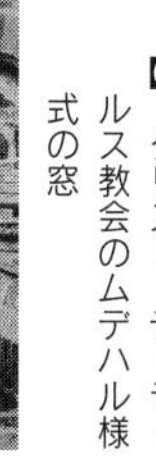

01 クリスト・デ・ラ・ルス教会内部

02 クリスト・デ・ラ・ルス教会のムデハル様式の窓

スト・デ・ラ・ルス教会という名をつけてこのモスクを教会に聖別させ、そのため破壊を免れたというのだ。

長方形のオリジナルの建物に、半円形のアブシデ（後陣）がつけられている。これは、レコンキスタから100年ほど経った1180年頃、手狭になった教会を拡張するために増築された部分だ。このアブシデは、通常のロマネスク様式のそれとは決定的に違う点がある。一般的なものには半円アーチの窓がつけられるのだが、ここにはイスラーム建築に特徴的な馬蹄型の窓がつけられている。キリスト教のロマネスク建築の特徴と、イスラーム建築の特徴が折衷されたこうした建築はスペイン特有のもので、ムデハル建築と呼ばれる。

03 クリスト・デ・ラ・ルス教会のアブシデ

シナゴーグからトランシト教会へ

中世のトレードに存在した12のシナゴーグ（ユダヤ教礼拝所）のうち、現在まで遺っているのはわずかふたつで、そのうちのひとつがトランシト教会である。この建物を誰が建築したのかは定かではないが、建設のための資金を出した人物がサムエル・ハ・レビだったということは明らかになっている。彼はカスティーリャ王ペドロ1世の財務官だった。ペドロ1世が異母兄のエンリケと覇権争いをしていた頃、彼を助けてエンリケを一時窮地に追い込んだ経緯からペドロ1世の信頼は厚く、トレードに当時のものとしては最大級のシナゴーグを建てることができた。

建物内に一歩足を踏み入れると、その内装がイスラーム建築の最高峰と称されるアルハンブラ宮殿（グラナダの世界遺産）のそれに酷似していることに気付く。なぜユダヤ教のシナゴーグに、イスラーム建築のデザインがみられるのか？　誰もが疑問を感じるこの問いに対する答えは、想像の域を出ないが、サムエル・ハ・レビとペドロ1世の関係に由来があると考えられる。ペドロ1世はユダヤ人やイスラーム教徒などの異教徒に寛容で、ナスル朝のアミール、ムハンマド5世とも親交が深かった。ムハンマド5世は、アルハンブラ宮殿のライオンの庭を建設した人物としても知られる。こうしたつながりから、サムエルのシナゴーグ建設に、アルハンブラ宮殿の建築に携わったイスラームの建築家や彫刻家が派遣されたとしても何ら不思議はない。

04 トランシト教会内部

装飾はイスラーム風だが、シナゴーグ内の装飾文字は基本的にヘブライ語で書かれている。しかし、西側の壁には、アラビア語で偉大な神アッラーへの祈りの言葉が書かれているのだ。この奇妙なアラビア語の存在は、ふた通りの解釈ができる。ひとつはイスラーム教徒の職人が、ユダヤ教徒にはそれとわからないように、装飾の中に紛れ込ませたという解釈。もうひとつは、ユダヤ教徒がイスラーム教徒に寛容で、アッラーへ

05 トランシト教会・ヘブライ語・アラビア語

の祈りの言葉を残すのを許したという解釈だ。約400年にわたってイスラーム教徒に支配されていたトレードでは、アラビア語はごく一般的な言語だったということを忘れてはならない。レコンキスタ後もアラビア語が急に廃れることはなく、14世紀になってからも、トレードからペドロ1世に送られた書簡の数々はアラビア語で書かれていたことを考慮すると、ユダヤ人の財務官がアラビア語を理解できなかったと考えるのは無理がある。今となっては、それを知る手段はないのだが、ユダヤ教とイスラームの共存の証しというのが自然な解釈だろう。

1492年にユダヤ人追放令が出されると、このシナゴーグはキリスト教の教会となり、トランシト教会と呼ばれた。まさに、ユダヤ教、イスラーム、キリスト教の3つの宗教が織りなす歴史の生き証人といえる建築だ。現在はセファルディ博物館となっており、イベリア半島におけるユダヤ教の歴史が解説されている。

06 トランシト教会・セファルディ博物館

トレードのもうひとつのシナゴーグ建築、サンタ・マリア・ラ・ブランカ教会

12世紀末から13世紀初めに建てられたと考えられるシナゴーグで、中に入ると、その簡素な外観からは想像できない美しい建築に目を瞠る。これもユダヤ教のシナゴーグながら、イスラーム建築の影響を受けた内装であることは一目瞭然だ。石灰石からなる馬蹄型のアーチが連なり、至るところにムワッヒド朝で開花したイスラーム美術の特徴を擁し、まるでメスキータに入ったかのような錯覚を感じる。

トレードで、キリスト教徒による初めての大規模なユダヤ人迫害が行われたのは、1

391年のことだった。それまでキリスト教徒と平和的に共存してきたこのコミュニティーの均衡が揺らぎ出したのは、1369年にペドロ1世がモンティエルの戦いで対立する後のエンリケ2世に敗北し、戦死したことが最も大きな理由のひとつだろう。ペドロ1世による後ろ盾を失ったユダヤ人たちの立場は一気に弱くなり、イベリア半島のシナゴーグは次々に破壊されていった。このシナゴーグはトランシト教会とともに奇跡的に破壊を免れ、サンタ・マリア・ラ・ブランカ（白い聖母マリア）という名の教会となった。19世紀にナポレオン軍によって占領され、武器庫や馬小屋として使われたことで劣化が進み、最終的に軍が引き上げる際に決定的な痛手を負い、その後再び教会として使われることはなかった。せめてもの救いは19世紀末に、スペイン政府によって国の重要文化財に指定されたことだ。現在はシナゴーグでも、教会でも、モスクでもないこの施設もまた、トレードの3つの宗教の文化を色濃く残す、歴史の生き証人である。

（小倉真理子）

07 サンタ・マリア・ラ・ブランカ教会内部

08 サンタ・マリア・ラ・ブランカ教会天井

33 トレードの芸術と伝統

──ダマスキナードと刀剣工芸の世界

ダマスキナード

鋼に金や銀で細かな細工をした手工芸品のことを、スペイン語で「ダマスキナード」という。シリアのダマスカスで生まれたこの技術は、西は紀元前の古代ギリシア、古代ローマ時代の文明へ、東は飛鳥(あすか)時代の日本にまで伝えられた。日本語では象嵌(ぞうがん)細工と呼ばれ、主に日本刀などの装飾にこの細工が用いられた。イベリア半島では、主にイスラーム時代に発

01

02

関連動画はこちらから

展し、トレードはその中心地として職人が多く集まった。この町に伝わるダマスキナードは大きく分けて2種類あり、ひとつはアラブ起源の幾何学模様をモチーフにした伝統的なもの、もうひとつは16世紀以降のルネサンス期に生まれた、植物や動物、風景をモチーフにしたデザインだ。ダマスキナードが施されるものは、アクセサリー、剣、甲冑、皿など多岐にわたり、現在では土産用に機械生産しているものも少なくない。だが、熟練の職人によって作られるものは素人目にも一目でそれとわかる程に、豪華さや輝きが全く違う。

トレードの旧市街にある、オスカール・マルティンの工房で、非常に緻密なダマスキナードの制作過程を見る機会を得た。まずは鉄板の土台にデザインを線彫りし、表面に無数の傷をつける。使われる金は2種類あり、24金と18金の色の違いを巧みに使い分けながら、デザインに立体感を出していく。銀を使う部分は最終的に白っぽい仕上がりになる。金箔は金糸をデザインに合わせて配置し、小さな金槌で軽く叩くことで、先につけておいた傷のある表面に定着させていく。一通り金銀の配置が終わったら、約800度に熱した液体の水酸化ナトリウムにつけると、化学反応によって鋼の部分が真っ黒に染まり、金銀の装飾が際立つ。最後に、もう一度小さな金槌で丁寧に叩きながら磨きをかけると完成する。

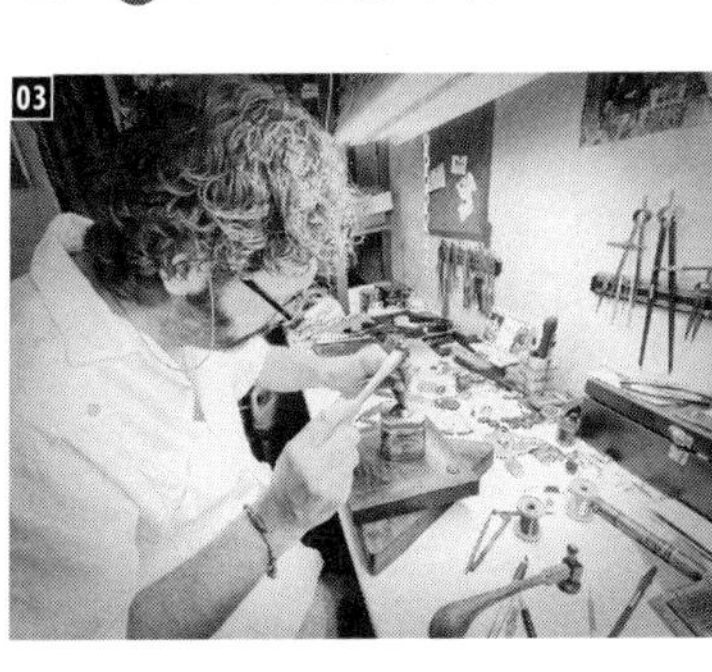

01 黒地に金が美しいダマスキナード

02 ダマスキナードの材料となる金箔と金銀の細糸

03 彫刻を施している様子

刀剣工芸

人類史上、鉄製の刀剣が用いられるようになったのは、紀元前13世紀頃のことと考えられている。最初は原始的なものだったが、鉄の精製技術の進歩に伴い、炭素を加えて鍛えることで鋼の刀剣が作られるようになった。トレードでは紀元前からこの鋼の生産が盛んに行われていた記録があり、カルタゴの将軍ハンニバルは、トレードで鍛えられたファルカタ（三日月状の剣）を使っていたとも言い伝えられている。これは伝説の域を出ないが、そうした逸話が生まれるほどにトレードの刀剣は高い名声を得ており、16世紀のカルロス1世の時代には刀剣の町として認知されていた。

最盛期と比べるとその数は減ってきているものの、トレードには、現在も刀や剣の工房がいくつもある。5代にわたって刀剣工芸を受け継いでいるアレリャーノス工房では、昔ながらのふいごを使って火を熾（おこ）し、特別な石炭を用いて約９００度まで温度を上げる。熱せられた鋼は二人一組で幾度も鍛錬を重ねて仕上げていく、伝統的な鍛冶の手法が用いられている。1本ずつ手作りされるため生産数には限りがあり、超高級刀剣として取り引きされる。

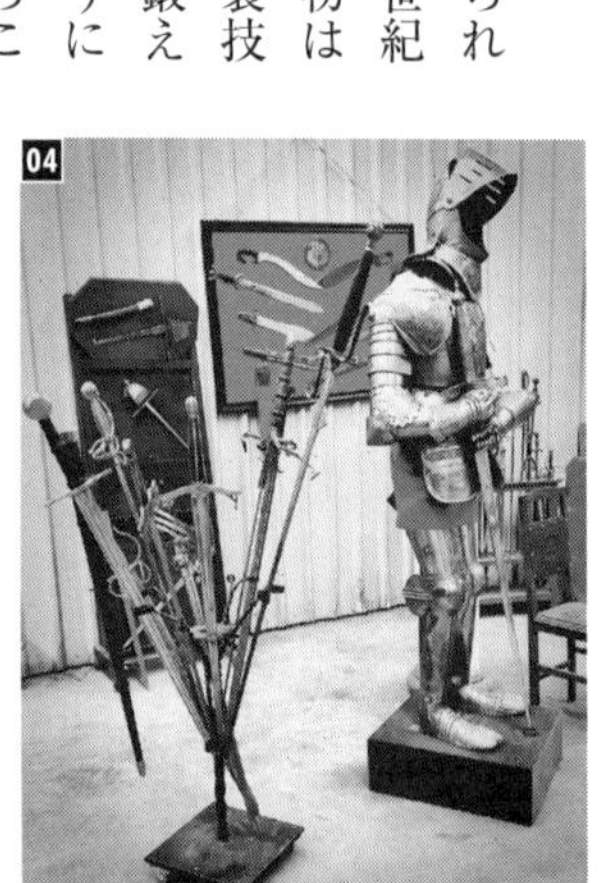

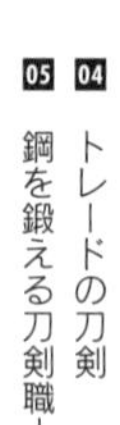

04 トレードの刀剣
05 鋼を鍛える刀剣職人

エル・グレコ

16～17世紀にスペインで活躍したエル・グレコは、スペイン黄金時代美術を代表する画家の一人で、トレードを拠点に活躍したことはよく知られている。エル・グレコというのは通称で、イタリア語でギリシア人を意味する「グレコ」にスペイン語の定冠詞「エル」がついたもので、「あのギリシア人」といったニュアンスを持つ。イタリア語の定冠詞をつけた「イル・グレコ」でもなく、スペイン語でギリシア人を意味する「エル・グリエゴ」でもないところが面白い。本名をドミニコス・テオトコプロスといい、ギリシアのクレタ島に生まれた。彼が生まれた16世紀前半のクレタ島はヴェネツィア共和国の統治下にあり、イタリアで絵を学んだのち、1577年フェリーペ2世の統治下にあったスペインへ渡った。

現在トレード大聖堂の聖具室に飾られている「聖衣剥奪」は、エル・グレコにとってスペインでの初仕事だった。2年かけて仕上げたこの絵画は、構図が斬新で独創的すぎたこと、またキリストの頭上に民衆が描かれていることなどを理由に、依頼主である大聖堂から大きな非難を浴びることになる。その後、エル・エスコリアル修道院に飾るため、フェリーペ2世の依頼で「聖マウリティウスの殉教」を描くも、見る者に信仰心を起こさせる絵画ではないと評され、受け入れられなかった。このように、当初のエル・グレコは宗教的解釈においてはスペイン王家の意向に従順とは言えず、これらの件で宮廷画家への道は閉ざされている。

06 エル・グレコ「聖衣剥奪」大聖堂の聖具室

サント・トメ教会の「オルガス伯の埋葬」

エル・グレコの最高傑作と言われる作品が「オルガス伯の埋葬」である。これは現在トレードのサント・トメ教会に飾られており、一般公開されている。オルガス伯とは実在した人物で、生前からサント・トメ教会に多額の寄付をしていた信仰心の篤い人物だった。彼が亡くなったとき、聖アウグスティヌスと聖ステファノが天から降りて来て、オルガス伯を埋葬したという伝説をモチーフにしている。

この絵が高い評価を受けている理由はいくつもあるが、そのひとつは参列者として描かれているのが、実在したトレードの有力者や、聖職者、詩人などの見事な肖像画であることだ。エル・グレコ本人や、同じ時代の作家であるセルバンテス、そして当時まだ存命だったフェリーペ2世の肖像も描かれている。エル・グレコは、この絵に肖像を残すことでその人々への敬意を示したとされるが、確執があったフェリーペ2世を描いたのは、彼の後悔の念の表れかもしれない。

絵の構図は明確に上下で二分され、それぞれ天界と現世を表している。天界の部分には中央の最も高く光を集めた部分にキリストが、その下には赤と青の鮮やかな衣装をまとった聖母マリアの姿がある。オルガス伯の魂を受け入れるために真ん中で割れた雲のような部分を含め、大きく幻想的に描かれている。一方で、中央下部に描かれたオルガス伯を見守る人々は、非常に写実的に描かれているのが特徴だ。光の差し込み方や、布や衣装の流れるような質感、黒の喪服と金の法衣のコントラストをはじめとする豊かな

07　エル・グレコ「オルガス伯の埋葬」

色彩がこの絵に躍動感を与えている。高さ4・6メートル幅3・6メートルのこの絵を実際に目にすると、その大きさに圧倒される。門外不出とされるこの作品を見るためにトレードを訪れるのも十分価値がある。

トレードのパラドール

このパラドールから臨むパノラマは、岩山に沿って湾曲しながら流れるタホ川と、その内側に集約されたトレード旧市街が一度に見渡せる、まるで絵画のような絶景だ。カフェテリアのある広い展望テラスは、宿泊者でなくても利用することができる。トレードの細く入り組んだ小径の街歩きに疲れたら、ここで一服するのもよい。

1968年に76番目のパラドールとして、21の客室と約100名を同時に収容できる大型のレストランを兼ね備えて営業を開始した。オープン当初から、トレードの絶景を求めて世界中からやってくる観光客で賑わい、その後部屋数は約4倍の79室にまで増やされた。スペリオールの部屋には全てバルコニーがついており、昼間と夜のトレードの絶景を両方楽しめる。

（小倉真理子）

08 パラドールの客室から望むトレードの町

コラム 10

「三宗教の共存」とトレード翻訳グループ

11〜13世紀、レコンキスタの進展によってキリスト教諸国は支配領域を拡大したが、南部に向かわずにその地に残留したイスラーム教徒（ムデハルと呼ばれた）やイスラーム教支配下で暮らしていたユダヤ教徒に対して、ただちにキリスト教への改宗を迫ることも、彼らを排斥することもしなかった。イスラーム世界（アル・アンダルス）との境域を安定的に統治するためには、イスラーム教徒（モーロ人）やユダヤ教徒の共同体に、それぞれの信仰を保障し一定の自治権を付与することが不可欠だったからである。特に行財政や商業の分野で人材に乏しかったキリスト教徒たちは、その面での能力に長けたユダヤ人を活用した。

アルフォンソ 10 世。「賢王」とも「三宗教の王」とも称された（Public Domain, via Wikimedia Commons）

特に1085年に再征服を果たしたトレードでは、14世紀半ばにペストが流行して社会不安が高まるまでのおよそ250年にわたって、キリスト教、イスラーム、ユダヤ教の「三宗教の共存」が実現されたと謳われてきた。だがその「共存」が融和的であった、つまり現代的課題である「共生」が実現していたと捉えるなら、それは時代錯誤だろう。キリスト教徒の優位を前提にした上での「共存」だったのである。

また、西ヨーロッパでは13世紀以後ユダヤ人追放が本格化したのに比して、スペインでの追放令施行は1492年であることから、中世スペインは寛容であったと強調されることがある。だが、この追放の遅れの基本的理由は、脆弱な王権がレコンキスタと再植民を遂行する上での政治的配慮であった。

トレードの「三宗教の共存」を証左する典型的事例として、「トレード翻訳グループ」が引き合いに出される。再征服後にトレードが、古典文化とイスラーム諸学の中心都市となって、多くのアラビア語文献がラテン語に翻訳されたからである。貴重なイブン・スィーナーの医学書はそのひとつである。アラビア語訳で遺されていたアリストテレスやエウクレイデスらのギリシア古典も初めてヨーロッパに伝わり、「12世紀ルネサンス」と呼ばれるヨーロッパ中世の古典文化復興に大きく貢献した。

ところで、「トレード翻訳グループ」はスペイン語では Escuela de Traductores de Toledo である。かつては escuela（英語の school）を学校と誤解して「トレード翻訳学校」と和訳が当てられていたが、実際にはその時々の翻訳グループであった。１９９４年に、中世の偉大な翻訳作業を称え、その精神を蘇らせるとして、「トレード翻訳学校」が設立されて市内の立派な建物に収まっているので（現在はカスティーリャ＝ラ・マンチャ大学研究センターのひとつ）、歴史的用語と混同しないでほしい。脱線するが、universidad（university）も中世には大学のほかに都市自治体という意味もあったので、言葉の翻訳には注意を要する。

最近では「翻訳グループ」の実態がわかってきたが、その多くはキリスト教徒、ユダヤ教徒、イスラーム教徒の三者が協働したものではなかった。キリスト教徒聖職者がユダヤ教徒や元モサラベ（イスラーム支配下でも改宗しなかったキリスト教徒）の協力を得てアラビア語からスペイン語（カスティーリャ語）に訳し、さらにラテン語へと翻訳したのである。ムデハルがこの作業に関与することは稀だったとされる。

征服当初はトレードには多くのムデハルがいた

トレード翻訳学校の建物

が、やがてその多くがアル・アンダルスへと移住していった。当初の降伏協定に反して、大モスク（メスキータ）をはじめ多くのモスクは教会に変えられてしまい（第31章、第32章を参照）、キリスト教徒優位の社会が築かれていったからである。14世紀後半になるとユダヤ人への迫害も強まっている。１３９１年に反ユダヤ暴動（ポグロム）がトレードにも飛び火して、ユダヤ人街は略奪を受けて多くのユダヤ人がコンベルソ（改宗ユダヤ人）となる。だが、一方で祖先がユダヤ人だとわかる新キリスト教徒への民衆の反感も強まっていく。15世紀にはコンベルソはマラーノ（隠れユダヤ教徒）だという非難の言説も現れ、反コンベルソ暴動が起こる。「三宗教の共存」の完全な崩壊と、カトリック・スペインの実現が間近に迫っていたのである。

（立石博高）

Cuenca

クエンカ

- カスティーリャ＝ラ・マンチャ州　クエンカ県　クエンカ市
- 人口　約5万4000人（2023年現在）
- マドリードからスペイン新幹線AVEで約1時間。
- 断崖の上に立った「宙吊りの家」は、ランドスケープとして特に有名。大聖堂はスペイン最古のゴシック建築と言われる。フカル川とウエカル川に挟まれた台地に要塞都市が建てられたのは、イスラーム支配下の時代。現在は数多くの現代アートの美術館もある。

34 崖の上の歴史的城塞都市

――旧サン・パブロ修道院から宙吊りの家まで

自然が築いた砦

クエンカの歴史は、後期旧石器時代に遡るが、ここに城塞が建てられ都市として整備されたのはイスラーム支配下でのことだった。平野の続くこの地方にあって、切り立った崖に護られた台地は、要塞には絶好の自然環境だった。1177年にレコンキスタでクエンカを取り戻したカスティーリャ王アルフォンソ8世の名は、クエンカ旧市街を南北に貫く目抜き通りや学校、ホテルなど至るところに冠され、大聖堂近くのクラベル通りの広場には彼の騎馬像が建つ。その後は経済的にも成長を続け、15～16世紀には繊維産業を中心に大きな発展を遂げる。人口

01

関連動画はこちらから

増加に伴って崖の上の旧市街だけでなく、崖の下の低地にも市街地が整備されていった。

クエンカの台地は、南北に約1キロメートル、東西に約３００メートルの細長い地形で、フカル川とウエカル川の峡谷に挟まれている。10世紀には、台地の幅がわずか１００メートルほどしかない旧市街の北側に、瓶口に栓をするような形で城塞と城壁が建設された。この城塞がいつ建てられたかについては、つい近年まで諸説あり、学者によっては9世紀のものとも、11世紀のものとも言われていたが、２０２０年に大規模に実施された城塞跡の放射線炭素年代測定により、９５０年から１０３２年の間に建設されたことが判明した。科学的な根拠からクエンカの歴史がひとつ解明されたことになる。

旧サン・パブロ修道院（現在のパラドール）

崖の上に建ったクエンカの街並みを一望する一番のスポットは、旧サン・パブロ修道院前の広場だろう。ここは、ウエカル川の峡谷を挟んで先に述べた城壁のある台地と向かいの丘の上にある。旧サン・パブロ修道院はドミニコ会に属する古い修道院とそれに併設される教会で、16世紀にクエンカのカノニゴ（司教座聖堂参事会員）、フアン・デル・ポソの依頼によって、バスク地方ビスカーヤ県出身の建築家兄弟フアン・デ・アルビスとペドロ・デ・

01 クエンカの崖
02 クエンカの城塞と城壁跡

03 クエンカのパラドール内レストラン

アルビスによって建設された。この時期は、イベリア半島全土でゴシック様式からルネサンス様式への過渡期を迎えており、この教会も構造は後期ゴシック様式、装飾はルネサンス様式で建設されている。現在は既にキリスト教の教会としての役割を終え、画家で彫刻家のグスタボ・トルネールの美術館となっている。

1993年に、修道院部分が改築され国営パラドールとしてオープンした。パラドールの正面入り口に向かって左側に、サン・パブロ教会のファサードがあり、パラドールの正面玄関を入ると、目の前にはルネサンス様式の回廊を備えた中庭がある。中庭はカフェテリアになっており、宿泊者でなくても飲食することができる。

04 トルネール美術館

05 トルネール美術館内

サン・パブロ橋

サン・パブロ修道院のある丘から、ウエカル川の対岸の崖の上にある旧市街に行くには、一旦丘を降りて、アルフォンソ8世通りを登って行く方法もあるが、一番便利なのは鉄製の歩行者専用橋（長さ約100メートル、高さ60メートル）を渡っていくことである。足がすくむ高さなのに欄干が低い上、風や歩みによって大きく揺れるのでかなりスリルがある。それでも多くの人たちが思い切って橋渡りに挑戦するのは、この橋の上からの絶景が筆舌に尽くし難いからだ。よく目にするクエンカの宙吊りの家（後述）を捉えたアングルは、この橋からの風景である。

この場所に最初に橋が架けられたのは、サン・パブロ修道院建設と同じ16世紀のことで、クエンカの崖の上の町との往来をしやすくする目的で、フアン・デル・ポソによって計画が進められた。1538年に着工し、50年以上の歳月をかけて1589年に完成する。これほど長い年月がかかったのは、当時の技術では非常に難しい工事だったためで、スペイン中から名工と呼ばれる建築の巨匠たちが集められ、その中にはウベダのルネサンス建築の巨匠、アンドレス・バンデルビラ（第43章で後述）の姿もあった。地上からの高さは現在のそれとほぼ同じく、5つのアーチからなる石造の巨大な橋は、長い間クエンカのランドスケープとして愛されてきた。しかし、この橋はふたつ目のアーチ部分が幾度も崩壊し、修復を重ねたものの最終的に1895年に取り壊された。古い石橋の礎石を利用した新しい橋の建設計画はすぐに着手されて、1903年に現在の鉄製の橋が開通した。

06 サン・パブロ橋

07 宙吊りの家

宙吊りの家

古い石造りのサン・パブロ橋が崩壊したことで、新たなクエンカのランドスケープとして注目を集めたのが通称「宙吊りの家」だ。崖の下のウエカル川から見上げるとよくわかるが、この家は木製のベランダ部分が空中に突き出た形で建設されているため、いつしかこのような愛称で呼ばれるようになった。この宙吊りの家の並びには、崖の上の狭い土地を有効利用するために、高層の建物が30棟ほど連なる。その高さはまちまちだが、高いものでは10階建てで、地上からの崖の高さも加えるとかなりの高所になる。この高層の家が立ち並ぶ景観と「宙吊りの家」は、大聖堂と並んでこの歴史都市が世界遺産に登録される決定的な要因となった。

「宙吊りの家」と呼ばれる建物はかつて8棟あったが、現在残るのは3棟のつながった建物のみである。そのひとつは「王の家」と呼ばれているが、それはかつて王がクエンカを訪れた際にはこの家に宿泊していたという言い伝えによる。またひとつの棟は、スペイン抽象芸術美術館となっている。宙吊りの家を楽しむには3つのやり方がある。ひとつは飛び出したバルコニーを真下から見上げるこ

08 抽象芸術美術館の内部

と、ふたつにはサン・パブロ橋から眺めること、3つにはこの抽象芸術美術館の「中から」眺めることである。抽象芸術美術館内には、窓枠を絵画の額縁に見立て風景を楽しめる演出もあり、クエンカの自然の風景がまるでひとつの絵画のように収まっているのは一見の価値がある。なおこの美術館は1966年の創設以来、圧巻の抽象芸術コレクションを集めており、このジャンルの美術愛好家には訪問必須のスポットである。

09 フカル川沿いの散歩

クエンカの自然散歩

クエンカの台地を挟むふたつの川は、クエンカの崖の端で、支流のウエカル川が本流のフカル川に注ぐ形でひとつになる。静かに流れるフカル川の河岸には数キロにわたって遊歩道が整備されており、観光客だけでなく地元の人々の散歩やジョギングのコースとしても人気が高い。また、城塞跡よりさらに先に進んだところにある展望台からは、この崖を緩やかに下る小径があり、クエンカの絶景を眺めながらのハイキングもとても気持ちがよい。歴史散歩とともに、この地の自然散歩もおすすめだ。

（小倉真理子）

35 クエンカのマヨール広場周辺と崖の上の教会群

――アビラと並ぶスペイン最古のゴシック建築

関連動画はこちらから

アルフォンソ8世とクエンカ大聖堂

クエンカ大聖堂は、アビラ大聖堂（第22章参照）と並び、スペイン最古のゴシック建築と言われる。この大聖堂の建設を命じたのは、この都市を手に取り戻したアルフォンソ8世だったが、その建築スタイルは、王妃レオノール・デ・イングラテーラ（エレノア・オブ・イングランド）の影響を大きく受けている。まずは、アルフォンソ8世の生い立ちと、王妃について述べておこう。

1157年に、アルフォンソ8世の祖父アルフォンソ7世が逝去し、

01　アルフォンソ8世騎馬像

父サンチョ3世が王位に就くも、即位後1年も経たずに24歳の若さで急死したため、まだ3歳になったばかりの幼い一人息子アルフォンソが跡を継いだ。父王サンチョ3世の亡くなる2年前に、既に母ブランカ王妃も他界していた。幼少のアルフォンソ8世は、摂政や後見人となった貴族たちの間で起こった権力争いに巻き込まれ、彼の治世前半はカスティーリャ王国存続の危機に陥った。しかしイングランドの協力を仰ぐためにレオノール・デ・イングラテーラと婚姻関係を結び、カスティーリャ王国の立て直しに尽力する。婚姻が成立したときアルフォンソ8世は14歳、レオノールはわずか8歳だった。アルフォンソ8世は、婚姻と同じ年に親政を宣言し、そこからムワッヒド朝に対するレコンキスタを推し進め、クエンカとその周辺の地域を次々に征服していく。イベリア半島におけるレコンキスタに拍車をかけ、イスラームが衰退していく大きなきっかけとなったナバス・デ・トローサの戦い（第44章で後述）でも活躍した。

アルフォンソ8世が、クエンカ大聖堂の建立を命じたのは1196年のことで、60年以上の建設期間を経て1257年に完成する。当時イベリア半島に多く見られた建築形式は、ロマネスク様式だったが、王妃レオノールの生まれ故郷であるフランス・ノルマンディーでは、既にゴシック形式の建築が進んでいた。そのため、アルフォンソ8世はこの新しい建築様式で大聖堂を建てることを命じ、イベリア半島ではまだ珍しいゴシック形式の建築の先駆けとなった。

クエンカ大聖堂は、正式名を「聖母マリアと聖フリアンの大聖堂」と

02 クエンカ大聖堂

いう。聖フリアンは大聖堂の建設に着工した1196年から1208年に没するまでクエンカの司教を務めた人物で、現在はクエンカの守護聖人となっている。大聖堂のファサードには、3つの尖頭アーチによる入り口の上に、ゴシック様式の特徴のひとつである大小3つのバラ窓がつけられている。大聖堂の内部から小さな螺旋階段で、ちょうどこのバラ窓の高さにある2階部分に登ることができ、間近で内側から見ることができる。このバラ窓の真上に、聖フリアンの彫像があり、高い位置から正面のマヨール広場を見下ろしている。

大聖堂の中に入ると、非常に高い天井と立派な柱、そして天井に張り巡らされたリブ・ヴォールトに目を奪われる。カラフルなステンドグラスも美しく、日中はこの窓から入ってくる光がカラフルに大聖堂の柱や床を染める。上を見上げると、2階部分と同じ高さにステンドグラスの窓のついた、アーケードが並んでいるのがわかる。これはトリフォリオと呼ばれる、イベリア半島のゴシック様式の教会には稀なスタイルで、特にフランス・ゴシックの影響を受けた部分といえる。

もうひとつ、この大聖堂の内部構造で注目したいのは、アブシデ（後陣）周りにある回廊だ。多くの場合、つけられたとしても一重の回廊が主流だが、クエンカ大聖堂の回廊は15世紀に拡張されて二重になっている。これによって大きなスペースが確保され、合計20の小礼拝堂がある。

03　クエンカ大聖堂内部
04　クエンカ大聖堂・アブシデ周りの回廊

またこの回廊の彫刻をよく観察すると、アルマジロ、亀やフグといったゴシック建築の彫刻にはあまり用いられることのないモチーフが使われている。15世紀末から16世紀にかけて、西洋ではなじみのない新大陸で「発見」されたばかりの生物を、彫刻のモチーフとすることでオリジナリティーを出し、スペインの覇権を誇示しようとしたと考えられている。

マヨール広場と市庁舎

クエンカのシンボル的建築物である大聖堂は、旧市街の中心地マヨール広場に面して佇む。この広場の形は少し変わっていて、正方形でも長方形でもなく、いびつな縦長の不等辺四角形である。崖の上の土地があまりに狭く、サラマンカに代表されるような大きな四角形の広場が造れず、まるでこの部分だけ道幅を広げた細長い道のような形になった。現在は、色とりどりの建物に数多くのバルやレストラン、土産物屋が立ち並び、人々の往来も多い賑やかな広場だ。広場の一角には、クエンカを代表するバ

05 マヨール広場と市庁舎

06 アルフォンソ8世通り

ロック建築である市庁舎の建物が佇む。1階部分は、アルフォンソ8世通りからマヨール広場への入り口となる3つのアーチがあり、その上に2階と3階の部分が続く。15世紀にはこの場所に別の建物があったが、激しい劣化のため18世紀に解体され、新たに建設されたものが現在まで残る。

サン・ペドロ教会

クエンカの旧市街を貫く目抜き通りは、マヨール広場を境に名称が変わる。崖下からマヨール広場まで登る道はアルフォンソ8世通りといい、マヨール広場からさらに先に抜ける道をサン・ペドロ通りという。このサン・ペドロ通りの中程に同名の教会があるが、ここはクエンカで一番高い場所である。正確な建設時期ははっきりしていないが、アルフォンソ8世のレコンキスタのすぐ後に造られたものと考えられており、大聖堂の建設時期と重なる古い教会だ。その後幾度も改築や増築を重ねて、18世紀に現在の姿となった。教会内部の礼拝堂の天井には、明らかなムデハル様式（第17章注2参照）の影響である木製の見事な格天井（ごうてんじょう）がみられる。この部分は、17世紀初めに完成されたという記録が残っている。この塔の教会のシンボルでもある鐘楼も、同じ時期に造られたもので、この塔の上からは、クエンカ旧市街と崖沿いに立ち並ぶ家、サン・パブロ橋と向かい側のサン・パブロ修道院（第34章参照）までの風景が一望できる。

07　サン・ペドロ通り
08　サン・ペドロ教会

旧跣足カルメル会修道院（アントニオ・ペレス財団博物館）

サン・ペドロ教会の後ろ側、すなわち崖側の縁には、旧跣足（せんそく）カルメル会修道院がある。第24章で触れたアビラの聖テレーサの弟子や孫弟子たちによって、17世紀に建設され1646年に聖別された。この修道院建設は寄付などが主な資金源となったが、時の王フェリーペ4世もクエンカを訪れた際に多額の寄付をしたことが記録に残っている。清貧を重んじるカルメル会の教義に従い、その外観はとても簡素な造りで、奥まった立地も相まってうっかりすると見過ごしてしまう。ファサードの一番高い位置には、アビラの聖テレーサが信奉した聖ヨセフの彫刻が置かれている。

20世紀になり、スペイン内戦が始まるとこの修道院は略奪され、貴重な宝物であった修道院内教会の中央祭壇の彫刻が奪われ、その後クエンカの牢獄とされた。内戦後にもこの建物が修道院として復活することはなく長い間放置されており、この建物をパラドールとして蘇らせようという計画も立ち上がったが頓挫した。現在は、アントニオ・ペレス財団美術館となっており、アントニオ・ペレスが収集したチリィーダ、サウラ、トルネールなどの現代アートの作品が展示されている。

（小倉真理子）

09 旧跣足カルメル会修道院ファサード

36 クエンカの伝統文化とシウダー・エンカンタータの自然公園

――国際的重要観光祭礼の聖週間と18世紀から続くギター工房

クエンカの聖週間（セマナ・サンタ）とその歴史

スペインにおいて、聖週間は非常に重要な宗教行事で、毎年各都市で盛大な宗教行列や関連イベントが開催される。その多くは古い歴史をもち、第30章で扱ったアルカラ・デ・エナーレスをはじめ、22の都市の聖週間は「国民的重要観光祭礼」に指定されている。クエンカの聖週間の歴史はさらに古く17世紀には既に宗教行列が行われていたという記録が残っている。スペイン政府は、こうした伝統ある大規模な聖週間を開催する28の都市のそれを「国際重要観光祭礼」に指定しており、クエンカは、1980年にほかの3都市とともにこの称号をもつ最初の都市となった。

アルカラ・デ・エナーレスの宗教行列と最も大きく違う点は、神輿の担ぎ方にある。クエンカでは、伝統的にカピロテ（写真01参照）をかぶった信徒が、神輿を両脇で支え、杖を突きながら巡行するスタイルだ。信徒はコフラディアと呼ばれるキリスト教の奉仕団体に所属し、団体ごとに統一された色と形の衣装に身を包み行列に加わる。コフラディアごとに楽団をもち、神輿の後ろから音楽を奏でながら一緒に巡行する。聖木曜日には、クエンカ大聖堂の入り口付近に展示されている最後の晩餐が彫刻された神輿が、年にたった一度だけ大聖堂から外に出され、クエンカの街を練り歩く。最も盛大な行列は聖金曜日のそれで、キリストが十字架刑に処されるまでのシーンを彫刻した神輿が大聖堂前のマヨール広場に集結し、そこから一斉に坂を下っていく姿は圧巻だ。杖を地面に打ち付ける合図で、一斉に数百キロの神輿が担ぎ上げられ、リズミカルに同じ歩幅で歩き始める。別の杖の合図で一時停止したり、重心をコントロールしながらカーブを曲がるには、かなりの修練が必要なはずだ。

近年のスペインでは、特に若者のキリスト教離れが顕著で、彼らはめったにミサに行かない。しかし、聖週間の期間中、沿道を埋め尽くす数万の人々が、行列や音楽に熱狂したり、地響きのような大きな拍手の

01 クエンカの聖週間（セマナ・サンタ）

02 行進する音楽隊

渦が生まれたり、また別の瞬間には涙を浮かべながら祈りを捧げる様子を目の当たりにすると、多くのスペイン人にカトリックの伝統が根付いていることを実感する。

クエンカ県のスペインギター工房

ギターがイベリア半島にもたらされたのがいつのことかを明確にするのは難しい。ギターの祖先と言える弦楽器が中東に起源を持つことは疑いないが、一般的に言われる「イスラームによってもたらされた」とする説は確証に乏しい。彼らがスペインへ侵攻する711年以前の6世紀から7世紀に活躍したセビーリャの聖イシドーロは、その主著であり百科事典的な『語源誌』の中で、一般の人々が演奏する「キタラ」という楽器の存在に触れている。ただし、この「キタラ」がギター（スペイン語でギターラ）の祖先となる楽器であったのか、同名のギリシアの竪琴(たてごと)風の楽器であったのかははっきりしない。スペイン最古のギターの痕跡といえるのは、12世紀に完成したとされる、サンティアゴ・デ・コンポステーラ大聖堂の栄光の門（第4章を参照）に彫られた老師が演奏している弦楽器だ。また、13世紀のカスティーリャ王アルフォンソ10世の時代に制作された『聖母マリア賛歌集』には、はっきりとギターラ・ラティーナとギターラ・モリスカという2種類のギターの挿絵が見られる。ギターラ・ラティーナは4弦の弦楽器で、

03　ビセンテ・カリージョ作のフラメンコギター

胴体にくびれのあるその形状は、間違いなく現在のギターの源流と言えるだろう。

この4弦のギターラ・ラティーナに、16世紀に5弦目が、18世紀に6弦目が加えられ、我々が知る「スペインギター」が完成する。現在では、スペインギターはクラシックギターとフラメンコギターの2種類に大別されており、外見はほとんど同じにみえるが、使われる木材や内部の構造は異なる楽器である。

クエンカ県には、弦楽器を制作する工房がいくつもある。人口わずか3000人の小さな村カサシマーロは、伝統的にスペインギターの職人を数多く輩出している。1744年からこの村で営まれているギター工房の7代目、ビセンテ・カリージョを訪問する機会を得た。ギターに使用する木材は、部位に合わせて異なる材質や種類のものを選ぶ。指板には、密度が高く堅い木材として知られるエボニー（黒檀）が使われる。表板には、フラメンコではシプレス（ヒノキ科イトスギ）、クラシックにはセドロ（マツ科ヒマラヤスギ）が好まれる。前者は立ち上がりが鋭くリズムを刻むのに適した乾いた音を出し、後者は重厚でよく響く厚みのある音を出す。木は

04 クエンカ県カサシマーロ

05 ギター製作者ビセンテ・カリージョ㊧とギタリストのカニサレス㊨

伐採してからすぐにギターの素材として使うことはできず、最低でも20年ほど乾燥させる必要がある。カリージョの工房の2階部分は木材を乾燥させる保管庫になっており、中には50年近く乾燥させているものもある。

1本ずつ手作りする高級ギターは生産できる本数にも限りがあり、昨今、機械で大量生産される廉価なギターに、数と値段で太刀打ちすることはできないという。しかし、熟練の職人の手にかかると、それぞれの木材の個性が最大限に引き出されるため、同じ木材、同じ型、同じ工程で作っても、ひとつとして同じギターにはならない。こうした唯一無二の存在が、世界中の一流ギタリストに愛される理由なのかもしれない。

06　木材を乾燥させる保管庫

シウダー・エンカンターダ

クエンカ市内から26キロメートル北東に、シウダー・エンカンターダ（魅惑の都市）と呼ばれる広大な自然公園がある。ここはクエンカ山地のカルスト地形の一部で、奇妙な形をした岩が至るところに立ち並ぶ。その起源はおよそ9000万年前の白亜紀に遡る。この時代、イベリア半島の大部分はテチス海の海底にあったが、のちにそれが隆起して半島が形成された。中生代から新生代にかけてのアルプス造山運動で、かつて海底にあった部分が山脈を形成した。シウダー・エンカンターダを形作る岩は石灰岩だが、よく見ると上部は灰色がかっているのに対し、下部は赤みが強い。これは同じ石灰岩でもその組成が異なるためで、下部は上部よりも侵食を受けやすい。侵食されるスピードの違いから奇妙な形の岩が出来上がっているというわけだ。

この自然公園は東京ドーム50個分以上という広大な範囲に広がるが、その一部は整備されており、標識に従って1時間強で園内を周れるコースになっている。長い年月をかけて、雨や雪や風によって岩が磨耗されてできた造形が、亀やあざらし、犬や人の顔のように見えることから、それぞれの岩に名前がつけられている。侵食は今でも進んでおり、今から何万年後かにはこれらの奇岩はすっかり姿を消し、赤茶けた平野になってしまうことは自然の摂理だ。シウダー・エンカンターダの奇岩の織りなす景観に身を包み、地球規模で暦を考えると、目の前に広がる風景を堪能できることの稀有さに感動する。

（小倉真理子）

08

07 シウダー・エンカンターダ

08 シウダー・エンカンターダの岩。上下で色が違う

コラム 11

クエンカとアーモンド

これまで度々言及したように、アル・アンダルスという言葉はイスラーム支配下にあったイベリア半島の領域を指す言葉だが、このアル（al）はアラビア語の定冠詞である。8世紀初めからのイスラーム文化の圧倒的影響力のため、スペイン語にはアラビア語起源の言葉が多いが（特に医学用語や食文化の言葉）、借用語にはal-またはa-の定冠詞の部分が残っていることが多い。そしてこれが英語に入ると定冠詞部分が脱落することもある。言葉の変化は面白い。例えばスペイン語で砂糖はazúcar（アスカル）、サフランはazafrán（アサフラン）だが、英語ではそれぞれsugar, saffronである。ところが脱落しない場合もあり、アルコールは、スペイン語ではalcohol（アルコオル）、英語でも同じ綴りだ。

また言葉には偶然の類似もあるので要注意だ。アーモンドはスペイン語ではalmendra（アルメンドラ、その木はalmendro）で、英語ではalmondだが、このalは定冠詞ではない。アラビア語ではラウズというそうで、almendraの語源たり得ない。おそらくは古代ギリシア語のアミダグレーに由来するもので、既に紀元前後からアーモンドの栽培は地中海世界に広まっていたようだ。

だがアーモンドを素材とする菓子は、中世にイスラーム世界の拡大とともにイベリア半島にもたらされたというのが有力な説である。スペインのクリスマスの菓子と言えばトゥロンが有名で、イスラーム教徒がトゥルンと呼んでいたものが基になっているとされる。今では色々な種類があるが、伝統的なものはハチミツと卵白を捏ねてヌガー状にしてアーモンドの粒を中に入れ込んだものので、アリカンテのものが人気だ。日本でマジパンとして知られるマサパンは、砂糖とアーモンドを挽いて煉り合せた菓子で、中東の発祥とされる。これは様々なルートで中世ヨーロッパに広まったが、スペインにはアル・アンダルスの時代にもたらされたであろうことは想像に難くない。今ではトレードのマサパンは観光客の垂涎の的である。

　クエンカの町でも、やはりアラブの影響を受けて伝統的な菓子が誕生している。その名もアラフー（alajú）で、アラビア語のアル・ハスー（詰め物の意）から由来したものだ。この菓子の特徴は、加熱したハチミツや砂糖に加えてパン粉、そしてアーモンドの粒を使う点で、風味にレモンやオレンジ皮を加えている。これらを十分に捏ねて生地を作り、冷まして2センチメートルほどの厚さにして（一般に形状は平たい円形）、両面にウエハースを被せれば完成だ。とても素朴な味で、お茶菓子としてもデザートとしても供される。

㊤菓子のアラフー
㊦アラフーの製造工程

　このようにスペインでアーモンドは広く食されており、クエンカのあるカスティーリャ＝ラ・マンチャ州は、アンダルシーア州に次いで国内で2番目の生産量を誇る自治州だ。ちなみにクエンカ県にはアルメンドロス（Almendros）という名の町もあり、アーモンドが地域社会と切り離せない存在だということがわかる。なお世界のアーモンド生産量はアメリカ合衆国が圧倒的一位だが、スペインは2番手についている。

アーモンドの白い花の咲き誇る光景
（jotapg/Shutterstock.com）

付言すれば、アーモンドに関して中世スペインの各地にほぼ共通の伝承が生まれている。モーロ人（イスラーム教徒）の国王が北の国から妃を迎えたが、妃が雪景色を懐かしみ嘆くのを見て、アーモンドの木を宮殿前の広場一面に植樹したというものだ。春になると木は花を咲かせ、それはまるで雪景色のようだったという。そして王と王妃は仲睦まじく暮らしたという。クエンカの町を3月頃に訪れるなら、近郊のアーモンド果樹園を訪れて、花の雪景色を堪能してもらいたい。

（立石博高）

Mérida

メリダ

エストレマドゥーラ州　バダホス県　メリダ市

人口　約 5 万 9000 人（2023 年現在）

マドリードから特急で約 4 時間。アンダルシーア州のセビーリャから 3 時間半。

スペイン南西部エストレマドゥーラ州の州都。古代ローマ時代にはエメリタ・アウグスタと呼ばれ、帝国の最重要植民市としてローマに次ぐ繁栄をみせた。現在も至る所にローマ遺跡群が遺る町並みは「小ローマ」という愛称でも呼ばれる。

37 古代ローマ帝国最大の植民市

――市内に溢れる巨大なローマ遺跡群

メリダの歴史

メリダは、紀元前25年に初代ローマ皇帝アウグストゥスによって建設された古代ローマの植民市で、かつては「エメリタ・アウグスタ」と呼ばれた。イベリア半島の西側の属州ルシタニア（現在のポルトガルとスペインのエストレマドゥーラ州）の州都としてローマに似せた町づくりが進んでいく。やがて五賢帝の時代になると、ローマ帝国初の属州出身の皇帝となったトラヤヌス帝が属州ヒスパニア・バエティカ（現在のアンダルシーア）の植民市イタリカ出身で、またその後継者となったハドリアヌス帝もイタリカ出身だったことが重なり、メリダは帝国の最も重要な植民市としてローマに次ぐ繁栄を見せた。

メリダ建設から2000年の歳月を経た現在も、この町には観光名所として有名になっているローマ遺跡群だけでなく、ありとあらゆるところにローマ時代の遺構が残されている。ちょっとした道路工事や個人宅の改築などのために掘削すると、すぐにローマ時代のモザイク画などが発見される。その数はあまりに多く、全てを保存し展示するのは不可能なため、現在ではこうした微細な遺構については、発見の届け出があると調査団が一連の調査をし、記録をとった後また埋め戻しているという。まさに、町全体がローマ時代の歴史を今に伝えている、貴重な世界遺産都市である。この章では、メリダ市内でも特に重要なローマ遺跡について扱う。

円形闘技場（アンフィテアトロ）

メリダの円形闘技場は、第7章で扱ったタラゴーナのそれよりさらに古く、紀元前1世紀頃に建設されたものと考えられている。その少し前に建設された、ローマ劇場（第39章で詳しく扱う）のすぐ隣に建てられ、政治・経済の中心となるルシタニアの州都にふさわしい「娯楽施設」となっ

01 アンフィテアトロ全体像

02 アンフィテアトロ通路

た。紀元4年頃には使われなくなり、それから20世紀になるまで廃墟のままだったが、1919年にスペインの重要文化遺産に指定されて保全が進み、現在はその内部を訪れることができる。縦120メートル、横100メートルの楕円形の砂舞台を囲むように、石造りの階段座席が並び、往時は約1万4000人を収容したという。現在はその大部分が朽ちてしまっているが、全て当時のまま遺されていることを考えると感慨深い。

観客席部分には、この舞台が建設された年が刻印された碑があったが、これは現在メリダ国立ローマ博物館（第39章で後述）に保管され展示されている。

ローマ円形競技場（シルコ・ロマーノ）

第7章で扱ったタラゴーナの「シルコ・ロマーノ」と同じく、メリダの円形競技場もクアドリガという4頭立ての馬車の競技場として造られた。タラゴーナのそれをさらに上回る、縦440メートル、横115メートルの巨大な施設だ。これは、当時ローマの「チルコ・マッシモ」に次ぐ

03 円形闘技場のトンネル型通路

04 円形競技場全体像

大きさを誇り、当時のエメリタ・アウグスタの総人口に匹敵する3万人を一度に収容できた。その大きさゆえに、メリダの城壁の外側に建設された。イベリア半島には、18の円形競技場が遺るが（うち3つはポルトガルの遺跡）、メリダの競技場はその中でも最も保存状態がよい。実際にこの競技場に足を踏み入れると、その巨大さに驚く。馬車による競技が行われていたトラック部分は、両側の長い直線コースの真ん中が、エスピナ（背骨）という中央分離帯によって仕切られている。この部分には、通常オベリスクや彫刻があったとされるが、メリダの競技場にはその痕跡とみられる台座のみ遺されている。

05 円形競技場のエスピナ（中央分離帯）

06 ディアナ神殿

ディアナ神殿

メリダ市の中心地に建つディアナ神殿は、完全な形とは程遠いが、立派なコリント式の柱が立ち並ぶ威厳あるその姿からは、往時の栄華を想像せずにはいられない。この神殿も、闘技場や競技場と同じ、紀元1世紀頃に建てられたとされている。ディアナとは、ローマ神話に登場する月と狩猟の女神の名だが、この神殿はディアナ信仰というよりはむしろ皇帝礼拝[*1]のための宗教的施設だったのではないかと推定されている。19世紀になってから、この神殿内にユリウス・クライディウス朝の皇帝の彫刻が発掘されたことで、その説に信憑性が出てきた。ローマ時代には、市内にいくつものこうした神殿があったと推定されるが、これはその中でも特に立派なもので、柱の数こそ半分ほどになってしまっているが、保存状態もなかなかよい。建物全体の土台の床の大きさは縦32メートル、横18メートルの大きな造りで、花崗岩でできた柱の高さは約8メートルある。既にその姿はないが、ローマ時代には中庭や池などもある優雅な施設で、その一部は16世紀にコルボス伯爵の邸宅として生まれ変わった。現在その邸宅跡では、ディアナ神殿とコルボス邸の歴史を映像やパネルで知ることができ、またこの場所で発掘された遺構のオリジナルやレプリカの展示もあるビジターセンターとなっている。

トラヤヌス帝の門

メリダ市内に、アルコ・デ・トラハノ（トラハノはトラヤヌスのスペイン語名）という門がある。かつてこの門は、トラヤヌス帝の凱旋門だと考えられていたためにこの名で呼ばれるようになったが、現在は無関係だったことが明らかになっている。この門は、高さ約15メートルという大きなものだが、両脇の石積み部分は、道路の舗装工事をする際に2メートルほど埋められてしまったため、オリジナルはさらに高さのある門だった。この舗装工事で隠れてしまった礎石の部分に、おそらくこの門の造られた年やその他の

＊1　古代ローマ時代には、皇帝が神格化されるケースが少なくなかった。皇帝を神格化すること、また皇帝に対する礼拝行為をこのように呼ぶ。

情報が記載された碑が埋められていたはずだが、失われてしまった今となっては、正確な建設時期などに関する情報はわからない。それでも、この門がローマ時代に建設された非常に古い門であることは間違いなく、1919年には国の重要文化財に指定され、1993年のユネスコの世界遺産の登録時にも構成遺産のひとつに加えられた。

この門がなぜ建設されたかについては、専門家によっても意見の分かれるところであるが、ここからアルバレガス川をまっすぐつないだときに、まるでその道に向かうように建っていることや、その「道」が18世紀に発見された地下水路とも重なることから、ローマ時代のカルド[*2]に建てられたものではないかと想像される。（小倉真理子）

＊2 ローマ時代の都市を南北に貫く幹線道路のこと。東西に貫く幹線道路はデクマヌスと呼ばれ、このふたつの幹線道路が交差する周辺に公共広場（フォルム）が造られた。

07 トラヤヌス帝の門

08 トラヤヌス帝の門を下から見上げる

38

メリダの水にまつわる歴史と遺産

――イベリア半島最長のローマ橋と3つの水道橋、ローマ貯水池と郊外の温泉療養地

ローマ時代のメリダの歴史と、水の利用は切っても切り離せない密接な関係にある。近くの貯水池から都市に水を引いた水道橋や、アンダルシーア地方を南北に分断するグアディアナ川に架けられた橋などは、その姿を現在に伝えている。

ローマ橋

アウグストゥスによってエメリタ・アウグスタが建設されて最初に造られた建築物のひとつが、このローマ橋だった。花崗岩と古代コンクリートと呼ばれる火山灰が配合されたセメントを用いて造られた。グアディアナ川の水深が浅い部分

01　ローマ橋夜景

関連動画はこちらから

を選んで架けられたものと考えられるが、それゆえに川幅が広く、60のアーチに支えられた全長792メートルという、イベリア半島のローマ橋の中では最長の規模を誇る。紀元前に架けられた橋は、その後西ゴート時代、イスラーム時代、13世紀、15世紀、19世紀と、幾度にもわたり大きな改修工事が行われたことがわかっている。それぞれの時期にどの部分が修復されたかまでは明らかになっていないが、河床が低下したり、アーチが崩れたりするのを少しずつ保全してきたため、現在は橋が少し歪んだ格好になっている。それでも2000年以上の年月にわたり、人々や車の往来を支えてきたが、1991年に鉄筋コンクリート製のルシタニア橋が近くに開通したため、この橋は歩行者専用となった。

アラブのアルカサーバ

メリダのアルカサーバ（城塞）は、9世紀頃に後ウマイヤ朝第4代アミール、アブド・アッラフマーン2世によって建設されたもので、イベリア半島で最も古いものといわれる。ローマ橋のすぐ近くに建てられた周囲約550メートルもある巨大な長方形の敷地で、その四方は高さ10メートル、幅2・7メートルの巨大城壁で囲まれていた。アルカサーバ内には、ローマ時代や西ゴート時代に造られた

02 アラブのアルカサーバ

ものや、当時の建設に使われた石が再利用された建物もみられる。アルカサーバ中央付近には地下に続く階段があり、その先には貯水槽がある。これはアルヒベと呼ばれるもので、グアディアナ川の水を濾過して貯水するためにローマ時代に建設されたとされる施設だ。メリダがレコンキスタで奪回された後に、この城塞はサンティアゴ騎士団に譲渡され、いくつかの住居や修道院などの中世建築が建てられた。また、アルカサーバ内には、古代ローマ時代の道の遺構があり、これはエメリタ・アウグスタを東西に横切るデクマヌス（第37章注2参照）だったと考えられる。

03 アルカサーバの地下貯水槽

3つの水道橋

タラゴーナのラス・ファレーラス水道橋（第8章参照）や、セゴビアのローマ水道橋（第25章参照）など、ローマ時代に建設され現在にその姿を遺す巨大な水道橋は、イベリア半島各地に散在するが、メリダには3つのローマ水道橋が遺っていることからも、ローマ時代におけるこの都市の重要性を窺い知ることができる。ローマ人は、エメリタ・アウグスタ市外のプロセルピナとコルナルボというふたつの貯水池に地下水を貯め、その水を市内に引いていた。

04 ミラグロス水道橋

まず、アルバレガ川近くにそびえ立つのが、プロセルピナ貯水池から水を市内に運んでいたミラグロス水道橋（奇跡の水道橋）と呼ばれる遺構だ。紀元前後のユリウス・クラウディウス朝時代に建設されたものと考えられている。珍しい3層のアーチからなる高さ約25メートルの水道橋で、花崗岩やレンガやその他の石など様々な建材が用いられたため、グレーや赤などが入り混じった色彩豊かな造りなのも特徴のひとつだ。

サン・ラサロ水道橋も、メリダの重要な水の供給源だった。ローマ時代のオリジナルの水道橋は、現在はたった3つの柱が遺るのみだが、当時は約1キロメートルにわたる長い水道橋だった。ローマ時代の橋の礎石を再利用して16世紀に築かれた二重アーチの水道橋は、ほぼ完全な形で遺されている。この水道橋の隣には、ローマ時代の公共浴場

05 サン・ラサロ水道橋（16世紀建築部分）

06 サン・ラサロ水道橋（ローマ時代の柱部分）

跡も遺されている。この公共浴場は、サン・ラサロ水道橋から供給される水を使い、火力で水を温めた温水用の浴場と、冷水用の浴場のふたつがあったと考えられている。

もうひとつのコルナルボ水道橋は、上記のふたつと違って、原形をほぼとどめておらず、水道橋というよりは水道橋跡といった方が正確だろう。この水道橋もかつては市内から約15キロメートルにあるコルナルボ貯水池から水を引いていた。

プロセルピナ貯水池

メリダ市内から北に約5キロメートルにあるプロセルピナ貯水池は、ローマ時代に建設された巨大な貯水池で、エメリタ・アウグスタが建設された紀元前1世紀頃に造られた。ここから市内までは、一部地下区間を経てミラグロス水道橋から供給された。メリダ市内にあるサンタ・エウラリア教会の地下礼拝堂にはローマ遺跡があるが、それがこの貯水池と市内をつなぐ地下部分の用水路だったと考えられている。貯水池の堰堤（えんてい）は長さ428メートル、最大の高さが21メートルという大きさで、その全貌は1991年にこの貯水池の水を抜いて大規模な清掃が行われたとき、初めて明らかになった。かつては、主に地下水を利用していたが、現在は雨水とここに注ぐ2筋の小川が水源となり、近代的な用水路を使ってメリダ周辺地域に供給され、生活用水として用いられている。現在は夏になると貯水池周辺には出店が並び、地元住民が海水浴さながら貯水池で水泳を楽しんだり、一周約6キロメートルの遊歩道は一年を通じて散歩やジョギングする市民の憩いの場

07 プロセルピナ貯水池

となっている。

アランへの温泉療養地

メリダ市内から南東に約17キロメートルにある療養地アランへについても触れておきたい。この地域にはローマ時代から鉱分を含んだ温泉が湧いており、ローマ時代には既に療養のための温泉地として知られていた。ローマ時代に全盛期を迎えたが、その後荒廃し忘れられていた。この地が再び温泉療養地として再開発されるのは、19世紀になってからで、デサモルティサシオン（コラム7参照）により民間に売却されることになった温泉施設跡を買い取ったのが、アランへで医師として活躍していたアブドン・ベルベン・イ・ブランコという人物だった。彼が行った修復により大規模な温泉療養所が完成し、イタリア産の大理石で造られた浴槽は現在も使用されている。したがって、現在の温泉施設はローマ時代のそれとは全く異なるものだが、もともとローマ時代の温泉地にあった施設跡に造られたため、その周囲にはローマ時代の浴槽やイスラーム時代の遺構もみられる。

アランへには、1992年に建設された大きな貯水池もある。2000年前からメリダ市内やその周辺に生活用水を供給していたプロセルピナ貯水池やコルナルボ貯水池とは異なり、主に農業用の灌漑用水と水力発電を目的として建設されたものだ。

（小倉真理子）

08 アランへの温泉療養地

39

ローマ時代から現代に伝わるメリダの文化

——ローマ劇場の演劇祭、モザイク職人とテラコッタ工房

関連動画はこちらから

ローマ劇場とメリダ演劇祭

メリダのローマ劇場は、紀元前16～15年にアグリッパによって建設が命じられたという記録が残されている。アグリッパとは、共和政末期のカエサルに見出された実力派の軍人で、初代ローマ皇帝アウグストゥスのもとでは最も信頼された政治家であり、その唯一の実子である大ユリアと結婚した。特に大型の施設を各地に建設したことでも知られ、フランスの世界遺産にも登録されている世界最大のローマ水道橋も、彼が建設し現代に遺るローマ遺跡だ。

メリダの劇場も非常に大きな施設で、着席で3000人、立ち見も入れると合計6000人を収容できる。観客席は、緩やかな丘の傾斜に沿って階段状に設けられており、舞台の音響が末席にまで届く効果をもたらしている。演劇はローマ市民の間で大きな人気を博し、トラヤヌス帝の紀元1～2世紀には大規模な改築もされ、現在遺る舞台のファサードが完成したとされる。その後も4世紀初頭のコンスタンティヌス帝の時代に装飾部分などが追加され、劇場はさらに立派な様相を呈するも、キリスト教が公認されると、演劇はいかがわしく不道徳なものとみなされ、そこから一気に衰退してしまう。メリダの劇場に至っては、ただ放置されたのではなく、砂などで意図的に埋められ、歴史からその姿が完全に消え去る。

その姿が再び歴史に現れるのは20世紀初頭のことだ。1910年から本格的で大掛かりな発掘が始まり、4世紀に立派に改築された劇場の様子が明らかになった。驚くべきはその後の展開で、1933年にはこの劇場が劇場として再利用され「メリダ古典演劇祭」として定着し、劇場建設から2000年以上経った現在も、当初と同じ目的でこの施設が利用されている点だ。1933年の演劇祭で最初に上演されたのは、ローマ時代の哲学者で詩人セネカの『メデア』を、ミゲル・デ・ウナムーノがラテン語からスペイン語に翻訳したバージョンだった。その後スペイン内戦の影響で19年の中断を経るものの、今日でもスペインの演劇祭としてはトップクラスのプログラムと集客数を誇る。

01　メリダ・ローマ劇場
02　メリダ・ローマ劇場全景

国立ローマ芸術博物館

　メリダでは、このように市内各地の至るところにローマ遺跡が点在し、さらにどこを掘削しても何らかの遺構が出てくるのが常だが、こうしたローマ時代の遺跡や遺産が集められたのが「メリダ国立ローマ芸術博物館」で、展示されているものは全てメリダで発掘されたモザイク、彫刻、硬貨、陶器などの芸術作品である。博物館の建物は、スペインを代表する建築家ラファエル・モネオの建築で、周囲のローマ遺跡や町並みに合わせた外観が特徴的だ。ラファエル・モネオはスペイン人では唯一、建築界のノーベル賞と言われるプリツカー賞を受賞している建築家で、ロサンゼルス大聖堂やヒューストン美術館、セビーリャ空港新ターミナルやマドリードのアトーチャ駅など、スペイン内外にランドマーク的な建築物を遺し、また現在もいくつかのプロジェクトが進行している。彼の長いキャリアと多数の作品の中でも代表作とされているのが、このメリダ国立ローマ芸術博物館である。１９８６年に開館したこの博物館内部は、レンガ張りの落ち着いた造りで、ローマ式のアーチが連なる内装はこの博物館の趣旨に見事に調和している。

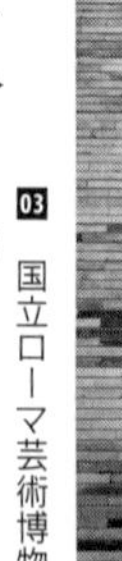

03　国立ローマ芸術博物館

04　国立ローマ芸術博物館の彫刻

ローマ時代のモザイク画とモザイク職人

メリダのローマ時代の芸術作品で最も目を引くもののひとつが、石やガラスの小片を寄せ集めたモザイク画だ。前述の国立ローマ芸術博物館には4000点を超えるモザイク画が所蔵され、そのうちの約1500点が展示されている。1階から3階までの吹き抜けの展示スペースに吊るされた8つの巨大なモザイク画は圧巻で、最大のものは10×14メートルという大きさの「御者たちのモザイク画」という作品である。幾何学模様のデコレーションに囲まれて、クアドリガの御者たちのモチーフが描かれている。これらのモザイク画は、ローマ時代に裕福な家庭の家の床に用いられていた。これほど大きなサイズのモザイク画を、どのように床から剥がして美術館の壁に展示することができたのだろうか？　国立ローマ芸術博物館のモザイク画修復プロジェクトに実際に携わり、現在もメリダでモザイク画工房を構えるモザイク作家で修復師のルイサ・ディアスに話を聞く機会を得た。

彼女の解説によると、モザイク画が発見されるとまず考古学者が時間をかけて詳細で念入りなデータをとる。モザ

05　国立ローマ芸術博物館のモザイク画

06　国立ローマ芸術博物館の壁にかけられている大型サイズのモザイク画

イク修復師は、そのデータを基にまず絵柄のどの部分なら切り込みを入れても支障ないかを吟味する。巨大なモザイク画を一気に剝がすことは不可能なため、1メートル四方程度の小さなプレートに切り分けるためだ。モザイク画に欠損部分がある場合は、迷わずその場所を切り込み位置のひとつとするが、時に人や動物の絵などが連なる図柄の場合は注意が必要で、決して絵を切ることはなく、できるだけ人と人の間、動物と動物の間のわずかなラインに切り込みを入れる。切り分けたプレートには全て番号がつけられ、一度掘り起こされた後に完全に同じ形で再配置できるようにする。切り込みはまっすぐ入れるのではなく、切り取り線がジグザグになるようにするのが大事だという。再配置したときに、わずかなズレを防ぎ、間違った配置になるのも防ぐふたつの目的がある。

ここまでの準備が整ったら、実際の掘り起こしにかかる。まずはモザイク画全体にガーゼを敷き、それを接着剤でしっかり固める。後で綺麗に取り除ける接着剤を使うことは言うまでもない。そして大きなバールのような器具を使って、床から剝がしていく。ローマ人は、床のモザイク画を制作するとき、まず大きめの石を敷き、その上に小さめの石を敷き詰め、その上に薄い石灰の層を作ってその上にモザイク画を描いた。掘り起こすときも、このモザイク画の真下にある石灰の層の部分から剝がしていく。次に、ガーゼの上に大きめの板を置き、ひっくり返すことでモザイク画のプレートを天地逆の状態で床と分離させる。最後に、集められたプレートを再度ひっくり返しながら、最初にメモした順番で再構築する。

07　モザイク修復師ルイサ・ディアスの工房

現在では、モザイク画はできるだけ発見された場所で発見されたまま保護展示するのが望ましいとされる。メリダ市内の「アンフィテアトロの家」や「ミトレオの家」のモザイク画のように、屋外で保護展示されたモザイク画は、それらが実際にどのような場所で、どのように使われていたかをそのまま見て取ることができるので、さらに想像力がかきたてられる。

メリダのテラコッタ職人

古代ローマ時代にモザイク画と並んで大量に作られたのは、テラコッタと呼ばれる素焼きである。テラコッタはイタリア語の「焼いた（cotta）土（terra）」に由来する用語で、日本の縄文土器や弥生土器、埴輪（はにわ）もその一種と呼べる。石膏（せっこう）による型を使って同じ形のものを大量生産していたと考えられている。その技術を現代に伝えるのが、国立ローマ美術館の近くの「テラコッタ・メリダ」という工房だ。ロレンソとファン・マヌエルの二人の兄弟が、テラコッタの技術を用いて、ローマ時代のテラコッタのレプリカや、新たな作品を生み出している。

（小倉真理子）

08 テラコッタ

コラム 12

「銀の道」の創造

「伝統」が創造されることを最初に指摘したのはイギリスの歴史家エリック・ホブズボウムだといわれる。近年ツーリズムの世界においては、過去の出来事が巧みに創られる、あえて言えば歪曲されたり捏造されたりすることがある。観光を盛んにしたいという当事者の気持ちはわからないでもないが、やはり行き過ぎた創造は歴史からの逸脱として注意したいものである。

メリダには「銀(プラタ)」の名を冠した街路名やルート標示が散見されるのだが、古代ローマ時代の「銀の道」とはかけ離れた説明がなされることが往々にしてある。まずは本来の銀の道を押さえておこう。イベリア半島は初代皇帝アウグストゥスの時代に安定期を迎えたとされる。アウグストゥスは植民市を新設して軍団兵を派遣し、属州統治の拠点とした。半島西部の制圧の拠点はエメリタ・アウグスタ（現・メリダ）と北方に約500キロメートルのアストゥリカ・アウグスタ（現・アストルガ）で、両都市の間には本書でも取り上げているサルマンティカ（現・サラマンカ）、ノルバ・カエサリナ（現・カセレス）などの町が設けられた。メリダとアストルガの間のローマ街道は石畳が敷かれて南北の軍隊移動のための幹線道路の役目を果たしたが、このルートは「銀」の取り引きとは全く関係がなく、特にこれといった名称も持たなかったとされる。

銀の道（Avenida Vía de la Plata）の標示

ところが8世紀初めにイスラーム勢力の支配下に入ると、石畳の敷き詰められた道路という意

ローマ街道（『スペインの歴史――スペイン高校歴史教科書』明石書店、21頁の地図を基に作成）

味の「アル・バラット」という名前を持つようになった。そしてこの言葉の響きから連想して中世のキリスト教徒の間で「銀（プラタ）の道」と呼ばれるようになったというのが有力な説である。16世紀初めの人文主義者ネブリーハによると、当時メリダとアストルガ間の道を俗に「銀の道」と呼んでいたという記録が残っている。

現代に入ると、冒頭に述べたようにツーリズムの利害が入り込むからややこしくなる。セビーリャから北部カンタブリア海の港町ヒホンまではA-66という高速道路が整備されているが、その別名は「銀のルート高速道路（Autovía Ruta de la Plata）」である。ところがこのルートは、サモーラからベナベンテに達するとアストルガ方向に左折することなくまっすぐに北上してレオンを通ってオビエドへ、ヒホンへとつな

「銀のルート高速道路」の標識
（Alonsoquijano, Public domain, via Wikimedia Commons）

がっている。つまり、「銀の道」の肝心の北端であったアストルガは、「銀のルート高速道路」からは外れているのである。既に鄙びた町となったアストルガは、現代の南北を結ぶルートにとっては経済的意味がないということなのだ。この約900キロメートルのルート沿いの37市町村は「銀の道ルート（Ruta Vía de la Plata）」連合を結成して、様々な割引を受けられる共通パスポートを発行して観光客招致を図っている。それはそれでよいのだが、あたかも古くからの道であるかのような石碑は勘弁してもらいたい。

もうひとつは、セビーリャからメリダへ、そして本来の「銀の道」を通ってアストルガに向かい、そこで「サンティアゴ・デ・コンポステーラの巡礼路」（コラム1を参照）と合流して聖地へと向かうルートがあり、「銀のサンティアゴの道（Camino de Santiago de la Plata）」と総称されている。

さらに最近では、サンティアゴへの巡礼＝観光の大人気にあやかって、南部のアルメリア、グラナダ、コルドバからメリダに入り、本来の「銀の道」を途中までは通るが、アストルガまでは北上せずにグランハ・デ・モルエラで西に折れて、サナブレス街道を辿ってサンティアゴへと達する約1400キロメートルの「モサラベ・サンティアゴの道（Camino Mozárabe de Santiago）」も創られている。メリダ市内にはこのルートの宣伝プレートも掲げられていて、実にややこしいことになっている。

（立石博高）

㊤「銀の道ルート」連合の石碑
㊦「モサラベ・サンティアゴの道」のプレート

第Ⅳ部

アンダルシーアの歴史都市

Córdoba

コルドバ

- アンダルシーア州　コルドバ県　コルドバ市
- 人口　約 32 万 4000 人（2023 年現在）
- マドリードからスペイン新幹線 AVE で 2 時間弱。セビーリャからは同 45 分。
- ローマ時代にはヒスパニア・バエティカの首都、イスラーム時代には後ウマイヤ朝の首都として栄え、多くの遺構が遺されている。コルドバの歴史地区、メディーナ・アサーラのふたつの世界遺産のほか、コルドバのパティオ祭りは、ユネスコの無形文化遺産に登録されている。

40 中世イスラームの栄華

——メスキータとメディーナ・アサーラ宮殿

関連動画はこちらから

イスラームの進出とコルドバの繁栄

コルドバにはローマ橋をはじめとするイスラーム以前の遺構も数多く見られ、その多くが世界遺産の構成資産となっている。それらについては次章に譲ることにして、本章ではコルドバが繁栄を遂げた中世イスラーム時代について見ていきたい。まずは、イベリア半島におけるイスラームの歴史を振り返っておく。

イスラーム史上最初の世襲王朝ウマイヤ朝は、711年にグアダレーテ河畔の戦いで西ゴート王国を滅ぼす。これがイスラームによるイベリア半島支配の始まりである。アッバース朝の成立とともにウマイヤ朝が滅亡すると、ウマイヤ朝の一族アブド・アッ

＊1　カリフとアミールは、いずれもイスラームの統治者の称号。カ

ラフマーン1世はイベリア半島で「後ウマイヤ朝」を興し初代アミールとなり、第8代アミール、アブド・アッラフマーン3世の時代にカリフ国となった。[*1]「後ウマイヤ朝」という呼称は日本独自のものであり、スペインの歴史上では、前半のアミール国を「コルドバのアミール国」、後半のカリフ国を「コルドバのカリフ国」と呼ぶのが一般的だ。

さて、この時代のイスラーム圏の文化は、哲学、天文学、地理学、建築学などの多岐にわたる学問分野で当時のキリスト教圏の文化より進んでいたといってよい。音楽分野においても、我々が一般的にヨーロッパ起源のものと考えるピアノやギター、バイオリンなどの楽器の原形はこの時代にイスラーム文化圏から伝わってきたものと考えて間違いない。ルネサンス期の宮廷で愛用された弦楽器「ラウー」(リュート)もイスラーム起源で、9世紀にコルドバで活躍した音楽家、作曲家で詩人のシルヤブ(ズィルヤーヴ)によりさらに改良された。それまでイスラームで一般的だったラウーは、四体液説[*2]に従って、胆汁の黄色、血液の赤、粘液の白、黒胆汁の黒の4色の弦を張っていたが、中央(第3弦)に濃赤色の「魂の弦」が加えられて5弦の楽器となった。

コルドバは10世紀に最盛期を迎え、100万もの人口を抱える当時世界最大の都市に成長した。西方イスラームの文化的中心となり、蔵書40万冊を擁した大図書館には多数の知識人が蝟集(いしゅう)した。11世紀以後、政治的混乱の中で徐々に衰退するが、コルドバの知識人の活躍は引き続き各地で見られた(コラム13参照)。

[*1] カリフはイスラームの最高指導者、アミールは地方の統治者が用いる。したがって、アブド・アッラフマーン1世の建てた後ウマイヤ朝は、カリフを戴くアッバース朝の時代に、地方であるイベリア半島でアミール国として成立したことになる。しかし、カリフ制度を復活させることを強く望んでいた後ウマイヤ朝の指導者たちは、アッバース朝に対しての独自性を主張し、アブド・アッラフマーン3世がカリフ位を宣言、カリフ国となった。

[*2] 古代インドや古代ギリシアで唱えられた、人間は血液、粘液、黄胆汁、黒胆汁の4つの基本体液からなるとする考え。19世紀に病理解剖学が確立するまでヨーロッパで支持された。

コルドバのメスキータ（聖母マリア大聖堂）

メスキータはスペイン語でイスラームのモスクを意味する。しかし、メスキータが固有名詞として用いられるときには、コルドバのメスキータを指す。現在はカトリックの司教座聖堂であり、正式にはコルドバのメスキータ大聖堂（Mezquita-Catedral de Córdoba）またはコルドバの聖母マリア大聖堂（Catedral de Santa María de Córdoba）と呼ばれる。この場所にはローマ時代に戦勝祈願のために建てられた神殿があったという伝説があり、6世紀頃には西ゴート王国の聖ビセンテ教会が建てられていた神聖な場所である。後ウマイヤ朝初代アミール、アブド・アッラフマーン1世が教会だったこの建物を買い取り、モスクとしての最初の建設工事を命じた。世界中のモスクは、基本的にメッカの方角に向かって建てられているが、このコルドバのメスキータは、メッカの方角を向いていない珍しいモスクである。コルドバからメッカの方角は南東だが、メスキータは真南を向いて建てられている。なぜメッカの方角を向いていないのかについては諸説あり、いずれも想像の域を出ないが、もともとあった聖ビセンテ教会の建物が南北方向に建てられており、それを基に増築を始めたから、というのが最も説得力のある説とされている。

メスキータの内部には、通称「円柱の森」と呼ばれる856本の円柱と、赤と白の馬蹄形二層アーチが並ぶ。このアーチは、メリダのローマ水道橋（第38章参照）を参考にして造られたと言われている。メスキータの建物そのものの歴史も実に多彩で、アブド・アッラフマーン1世の時代から幾度も増改築を重ねて現在

の形になっているが、最も多かった時期で1012本の円柱があった。この数がなぜ減ってしまったかについては、後述する。

　アブド・アッラフマーン3世の時代にはミナレットが建てられた。ミナレットとは、アラビア語で「光を灯す場所」という意味のマナーラに由来し、イスラーム教徒にサラート（礼拝）のためのアザーン（呼びかけ）を行うために造られたとされる。7世紀頃までは、モスクにこうした塔は建てられておらず、アザーンはモスクの屋根から呼びかけられていた。しかし、8～10世紀頃のイスラーム世界では、イベリア半島を含む広範囲で角柱のミナレットが建てられるようになり、コルドバのメスキータにも建てられた。なおレコンキスタ後は、鐘楼として活用されている。高さ約40メートルのこの鐘楼には登ることができ、最頂部からはメスキータと隣り合わせに広がるユダヤ人街の迷路のような小径や、メスキータの建物の造りを上部から見ることができる。アブド・アッラフマーン3世の息子であり、第2代

01 02 メスキータの「円柱の森」

03 鐘楼

04 ユダヤ人街

カリフのアル・ハカム2世の時代に大規模な拡張工事が行われ、この時代にミフラーブ（アーチ形の壁龕（へきがん））も造営された。偶像崇拝を禁止しているイスラームにおいては、メスキータ内唯一の芸術作品といってもよいだろう。

1236年に聖王フェルナンド3世によるコルドバのレコンキスタの後、メスキータはキリスト教化された。建物自体がすぐに改築されることはなく、1489年、カトリック両王（第5章注5参照）の時代にメスキータ内部に中央礼拝堂が建設される。16世紀になると、礼拝堂部分に翼廊とシンボリオと呼ばれるドームが設けられ、さらに18世紀にはペドロ・ドゥケ・コルネーホによって聖歌隊席に立派な彫刻が施された。こうしてキリスト教の礼拝施設が造られた際に、もともとこの場所にあった円柱がいくつも取り除かれたため、現在の円柱は最盛期よりは少ない数となった。この部分だけをみるとキリスト教の大聖堂そのものに見えるが、ふと視線を移すと馬蹄形アーチの円柱の森やミフラーブなどイスラームのモスク設備が目に入り、世界に唯一の景観を作り上げている。

05　聖歌隊席の彫刻
06　馬蹄形アーチとキリスト教建築の共存

メディーナ・アサーラ宮殿

コルドバのもうひとつの世界遺産であるメディーナ・アサーラ（マディーナ・アッザフラー）は、初代カリフとなったアブド・アッラフマーン3世がカリフ即位後すぐの936年に着工を命じた離宮都市で、約10キロメートルの郊外にある。35年の歳月を要し、息子のアル・ハカム2世の時代に完成し、アブド・アッラフマーン3世は、コルドバのアルカサルから建設中のこの宮殿に移り住んだ。しかしその栄華は長くは続かず、アル・ハカム2世の息子、ヒシャーム2世の時代には破壊されてしまう。その後長らく放置されていたこの宮殿跡が本格的に発掘されるのは1910年のことで、イスラーム時代の壮麗な建築や当時の生活の様子が明らかになった。

（小倉真理子）

07 メディーナ・アサーラ宮殿

08 メディーナ・アサーラ宮殿全体像

41 市内に広がる世界遺産のモニュメント

――古代ローマとイスラームの足跡

ローマ橋

初代ローマ皇帝アウグストゥスの時代に造られたと言われ、建設当時は17個のアーチ（現在は16個）で支えられていた石造りの橋である。長さ331メートルのこの橋は、現在は完全に歩行者専用の橋となっている。かつてはグアダルキビル川を渡ってコルドバに入る玄関口としての役割も果たしており、カディスからローマまで続いたアウグストゥス街道もこの橋を通っていたとされる。橋の中心には、聖ラファエルの勝利記念像が建っている。聖ラファエルはコルドバの守護天使で、かつてこの地がペストに襲われたときに町を救ったという言い伝えから、

01

関連動画はこちらから

コルドバにとって特別な意味を持ち、橋の欄干に建つ像の前にはいつもろうそくが灯されている。

カラオーラの塔

カラオーラの塔の正確な建設年はわかっていないが、イスラームの手によって12世紀に建設されたものと考えられている。この塔の存在が初めて文献に現れるのは1236年のフェルナンド3世によるコルドバのレコンキスタのときで、この塔の存在のおかげで市内へ入り込むのが難しかった、と記録されている。次にこの塔についての記録が現れるのは、エンリケ2世とペドロ1世が王位をめぐって繰り広げた内戦の際で、勝利したエンリケ2世は、壊れたローマ橋を修復し、カラオーラの塔を拡大してさらに強固なものにした。現在この塔は「アル・アンダルス博物館」として一般公開されている。アル・アンダルスとは、イスラーム支配下におけるイベリア半島を指し、この博物館では、コルドバの歴史やイベリア半島におけるイスラームの歴史が、様々な映像やミニチュアなどで詳しく紹介されている。中でもメスキータのミニチュアは圧巻で、その全体像がよくわかる。塔は屋上まで登ることができる。グアダルキビル川とそこにかかるロー

01 ローマ橋
02 ローマ橋の聖ラファエル勝利記念像
03 カラオーラの塔

マ橋、さらに対岸にはメスキータを一望する絶景が楽しめる。

橋の門

カラオーラの塔からローマ橋を渡った先にあるのが、橋の門と呼ばれる記念碑で、16世紀にルネサンス様式で建設された。４本のドーリア式の柱で支えられた門には、１５７０年のフェリーペ２世の訪問を記録する碑文が掲げられている。１９３１年に、この門はローマ橋、カラオーラの塔と３つ一緒にスペインの重要文化財に指定された。もともとこの場所には、ローマ時代のティベリウス帝とクラウディウス帝の時代に、ローマ橋と連携させる形で門が造られていた。またイスラームの時代には、すぐ近くにあるアルカサル（王城）とメスキータを護るための要所として重要性を増した。この門は、コルドバの世界遺産が１９９４年に「歴史地区」として範囲拡大されたときに、構成要素のひとつに加えられた。

04　橋の門

王立厩舎

アンダルシーアでは、ローマ時代から馬を使った競技やサーカスが人気を博しており、馬の飼育が盛んだった歴史がある。イスラームの時代にも質のよい馬は重宝されていた。王家の主導で馬の飼育が整備された初めての施設が、コルドバの王立厩舎である。これは、１５７０年にフェリーペ２世によってスペイン産の質の高い馬を生み出し飼育することを目的として建設された。フェリーペ２世からその任務を受けたのがディエゴ・ロペス・デ・アロ・イ・グスマンという貴族で、彼はなるべく質のよいアンダルシーア馬を吟味し、それを掛け合わせることにより品種改良されたスペイン馬を生み出した。現在は、この「アンダルシーア馬」の伝統が、コルドバだけでなくセビーリャやヘレス・デ・ラ・フロンテーラでも受け継がれ、ヘレスには20世紀に王立のアンダルシーア馬術学校も設立された。コルドバの王立厩舎では、毎日馬術とフラメンコのコラボレーションから生まれる華やかなショーが披露されている。

05 王立厩舎でのショー（© Córdoba Ecuestre）

アルカサル（王城）

現在遺るコルドバのアルカサル（王城）が建設されたのは、コルドバがキリスト教の支配下に戻ってからのことだった。カスティーリャ王アルフォンソ11世によって建設され、その後も王家の住居として使用されたため、正式名を「キリスト教徒の王たちのアルカサル」という。この場所には、もともと西ゴートの時代に要塞があり、その後イスラームの支配下には、新たに造られたアルカサルが王宮として用いられ、アブド・アッラフマーン3世がメディーナ・アサーラに住居を移すまでその役割を果たした。しかし、イスラーム時代のアルカサルはそのほとんどが壊され、その上に新しい「キリスト教徒の」アルカサルが建築されたため、かつての面影は残っ

ていない。

現在アルカサルには、鳩（パロマ）の塔、オマージュ（オメナへ）の塔、ライオン（レオネス）の塔、異端審問（インキシシオン）の塔とそれぞれ名付けられた4つの塔がある。鳩の塔は、かつて伝書鳩の鳩舎として用いられていたことからその名がつけられた。オマージュの塔は、4つの塔の中で最も重要な塔であり、2階建ての内部の1階部分は貯水槽として、2階部分はメインのサロンとして王の戴冠式や訪問者の応接間として使われていた。記録によれば、1486年にコロンブスは、この部屋でカトリック両王に謁見して、航海の資金援助を請うたとされる。アルカサルの庭園の片隅には、コロンブスのカトリック両王への謁見のシーンをモチーフにした像が建っている。ライオンの塔は、現在のアルカサルのメインの入り口となっている塔で、4つの中で最も古い塔とされ、13世紀には既にその存在が明らかになっている。入り口にはフェリーペ2世の紋章が掲げられており、内部にあった小さな聖エウスタキウス礼拝堂は、カトリック両王のための礼拝堂であった。異端審問の塔の内部は現在ビジターセンターになっており、15世紀

06 アルカサル

07 ライオンの塔

末から19世紀初頭にかけての異端審問の歴史が紹介されている。

モザイクのサロンと名付けられた部屋には、その名の通り、紀元1~3世紀頃の大小8つのモザイク画が壁に掲げられている。これらのモザイク画は、アルカサルの敷地内で発掘されたものではなく、コルドバ市内のコレデーラ広場で1959年に行われた発掘調査で発見され、修復されたのちこのサロンに展示されることとなった。このサロンも異端審問の塔同様に異端審問関連の施設で、長い間、「アウト・デ・フェ」と呼ばれる判決宣告式が行われていた。現在は、宗教抜きで行われる市民婚や各種セレモニーなどが執り行われるサロンとなっている。

このアルカサルには、長らくカトリック両王も滞在していた。イベリア半島のレコンキスタが佳境に入った1483年、ルセーナの戦いでナスル朝グラナダ王国最後の君主であるムハンマド12世（ボアブディル）が捕らえられると、カトリック両王は釈放の条件として、カトリック両王への服従を求めた。両者の協定がコルドバ条約で、署名が行われたのがこのアルカサルだった。その後1492年に、ボアブディルはグラナダのアルハンブラ宮殿の鍵をカトリック両王に渡すことで、グラナダ王国は滅亡し、約800年に及ぶイベリア半島でのレコンキスタの歴史に終止符が打たれることになる。

アルカサルの庭園は、春先には花が咲き乱れて美しい景観を生み出す。涼しげな噴水の音と緑豊かな木々に囲まれた散歩道は、ゆっくり時間をかけて散策してみたい。

（小倉真理子）

08 コロンブスとカトリック両王の像

42 コルドバの文化と無形文化遺産

――郷土料理と伝統工芸、色鮮やかなパティオ祭り

コルドバの食文化

コルドバには、アラブの影響を大きく受けた料理の数々が、郷土料理として伝えられている。コルドバ歴史地区で100年以上にわたり郷土料理を提供しているレストラン「ボデーガス・カンポス」では、その名が示す通り、ボデーガス（ワイン貯蔵庫）を兼ね備え、レストラン内にはワインの樽や博物館としての展示もあり、コルドバの食文化を知るためのおすすめのスポットだ。この章では、コルドバを代表する3つの料理をその歴史とともに紹介する。

01

関連動画はこちらから

サルモレーホ

コルドバの料理といって真っ先に思い付くのはサルモレーホだ。トマトをベースにした、冷製のペーストとでも言おうか。やはりトマトをベースとし、今やスペインの国民的料理ともいえる夏の冷製スープ、ガスパチョともよく似ている。日本でも近年はスペイン料理のブームから、「ガスパチョ」という料理が広く知られるようになったが、実はスペインには地方ごとに全く異なるガスパチョがあり、日本で一般的にイメージされている「ガスパチョ」は、正確にはガスパチョ・アンダルス（アンダルシーア風ガスパチョ）であることも覚えておきたい。

さて、このアンダルシーア風のガスパチョとサルモレーホの一番大きな違いは、前者がトマトをベースに、ピーマン、玉ねぎ、きゅうり、ニンニクなどの野菜をふんだんに使っているのに対し、後者に使われるのはトマトとニンニクだけである点だ。いずれの料理も、パンやパンの耳を加えてミキサーにかけるが、サルモレーホに用いられるパンの量の方が圧倒的に多く、水分の比率が低いため、飲み物というよりは食べ物という表現がぴったりする、ぽってりとした仕上がりとなる。サルモレーホは、そのまま食べてもよいし、パンを浸したり、あるいはアンダルシーア名物の魚のフライなどにソースと

01 ボデーガス・カンポスのワイン貯蔵庫

02 ボデーガス・カンポスのサロン

03 サルモレーホ

してつけて食べるのもおすすめだ。

ナスのフライと黒糖蜜

　ナスのフライに黒糖蜜をかけるというシンプルな料理も、現在ではアンダルシーア全域で食べられるが、発祥はコルドバだとされている。ナスはイスラームの文化とともにイベリア半島にもたらされた。黒糖蜜はサトウキビから作った砂糖を煮詰めて作った蜜で、現在スペインでは、マラガのフリヒリアナという町にヨーロッパで唯一の黒糖蜜工場がある。サトウキビもアラブ人たちによってイベリア半島に持ち込まれ、やがてスペイン人たちが「新大陸」にもたらした。当時のアラブ人たちが、ナスのフライに黒糖蜜をかけて食べていたかどうかは定かではないが、この組み合わせはコルドバでは一般的で、一般家庭でも作られる一品だ。ナスはスティック状にカットしたり、縦に薄切りしたりして、小麦粉をまぶした後オリーブオイルでさっと揚げる。サクサクな衣に軽く塩を振ってから甘い黒糖蜜をかけると、甘さとしょっぱさが入り混じった癖になる美味しさがある。黒糖を多用する和菓子に慣れ親しんだ日本人には懐かしい味に感じるかもしれない。

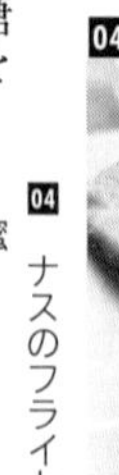

04 ナスのフライと黒糖蜜

ラボ・デ・トロ（牛の尻尾の煮込み）

　牛の尻尾の煮込みは、コルドバの伝統料理である。かつては貧しい農民や労働者が、安価に腹を満たすための料理として食されていたが、現在ではコルドバのレストランやバルで、前菜やタパス（小皿料理）として食べたり、高級レストランのメイン料理として供されたりするなど、かつてのイメージとは程遠い一品となっている。この料理の起源は定かではないが、4世紀頃に書かれた古代ローマの料理のレシピを集めた『アキピウス料理帖』には、牛の尻尾を赤ワインと香辛料を使って煮込む料理が載っており、何らかの影響を受けているのではないかと考えられている。コルドバ風のラボ・デ・トロも、やはり香辛料や野菜とともに、赤ワインを加えて煮込む。通常圧力釜を使って1時間ほど煮込むため、尻尾の肉は柔らかく口の中でとろける。一緒に出来上がるソースもまた絶品で、パンを浸して食べるのもコルドバ風だ。

05 ラボ・デ・トロ

コルドバのパティオ祭り

満開に咲き誇る花々で飾り立てたパティオ（庭）の美しさを競うコルドバのパティオ祭りは、2012年ユネスコの無形文化遺産に登録された。この祭りは毎年5月上旬の2週間にわたって開催され、期間中はパティオ祭りに登録している庭は全て無料で訪問できる。過去に幾度も受賞経験のある有名なパティオは、毎年見事な花で飾られており、特に多くの訪問客がある。パティオ・デ・ラ・カリェ・マロキエスは、9つの家族と6つの工房からなるプライベートな共同体で、パティオも共同管理している。小径に

は様々な花が所狭しと並び、歩くと風に乗って花の香りが漂う。カサ・デ・カンパナスは、「コルドバ・パティオ友の会」が管理するパティオで、かつては鐘（カンパナス）を作る工房として使われていた、14世紀に建てられたムデハル様式（第17章注2参照）の建物に美しい花が散らばる。この友の会が管理するアルカサル近くのもうひとつのパティオも、最優秀賞を幾度も受賞している。中央の白い階段に真っ赤な花を並べた芸術的なデザインも見所のひとつだ。5月の祭りの時期に訪れるのが一番だが、それ以外の季節でも、入場料を払って鑑賞できるパティオがいくつもあるので、ぜひ訪れてみたい。

06 パティオ・デ・ラ・カリエ・マロキエス
07 パティオ・カサ・デ・カンパナス

ソンブレーロ・コルドベス（コルドバ帽子）

ソンブレーロ・コルドベス（コルドバ帽子）は、主にスペイン南部アンダルシーア地方で愛用される帽子だ。スペイン語でソンブレーロが「帽子」、コルドベスは「コルドバ産の」という意味なので、コルドバ帽子という意味になるが、単に「コルドベス」だけでもこのコルドバ帽子を指すほど、コルドバに古くから伝わる伝統工芸のひとつだ。18世紀には、既にこの帽子が主に上流階級の人々を中心に着用されていた記録があるが、現在では主に民族衣装と一緒に用いられることが多く、コルドバのフェリア（祭り）や「アンダルシーアの日」と呼ばれる祝日のパレードでは老若男女を問わずにこの帽子がかぶられる。

フラメンコの小道具としても一般的で、アレグリアス、タンギージョなど様々な曲種で用いられるが、特にガロティンという曲種では、このコルドベスを用いないことがないほど多用される。コルドバの王立厩舎（第41章参照）でみられるアンダルシーア伝統の馬術ショーでも、騎手が衣装として様々な形のコルドベス帽子をかぶる。

コルドバで、このコルドベスの工房兼店舗を構える「ミランダ帽子店」では、オーダーメイドのコルドベスがとても人気だ。衣装の色に合わせて様々な色の帽子が注文できるのも魅力だが、最大のポイントは、頭の形を型どってひとつずつ手作りしてもらえる点だ。コルドベスの粋なかぶり方は正面から見て少し斜めになる格好だそうで、その形で長時間かぶり続けるために、頭まわりはかなりきつめに作られている。頭の形に合っていない既製品だとすぐに頭痛がしてくるが、オーダーメイドだといくらかぶり続けても頭痛が起こることはないそうだ。

（小倉真理子）

08 ソンブレーロ・コルドベス

コラム
13

マイモニデスとアヴェロエス

イスラーム支配下のアル・アンダルスの時代の歴史については、かなり単純なイメージが与えられてきた感がある。10世紀までの後ウマイヤ朝の政治的安定と首都コルドバの繁栄が強調される一方、11世紀からのターイファ（群小諸王国）時代の群雄割拠、アフリカからのムラービト朝の到来と不寛容なイスラーム支配、その瓦解と再度のターイファの時代、12世紀後半のムワッヒド朝の到来とさらなる不寛容な支配という図式である。つまりその後のナスル朝グラナダ王国の成立まではアル・アンダルスは混迷を続けたとされ、ムラービトとムワッヒドの支配は狂信的だったというレッテルを貼られてきたのである。

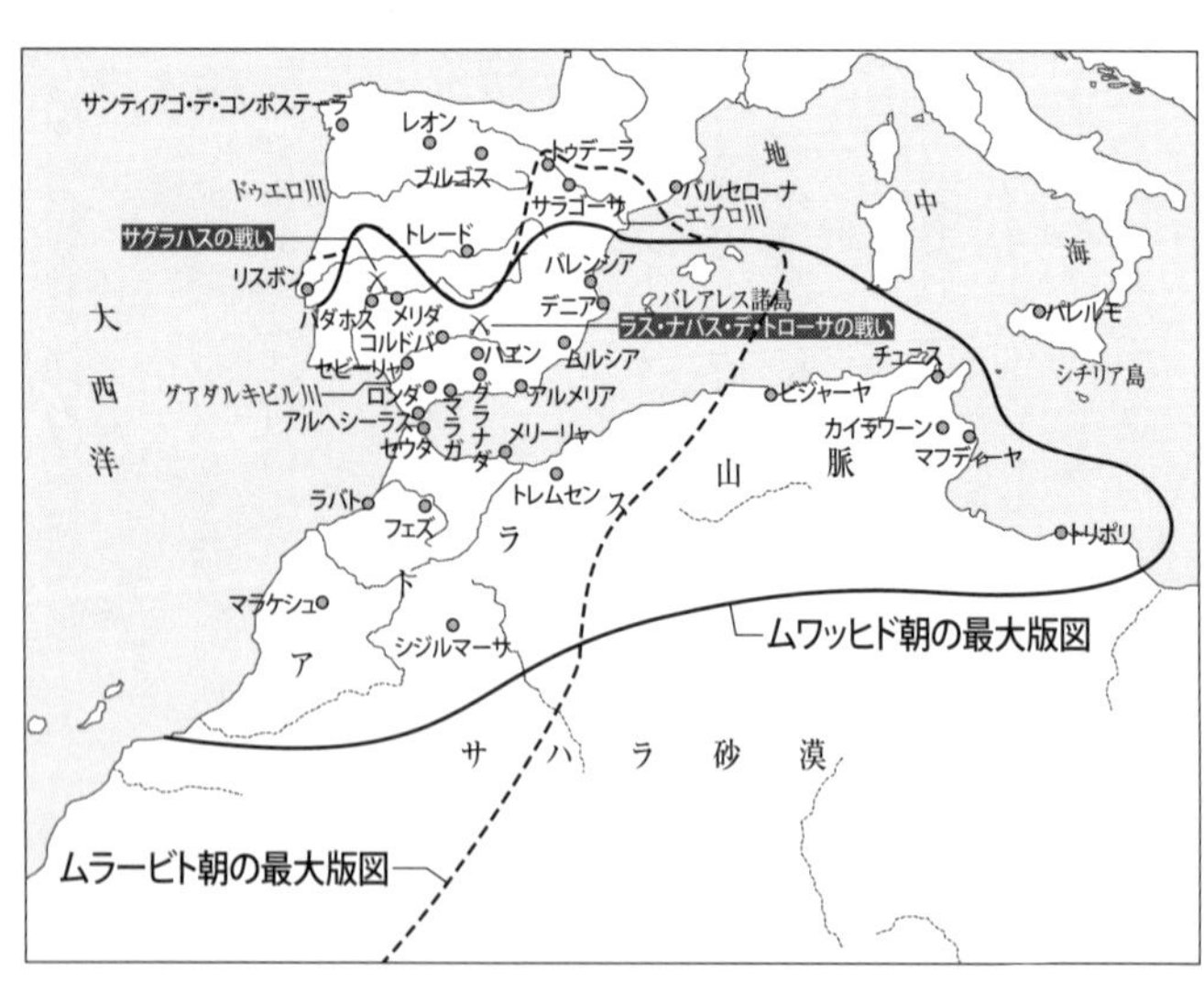

11～13 世紀のアル・アンダルスとマグリブ
（世界歴史大系『スペイン史１』山川出版社、107 頁の図を基に作成）

だが、コルドバの生んだ最大の知識人とされ、立派な彫像が市内に設けられているマイモニデス（アラビア語名でイブン・マイムーン、１１３５～１２０４年）とアヴェロエス（アラビア語名でイブン・ルシュド、１１２６～１１９８年）はともにこの混迷の時代に生きたことを忘れてはならない。同郷人で知り合っていたとされる二人だが、マイモニデスとアヴェロエスの生涯はその宗教の違いによって大きく異なっていた。

　まずはマイモニデスだが、彼はユダヤ教徒であった。アル・アンダルス社会は、キリスト教徒が再征服したトレードよりも先に「三宗教の共存」が達成され、ジンミー（啓典の民）としてユダヤ教徒とキリスト教徒（モサラベ）がイスラーム教徒とともに暮らしていたといわれるが（トレードについてはコラム10を参照）、イスラーム教徒が多数派になるにつれて、ジンミーの生活は脅かされるようになっていった。後ウマイヤ朝の終末期には多くのユダヤ人が北部に逃れたことも知られている。11世紀のターイファの時代には各地のターイファ王が自身の小宮廷での文芸を競い合ったこともあってユダヤ人の活躍は顕著であったが、ムワッヒド朝の半島到来は彼らの状況を一変させた。ユダヤ教徒とキリスト教徒への迫害が強まっていき、コルドバで青少年時代を過ごしていたマイモニ

㊤　マイモニデス
㊦　アヴェロエス

デスも、イスラームへの偽装改宗を経てついには1166年、エジプトに移住することになったのである。彼はここでイスラームへの改宗の無効化を勝ち取って、現地のユダヤ人社会の指導者として活躍し、1204年にフスタートで没した。医師としても名声を得て、『迷える人々の手引き』などの書物を著し、ユダヤ教神学の合理的基礎付けを試みた。ドン・スコトゥスらのキリスト教世界の哲学者たちもマイモニデスから大きな影響を受けたとされる。

一方、アヴェロエスはイスラーム教徒として生涯を全うしており、一時期は圧力を受けたものの、いわれるようなムワッヒドの宗教的不寛容の犠牲者であったわけではない。彼は70歳を超えるまでは主にコルドバで暮らした。医学、天文学、神学、哲学に長けた当代随一の知識人で、プラトンやアリストテレスの著作の注釈書を数多く遺し、哲学と宗教の調和を図ろうとして、『不一致の一致』などの書物を著した。コルドバがキリスト教徒の手に落ちた1230年代以後、彼の著作はラテン語に翻訳されて中世スコラ哲学のアリストテレス研究に寄与し、トマス・アクィナスをはじめとする中世ヨーロッパの哲学・思想に大きな影響を与えている。

ムワッヒド朝は異教徒追放に熱心であったが、独自のイスラームの神学を構築するために、哲学的議論を積極的に奨励したという。確かに12世紀末になるとコルドバでは不寛容の姿勢が強まって、アヴェロエスの著作も1197年に禁書とされたが、これはムワッヒド朝のカリフに嫌われたというよりも、正統派ウラマー（神学者）の支持を固めたいという政治的な理由によるものだったとされる。アヴェロエスはコルドバを離れてモロッコのマラケシュに移るが、その宮廷で再びカリフの信頼を得ていた。1198年に亡くなるが、やがてその遺体はコルドバに移されて知識人たちに礼を尽くされたとされる。だが、残念ながらその後の行方は定かでない。

（立石博高）

Úbeda

ウベダ

- アンダルシーア州　ハエン県　ウベダ市
- 人口　約3万4000人（2023年現在）
- マドリードからスペイン新幹線AVEで約3時間半。
- バエサとともに世界遺産に登録される。バスケス・デ・モリーナ広場を中心に、建築家アンドレス・バンデルビーラが手がけたルネサンス様式の建物が立ち並ぶ。カルロス1世の国務会議秘書官を務めたこの町出身のフランシスコ・デ・ロス・コボスは、新大陸との貿易でもたらされる潤沢な資金で、ルネサンス的景観を造った。

43 ルネサンス建築群の双子都市①

——アンドレス・バンデルビーラの造った町並み

関連動画はこちらから

貴族の館が彩るウベダ、宗教と学問の中心バエサ

スペイン南部アンダルシーア地方のハエン県は世界的なオリーブの産地であり、見渡す限り続くオリーブ畑はしばしば「オリーブの海」と形容される。ハエン県のほぼ中央に位置し、地理的に8キロメートルしか離れていないウベダとバエサ（46〜48章）を中心とする地域はラ・ロマと呼ばれる。ふたつの都市は共通の歴史の時間軸に身を委ねながらも、それぞれが特徴的な文化的発展を遂げてきた。両市は2003年に世界遺産都市として共同認定されているが、バエサが宗教と学問の中心地としてルネサンス建築を発展させていったのに対し、本章から45章で紹介するウベダでは、16世紀の貴族の館を

中心に数多くのルネサンス様式の邸宅や施療院などの施設が建設されていった点で異なる。

ルネサンス建築の巨匠、アンドレス・バンデルビーラ

ルネサンス建築はイタリアで1420年頃から始まり17世紀初め頃まで発展した均整と調和を重んじる建築様式を指す。スペインで開花したルネサンス様式は、イタリアの様式にスペインのゴシック様式が絶妙に混ざり合ったプラテレスコというスタイルに代表される。スペインのルネサンス建築の発展を担った建築家の一人がアンドレス・バンデルビーラである。同じく建築家だった父の影響を受けながら成長するが、彼の才能を開花させるのがフランシスコ・デ・ロス・コボスとの出会いであった。フランシスコ・デ・ロス・コボスは、カルロス1世（神聖ローマ皇帝カール5世）の国務会議秘書官を務め、新大陸との貿易でもたらされた潤沢な資金によりバスケス・デ・モリーナ広場（後述）に代表されるルネサンス様式の建物群を遺した人物である。この二人の出会いが、現在のウベダのルネサンス的景観を造ったといってよいだろう。

01 アンドレス・バンデルビーラ像

エル・サルバドール礼拝堂とフランシスコ・デ・ロス・コボス邸

バンデルビーラのウベダでの最初の建築が、後にフランシスコ・デ・ロス・コボスの

霊廟となるエル・サルバドール礼拝堂だ。ルネサンス建築家ディエゴ・デ・シロエが設計したものをバンデルビーラが引き継ぎ1559年に完成させた。この礼拝堂の見所はいくつもあるが、まず目を奪われるのが細かな彫刻が施されたファサードだ。サン・パブロとサン・アンドレスの聖像、そして主イエスの変容[*1]を表す彫刻が大きな存在感をみせる。

礼拝堂内部に入ると黄金色の祭壇が眩しく輝く。祭壇前の床に広がる白黒の円形模様の中心には8つの角を持つ星型の印があり、その下にフランシスコ・デ・ロス・コボスが埋葬されている。天井を見上げると、ルネサンス様式を特徴付けるヴォールトが見える。内側に四角い布をあてがい、四方を留めて下から風を当てているような形にみえることから、ハンカチ型のヴォールトと呼ばれる。この天井様式をスペインで初めて使ったのがバンデルビーラで、彼の建築の特徴ともいえる。

この礼拝堂と背中合わせの位置にフランシスコ・デ・ロス・コボス邸がある。かつて

02　エル・サルバドール礼拝堂外観

*1　イエス・キリストが弟子たちを伴って高い山に登り、旧約聖書に登場する預言者モーゼとエリヤと語り合いながら自らが白く輝く姿を弟子たちに見せたという出来事。マタイ、マルコ、ルカの福音書に記載されている。

03　エル・サルバドール礼拝堂内部。この床にフランシスコ・デ・ロス・コボスが埋葬されている

04　エル・サルバドール礼拝堂のハンカチ型ヴォールト

は内部で礼拝堂とつながっていた。この邸宅は、カルロス1世付きの建築家として16世紀に活躍したルイス・デ・ベガによって建てられた。

ウベダのパラドール、デアン・オルテガ邸

サルバドール礼拝堂の隣には、バンデルビーラ建築のデアン・オルテガ邸がシンプルながらも威厳のある佇まいをみせる。オルテガはフランシスコ・デ・ロス・コボスの厚い信頼を得た聖職者で、ウベダでハエン司教地方代理（デアン）となり、エル・サルバドール礼拝堂の初代司祭も務めている。1929年にスペインで3番目のパラドールとして開業したこの邸宅内に足を踏み入れると、ルネサンス建築を代表する2階建てのアーチに囲まれた中庭が広がる。現在このアーチの中庭はカフェテリアになっており、屋根付きに改築された中庭では天気や季節に左右されず優雅なひとときを過ごすことができる。

05 ウベダのパラドール中庭

バスケス・デ・モリーナ広場

バスケス・デ・モリーナ広場の中心には同名の邸宅があり、1869年から現在に至

るまでウベダ市役所として機能している。バスケス・デ・モリーナはフランシスコ・デ・ロス・コボスの甥で、彼の死後カルロス1世の国務会議秘書官の地位を引き継いだ人物である。ここにもルネサンス様式のアーチに囲まれた中庭があり広々とした資料室にはこの都市の歴史的な資料の数々が眠っている。

　バスケス・デ・モリーナ邸と広場を挟んで向かい側に佇むのがサンタ・マリア・デ・ロス・レアレス・アルカサレス教会だ。長い歴史の中で少しずつその姿を変えてきたこの教会には、ゴシック様式、ムデハル様式、バロック様式、ネオゴシック様式など、あらゆる時代の建築様式が随所に残されているのが大変興味深い。19世紀になって増設されたエスパニャーダと呼ばれる、ファサードの左右上部にみられるふたつの板状の鐘楼は特徴的で、この教会の顔となっている。

06 ウベダ市庁舎内の資料室（© Ayuntamiento de Úbeda）

07 バスケス・デ・モリーナ広場とサンタ・マリア・デ・ロス・レアレス・アルカサレス教会

ベラ・デ・ロス・コボス邸

　フランシスコ・デ・ロス・コボスの甥、ベラ・デ・ロス・コボスがバンデルビーラに依頼して建築した邸宅も、ウベダのルネサンス様式の景観を形作る建築のひとつだ。1561年に完成して以来450年以上にわたり、当主を変えながらもこの邸宅には常に誰かが住んでいたためその保存状態は非常によい。19世紀にサバテール家が買い取った後、その末裔のナタリオ・リバス・サバテールは2022年に95歳で亡くなるまでここに住み、自らガイドを務めながらこの歴史ある邸宅の素晴らしさを伝えていた。

旧サンティアゴ施療院

1562年に着工し1575年に完成した旧サンティアゴ施療院は、バンデルビーラ建築の集大成ともいえる建築だ。ほかの建築物と比べて大きく装飾がほとんどないシンプルなデザインは、マドリード郊外にフェリーペ2世が建築を命じたエル・エスコリアルの王立修道院にたとえられ、「アンダルシーアのエル・エスコリアル」という異名を持つ。正確にいうと、エル・エスコリアルの着工は旧サンティアゴ施療院より1年遅い1563年のことなので、バンデルビーラの建築がエル・エスコリアル修道院を建築したファン・デ・エレーラの様式に影響を与えたといった方がよいだろう。バンデルビーラ特有のハンカチ型のヴォールトが美しいこの礼拝堂は現在、音楽や舞踊などの公演が催される文化的施設として使用されている。

（小倉真理子）

08 ベラ・デ・ロス・コボス邸

09 旧サンティアゴ施療院礼拝堂のハンカチ型のヴォールト

44 新石器時代から続くウベダの歴史
——十字架の聖ヨハネと水のシナゴーグ

6000年の歴史をもつウベダ

ウベダの歴史は先史時代に遡る。ウベダの歴史的地区の中心となるバスケス・デ・モリーナ広場（第42章参照）から南にわずか150メートルほどの場所に、6000年ほど前のものと推定される遺跡が発掘されているのだ。ウベダ市役所が発表した調査報告によると、この遺跡では時代ごとにいくつもの層になって人骨や生活の痕跡などが見つかっていて、それは大きく3つの時代に分けられる。

一番下の層は、紀元前3500〜2500年頃の新石器時代のものと推定される。穀物の栽培や家畜の飼育をしていた痕跡が見つかっているが、非常に興味深いのは、

01　ウベダの先史時代の遺跡（© Ayuntamiento de Úbeda）

関連動画はこちらから

既にオリーブ栽培も行われていたことが窺えることだ。住居は日干しレンガ[*1]や植物素材でできていた。真ん中の層は、紀元前2200〜2000年頃の銅器時代のものとされる。この時代になると石器に並行して金属器が使用されていたことが出土品の分析からわかっている。住居は新石器時代と同じく円形に造られ、粗石で造った土台の上に建てられていた。一番上の層は、青銅器時代にあたる紀元前2000〜1700年のもので、陶器の生活用品なども出土している。本来なら紀元前1700年以降の層も見つかるべきだが残っておらず、これは紀元4世紀頃に起こった大規模な移住と都市化の際に破壊されてしまったと、今のところ結論付けられている。遺跡は一般の立ち入りはできず、現在も研究と調査が続いている。今後どのような発見があるか楽しみだ。

ラス・ナバス・デ・トローサの戦い

イスラームの支配下にあったイベリア半島では1086年のサグラハスの戦いで、カスティーリャ王国がムラービト朝のイスラーム軍に大敗して以降、スペインのキリスト教諸国は劣勢だった。さらに1146年には新たにムワッヒド朝がイベリア半島に侵攻した。12世紀末にはイベリア半島での支配強化を目指し、ムハンマド・ナースィル率いる大軍がジブラルタル海峡を渡ってセビーリャに到達した。

こうした状況の中、キリスト教諸国の連合軍がイスラームに仕掛けた反撃がラス・ナバス・デ・トローサの戦いである。この戦闘はハエン県の北端にあるサンタ・エレーナ周辺で起こったが（ウベダからは約60キロメートル北にある）、戦略的に極めて重要であった

*1 粘り気のある土に砂と水を使って作るシンプルなレンガ。焼成せずに、日干しで乾燥させる。

ウベダの奪還が焦点であったために別名「ウベダの戦い」とも呼ばれる。

スペインのキリスト教諸国同士での争いをやめさせ、異教徒のイスラームに対する戦いを望んでいたローマ教皇インノケンティウス3世の思惑とも一致し、カスティーリャ王国アルフォンソ8世が率いたこの戦いには、ナバーラ王国、アラゴン王国やスペイン各地の騎士修道会、さらには教皇から書簡で召集を受けたフランスの騎士までもが合流し、1212年の夏、キリスト教徒連合軍としてトレードに集結した。集まった兵の数は6万人に及んだという。一方、セビーリャで越冬していたイスラーム軍もマルチェーナ、ルセーナ、ハエンと歩みを進め、ウベダ、バエサを経由して戦いの地サンタ・エレーナに到着する。その兵の数はカトリック連合軍の2倍以上の12万5000人以上に上り、数の上では圧倒的にイスラーム軍が有利かに見えた。

しかし、カスティーリャ王アルフォンソ8世の突撃でイスラーム軍は大混乱に陥り、続けて精鋭兵を率いたサンチョ7世がナースィルの本陣に切り込んだことで士気が上がったカトリック連合軍はイスラーム軍を一網打尽にしていく。ナースィルは直前に逃亡し九死に一生を得た。7月15～16日のこの戦いに勝利したキリスト教徒軍はウベダ攻

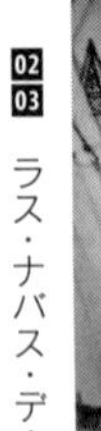

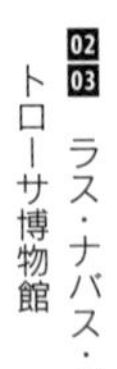

02 03 ラス・ナバス・デ・トローサ博物館

略に向かい、ウベダはイスラーム支配から一旦は脱却した。ただし、キリスト教徒側によるウベダ奪還が完了するのは1234年まで待たねばならない。

ラス・ナバス・デ・トローサでのキリスト教徒連合軍の大勝は、その後のレコンキスタの進展の大きな弾みとなって、1236年にはコルドバ、1246年にはハエン、1248年にはセビーリャの攻略を実現した。

十字架の聖ヨハネ（サン・フアン・デ・ラ・クルス）

十字架の聖ヨハネは16世紀スペインのカトリック司祭で、アビラの聖テレーサ（第24章参照）とともにカルメル会の改革と刷新に取り組んだ人物である。この彼が最後の数日を過ごした修道院がウベダにあり、彼に捧げられた礼拝堂は博物館を併設し彼の生涯や思想を詳しく紹介している。

04 十字架の聖ヨハネ像
05 十字架のヨハネ礼拝堂と石棺

十字架の聖ヨハネは、アビラ県の小さな村フォンティベロスに生まれた。早くに父親を亡くしわずか9歳で入れられた孤児院で聖職者になるための基礎を学び、25歳の若さで司祭に叙階される。そしてこの年にアビラの聖テレーサと出会い、彼女とともにカルメル会の改革に着手していく。彼の活動はほかの修道士たちに受け容れられずトレードの修道院に幽閉されてしまうのだが、この9ヶ月間に及ぶ幽閉生活の中で彼の有名な著書『暗夜』が誕生することになる。十字架の聖ヨハネの活動はやがて実を結び、教皇グレゴリウス3世により改革カルメル会が正式に認められるものの、その後も彼への批判や弾劾は続き、ウベダ近くのペニュエラの修道院に隠棲せざるを得なかった。やがて病に伏し、その治療のために訪れたウベダの修道院で1591年に49歳の生涯を閉じた。十字架の聖ヨハネは、第26章で紹介した通りセゴビアに埋葬されているのだが、彼の遺体がセゴビアまで移送されていく場面が、セルバンテスの『ドン・キホーテ』前編の第19章に描かれているのは大変に興味深い。

水のシナゴーグ

2007年、ウベダでシナゴーグの跡が発見されたというニュースがスペインで話題となった。そして、それが中世のシナゴーグの跡であったことも大きな注目を集めた。中世のウベダの人口は約1万2000人で、その2・5%すなわち300人程度のユダヤ人が住んでいたという記録が残っている。しかし、数が少なかったこともあり、コルドバに代表されるようなユダヤ人街がウベダに造られることはなく、ユダヤ教徒はキリ

＊2　ユダヤ教の宗教的指導者を指す言葉。シナゴーグやユダヤ教コミュニティーを率いる

スト教徒やイスラーム教徒とうまく共存してきた。

シナゴーグとラビ[*2]の居住部分は内部でつながっており、このふたつをつなぐアーチ状の扉の右にある側柱にはメズーザー[*3]が設置されている。居住部分は地下になっており、台所の跡や、オリーブオイルやワインを保管するために使用していた、地下に半分埋まった大がめも完全な形で遺されている。アーチの扉をくぐって内部に入ると、祈禱のための広い部屋に出る。どのシナゴーグでもそうであるように、女性のための祈禱部屋が2階部分に造られており、当時のやり方を再現して簾で覆い隠されている。祈禱部屋の天井は木製で、中世の時代に描かれた天井画のやや色褪せた塗料が歴史の長さを物語っている。このシナゴーグには7つの井戸があり、湧き出る地下水を使った地下のミクヴェ[*4]が最大の見所だ。夏至の日の前後には太陽の光がこのミクヴェの水に反射するように設計されており、頭上の窓から一直線に差し込む光は幻想的である。（小倉真理子）

ための知識を持ち、訓練を受けている。

＊3　ユダヤ人の家の門柱や、シナゴーグの入り口のアーチの側注に設置される、ヘブライ語で祈禱が書かれた羊皮紙をいれた小さな筒状の入れ物。木製、銀製、象牙製など様々なタイプのものがある。建物の中に入るときや出てきたときに、この入れ物に手を当て神に敬意を示す習慣がある。

＊4　ユダヤ教におけるお清めのための水槽。またはその水槽で水に浸る行為そのものも指す。ユダヤ教への改宗時や、結婚前、出産後、月経の前後などに、足から頭まで全身を完全に水中に沈めることで清める。

06　水のシナゴーグのメズーザー

07　水のシナゴーグのミクヴェ

45 ウベダの伝統工芸とスペイン屈指のオリーブ畑

――オリーブオイルとともに発展したエスパルト工芸と陶芸

エスパルトの歴史とウベダのエスパルト工房

エスパルトとは、北アフリカからイベリア半島南部に自生するイネ科の植物で、これらの地域では古くからこの繊維を用いた工芸が盛んに行われていた。主な工芸品は、草履や籠、帽子、敷物などで、19世紀にグラナダ県のムルシエラゴ洞窟（コルドバ県にも同名の洞窟があるが別のもの）で発掘されたエスパルトの工芸品は、イベリア半島最古となる新石器時代のものと推定されている。この発掘と収集を行ったのは、スペインの考古学者マヌエル・ゴンゴラ・イ・マルティネスで、発見されたほとんどの新石器時代のエスパルトの工芸品をマドリードの国立考古学博物館に寄贈した。現在、博物館1階の先史

関連動画はこちらから

時代エリアの一角に、ムルシエラゴ洞窟で発見されたエスパルトが展示されている。

イベリア半島でのエスパルト工芸の歴史を辿ると、ローマ時代には、既にエスパルトで作られた草履や籠が交易によって、エスパルトが自生しない地域にまでもたらされるようになった。中世にはエスパルト職人のギルド（組合）が作られるほど盛んになり、日本では「エスパドリーユ」という名前で知られるアルパルガータ（エスパルト繊維を使った靴）職人のギルドも19世紀末まで続いた。20世紀になると、ムルシア県では特にエスパルト産業が盛んになり、２０００年には史上初のエスパルト博物館がオープンした。

このように、南スペイン広域にわたって発展してきたエスパルト工芸であるが、ウベダをはじめハエン県が、後述するように世界トップクラスのオリーブオイルの生産地であることは、エスパルト工芸とウベダの密接なつながりを築いた。現在でこそ、ほぼ

01 新石器時代のエスパルトの草履（協力・国立考古学博物館）

02 新石器時代のエスパルトの籠（協力・国立考古学博物館）

全てのオリーブオイル工場は機械化されているが、20世紀初めまでは、エスパルトで作られたマットを幾重にも重ねてオリーブオイルを圧搾していた。上質なオリーブオイルを圧搾するために、目の細かいエスパルトのマットが改良されていき、その技術はマットだけでなく、ほかのエスパルト工芸にも反映されていった。

ウベダで4代にわたって営まれてきたエスパルトの工房と店舗「ウベディエス」を訪問する機会を得た。現在は、ペドロとヘスス・ブランコス兄弟が職人として数多くの作品を生み出している。ウベダの目抜き通りにあるショーウィンドーには、エスパルトでできたドン・キホーテとサンチョ・パンサの大型の人形があり、店内には天井までたくさんの作品が展示されているほか、エスパルトの歴史を紹介するコーナーもある。店の奥は工房に続いており、日々ここから作品が生まれていく。

エスパルトは細い繊維を編み込んで、まずプレイタと呼ばれる平べったいリボン状の縄を作る。これを組み合わせながらさらにまた編み込んで、様々な作品が作られていく。現在は、伝統的な草履や籠だけではなく、ファッション性のある大きな帽子や、繊細なピアスやネックレスといったアクセサリーなど、その技術を応用した新しい芸術作品は、各地のファッションショーでも取り上げられている。

03 エスパルトの工房「ウベディエス」

ウベダの陶芸

陶芸の歴史を辿れば先史時代に行き着き、決してウベダだけの技術でないことは明白だが、イベリア半島では特にオリーブオイルやワインを入れる壺として古くから重宝されていた。ウベダでは特にエスパルトと並んで、オリーブオイルと密接なつながりを持ちながら発展してきた産業のひとつだ。ウベダに遺る城門を出たあたりから「バリオ・アルファレロ」（陶芸街）が広がり、オリーブオイルの生産が盛んなハエン県で活躍する全陶芸職人の半数以上が、この一帯に工房を構えている。

ウベダで3代にわたって陶芸を営むティト一家の工房は、「パコ・ティト博物館」として併設されるウベダの陶芸の歴史を今に伝えている。併設されるパブロ・ティトの工房では、父親のパコと息子のパブロの二人が、実演を交えながら陶器の販売も行っている。店内には特徴的な緑色の陶器が並ぶ。皿や壺、香炉や置き時計など種類も様々だ。工房での作業の様子を見せてもらった。

泥土はろくろを用いて成形していく。かつては足踏みだったが現在ではペダルで回転速度を調整する電動式だ。形が完成したら酸化銅を混ぜた釉薬を塗り、そ

04 ウベダの陶器工房

05 ドン・キホーテをモチーフにした作品

れを１０００度の窯で焼き上げると釉薬の部分が緑色に発色する。焼きを入れる前に切り込んで模様を入れて、泥土の部分と釉薬の部分を混在させることで、緑色と素焼きの色を絶妙に組み合わせている。この緑色に発色する技術は、イスラーム時代に定着し現代に伝わるものだそうだ。現代の我々の日常生活には銅製品が溢れているが、かつては銅自体がなかなか入手できず身の回りにある銅製品といえば銅貨ぐらいだった。したがって、この色を出すために銅貨が使われ、ウベダで緑色の陶器を持つことは富の象徴であったため、有力者や教会などはこぞって緑色の陶器を発注したという。

　工房地下の奥まったところに、アラブ風の窯がある。窯は内部に立ち入れるほどの大きなもので、壁の周りにある棚にぎっしりと作品を並べたら、入り口をレンガで塞ぎ、窯の真下にあたる地下部分に火入れする。急激な温度変化はよくないので、最初は薪を使って7~8時間かけて少しずつ温度を上げて火を育てていく。ある程度火力が安定したら、オリーブの種を砕いたものを投げ入れながら、火力を強めていく。一度の火入れ

06　皿に絵付けするパコ・ティト氏

07　壺に装飾を施すパブロ・ティト氏

で約3500～4000キログラムのオリーブの種をくべる。火力が最大の1000度に達するまでには、およそ26時間かかるそうで、その間休みなく種をくべ続けるのは重労働だ。窯の上部にある煙突から出る炎の色で温度を確認し、そこから窯の中を目視して焼け具合を判断していく。完全に焼けた状態になったら、窯を密閉し、十字を切って祈りを捧げ、仕上がりを神に任せて3～4日かけて自然に温度が冷えるのを待つ。先ほどの煙突から紙きれを一枚投げ入れ、火がつかず床に落ちれば窯内の温度がしっかり下がったことがわかり、初めて窯を開けて作品と対面する。時間をかけて丹精込めて焼き上げられた作品の一つひとつの緑色の輝きには、まるで魂が宿るかのようだ。

オリーブ畑とオリーブオイル博物館

ウベダとバエサのあるハエン県一帯は、スペインの中でも特にオリーブオイルの生産が盛んな土地柄だ。「ハエン県のオリーブ畑の風景」は、スペインの世界遺産暫定リストにあり、登録が待ち望まれている（2023年5月現在）。オリーブ畑やオリーブオイルの生産に関してはバエサの章で詳しく扱う（第48章参照）。ウベダの章の最後に付け加えておきたいのは、ハエン県で唯一となるオリーブオイル博物館である。ここでは、オリーブ栽培の歴史、オリーブオイル産業の変遷などがパネルや映像、模型などで学べるほか、オリーブオイルの試飲などもできる。また年間を通じて、オリーブオイルのエキスパートになるための素養を身につける講座も開設されており、世界各国から受講生が集まる。

（小倉真理子）

08 ウベダのオリーブオイル博物館

コラム 14

「5月1日広場」の名称の変遷

第44章で紹介されている「水のシナゴーグ」を見物したらロケ・ロハス通りを東に向かうと、セルバンテス通りに突き当たる。その通りを南に向かうとすぐ左手にサン・パブロ教会があり、それを過ぎると大きな広場に出くわす。「5月1日（プリメーロ・デ・マヨ）広場」である。そのほぼ中央には白い大理石でできた「十字架の聖ヨハネ記念碑」（1959年に建立）が見えるので、間違えることはないだろう。

現在のように整備されたのは19世紀のことであるが、中世のレコンキスタ以来、この広場はウベダの町で重要な位置を占めてきた。広場の西側にマリア・デ・モリーナ音楽院の建物があるが、これはもともと市庁舎であり、隣接して公設穀物取引所（アロンディガ）も置かれていた。また広場の北東側には道路を挟んでフランシス・デ・ロス・コボス中高等学校があるが、ここはもともとサン・アンドレス修道院だった。

こうした市庁舎、教会、修道院に囲まれた広場であったため、近代に入る前までは市（メルカード）が盛んに開かれていて「メルカード広場」と呼ばれていたようだ。この広場を柵（セルコ）で囲んで闘牛が開催されることも多かったようで、「セルコ広場」と呼ばれることもあったようだ。しかし近代に入るとヨーロッパでは、重要な通りや広場に時代の政治的要請に見合った名称を付与することが一般的になっていった。特に革命と反革命を繰り返したスペインでは、度々名称の変更が繰り返された。このメルカード広場も同様の運命を辿っている。

まずは1813年、前年に自由主義的憲法であるカディス憲法が公布されると市庁舎前のこの広場は「憲法（コンスティトゥシオン）広場」と定められた。しかし翌年にフェルナンド7世の絶対主義復帰が行われると「国王（レイ）広場」と改められ、1820年から1823年の自由主義の3年間には再び「憲法」へ、そしてそれが挫折すると「国王」へと戻されたのである。そして1830年代に曲がりなりにも絶対主義からの脱却が実現して、不十分ながらも立憲体制が定着すると、みたび「憲法広場」へと変わったのだ。もっとも一般の人々の間では伝統的な「メルカード広場」が使われ続けていたようだ。

状況が一変したのは、スペイン内戦（1936～1939年）にフランコ将軍が勝利してからだ。フランコは自らを「神と歴史にのみ責任をもつ」

㊤　広場の全景
㊦　十字架の聖ヨハネ記念碑

と宣言する独裁者で、広場や通りの名前から自由主義と結び付くものを抹消するとともに、伝統的なものも含めて、フランコや右派軍人たちの名前にことごとく変えてしまったのである。したがって、フランコが亡くなって民主化が進む中でまず行われたのは、市町村のメインストリートやメイン広場の名称変更であった。さらに進んで２００７年に「歴史的記憶法」が成立すると、フランコ体制を想起させるプレートやモニュメントの一斉撤去に及んだ。

ウベダの町の広場や通りの名称の大きな変更は、１９７９年のことである。筆者の手元には自治体政令１７１０号の写しがあるが、懐かしいタイプライター打ちの原稿だ。それによればウベダ市内19ヶ所の名称変更が行われたが、「7月18日通り」（内戦の軍事蜂起が１９３６年のこの日に起きた）は「憲法通り」（１９７８年憲法にちなむ）へと変わり、「ラミーロ・レデスマ通り」（右翼政治家）は「アンドレス・セゴビア通り」（ハエン県生まれの世界的ギタリスト）に変わっている。そして「大将軍（ヘネラリシモ）広場」（三軍総帥フランコのこと）に変えられていたかつての「憲法広場」は、「5月1日広場」の名称をもつに至った。ウベダ市役所に問い合わせたところ、「5月1日」は市の守護聖人「グアダルーペの聖母」の巡礼祭（ロメリーア）にちなんでいるということだ。それから40年以上が過ぎたが、「5月1日広場」の名前は定着しており、「メルカード広場」という伝統的な名前を思い出す人は少ないようだ。

（立石博高）

Baeza

バエサ

- アンダルシーア州　ハエン県　バエサ市
- 人口　約 1 万 6000 人（2023 年現在）
- バエサには鉄道駅がないためウベダ駅を利用する。ウベダからはバスで 15 分。
- わずか 8 km の距離にあるウベダとともに世界遺産に登録される。記念地区（Zona Monumental）にルネサンス様式の主だった建築物が立ち並ぶ。スペイン屈指のオリーブオイル生産地のひとつで、市外には「オリーブの海」と形容される広大なオリーブ畑が広がる。

46 ルネサンス建築群の双子都市 ②

――神学校や大聖堂に見る芸術的建築

サン・フェリーペ・ネリ神学校とハバルキント邸

サン・フェリーペ・ネリは、ルネサンス建築が花開いた17世紀にハエンの司教フェルナンド・デ・アンドラーデ・イ・カストロによって創立された神学校である。1969年まで約300年にわたり神学校としての役割を担ってきたが、現在はアンダルシーア国際大学となっている。内部にあるふたつの中庭のうちメインのものはルネサンス様式で、トスカナ式の柱に支えられたアーチに囲まれている。入り口部分にあるファサードはシンプルではあるが、上部にはフロントンと呼ばれるペディメント[*1]もみられ、扉のすぐ上には三角形の上部が閉じていない珍しいブロークン・ペディメントが施されている。

*1　建物の屋根の部分に設けられた三角形の部分。古代ローマ建築の神殿の柱の上にある三角屋根が発祥とされる。中世以降の建築では、建物の入り口や窓に施された三角形の装飾も指す。

関連動画はこちらから

01 サン・フェリーペ・ネリ神学校

長方形の窓の両脇にみられる紋章は、創立者であるアンドラーデ・イ・カストロ司教のものである。スペイン人には名字がふたつあり、父方の第1名字と母方の第1名字をつなげて子の名字にするのが一般的で、この入り口にみられるふたつの紋章も左が父方アンドラーデ家の家紋、右側が母方カストロ家の家紋となっている。

このサン・フェリーペ・ネリ神学校と隣り合わせに建っているのがハバルキント邸で、小さな中庭を隔てて敷地内でつながっている。この建物で最も注目すべき部分は、この時代のスペイン建築の特徴であるイサベル様式が取り入れられたファサードである。イサベル様式という名称はカトリック女王イサベル1世に由来し、この様式は大別すると16世紀のスペインで盛んだったプラテレスコ様式（第43章参照）に分類される。

ハバルキント邸のファサードを誰が制作したかについてのはっきりとした資料は残っていないが、一説には建築家で彫刻家のファン・グアスの作品ではないかと言われている。これは彼の代表作であるグアダラハーラのインファンタード邸のファサードとハバルキント邸のそれが非常によく似ているためだと推察される。もうひとつの有力な説は、バエサの地方史研究者ホセ・モリーナ・イポリトが主張する説で、彼によるとこれを設計したのはエンリケ・エガスだという。エガスはグラナダの大聖堂や王家の霊廟である

王立礼拝堂を建てただけでなく、カトリック両王（第5章注5参照）の命を受けスペインに3つの王立施療院を建築したことでも知られる。それらの施療院とは、第5章で扱ったサンティアゴ・デ・コンポステーラ施療院（現・サンティアゴのパラドール）、グラナダ施療院（現・グラナダ大学）、トレード施療院（現・サンタ・クルス美術館）の3つで、建設から約500年近く経った今もそれぞれ現役の建築物として活用されている。カトリック両王と親交が深かった彼が、イサベル様式のファサードをデザインしたというのは説得力がある。

ハバルキント邸の内部に足を踏み入れると、大理石の美しいアーチの回廊に囲まれた中庭に目を奪われる。2階へと続く階段は、両脇の壁部分に細かな彫刻が施されたバロック様式で、これもまたハバルキント邸の大きな魅力のひとつとなっている。

サンタ・クルス教会——アンダルシーアでは稀少なロマネスク建築

ハバルキント邸のファサードの真向かいには、フェルナンド3世のレコンキスタの後

02　ハバルキント邸のファサード

03　ハバルキント邸内部の階段

すぐに建てられた、13世紀半ばの後期ロマネスク建築のサンタ・クルス教会が佇む。これはかつてバエサに存在した12教区のひとつの教区教会で、1883年までその機能を果たしていたが、その後は見る影もなく荒廃していった。現在、見違えるような形でその姿をとどめているのは、20世紀になってから行われた大規模な改修のおかげである。教会内部には、損耗は激しいものの美術的価値の高い14〜15世紀に描かれたままのフレスコ画が遺されている。サンティアゴ・デ・コンポステーラのコラム1で述べた通り、イベリア半島には多くのロマネスク様式の教会が現存しているが、その大部分はサンティアゴへ向かう巡礼路沿いの北部に集中し、南部のアンダルシーア地方では大変珍しいものである。

04 サンタ・クルス教会外観

05 サンタ・クルス教会内部

サンタ・マリアの泉とバエサ大聖堂

旧サン・フェリーペ・ネリ神学校の正面入り口の向かいには、バエサ大聖堂が佇み、このふたつの建物に挟まれるのがサンタ・マリア広場だ。ここには広場と同じ名前を冠する泉がある。この泉は1564年に郊外の源泉からバエサ市内に送水する設備が完成したことを記念して造られたもので、当時の国王フェリーペ2世の紋章が大きく刻まれたセルリアナ様式[*2]の門の彫刻が美しい。

サンタ・マリアの泉の背後にそびえ立つのがバエサ大聖堂だ。もともとモスクのあった場所に、12世紀半ばに教会が建てられたが、バエサが再びイスラーム勢力下に入ってまたもモスクとなり、1227年のレコンキスタの後再度キリスト教化されるという有為転変のために、この大聖堂にはルネサンス様式のほかにイスラーム様式、ゴシック様式、ムデハル様式（第17章注2参照）など、各時代の建築様式の特徴が色濃く残っている。

しかし幾度も増設や取り崩しを繰り返してきたことが災いしてついに教会の中心部分が崩壊する事態に至り、アンドレス・バンデルビーラ（第43章参照）が再建を担うこととなる。彼は1575年にこの世を去るまで残りの生涯をかけてこの教会の再建に努めたが完成させることはできず、クリストバル・ペレス、フランシスコ・デル・カスティーリョ、アロンソ・バルバの3人の建築家に受け継がれルネサンス建築を代表するモニュ

06　サンタ・マリアの泉

＊2　ローマ時代の凱旋門を模したデザインで、中央の背の高い半円形のアーチとその両脇の背の低いふたつのフラットアーチを特徴とするスタイル。ルネサンス建築に多用された。

メントとして1593年に完成した。

大聖堂への入り口となっている西側の門は「月の門」と呼ばれるムデハル様式の門で、この大聖堂の中で最も古い13世紀に造られたものである。その真上には14世紀に作られたバラ窓が完全な形で遺っている。このバラ窓の上には長方形のレリーフがみえる。これは14世紀に殉教したハエンの司教サン・ペドロ・パスクアルの納骨室の墓碑で、地上からかなり高い位置に安置されているのは大変に珍しい。

大聖堂の天井部分には、エル・サルバドール礼拝堂（第43章参照）と同じ、バンデルビーラによるハンカチ型のヴォールトが連なる。長い身廊を進んだ突き当たりには立派な中央祭壇があり、その後ろにはレタブロと呼ばれる飾り衝立（ついたて）がそびえる。このレタブロは1619年にマヌエル・デ・アラモによって造られたバロック様式の芸術作品で、最頂部にはバエサの守護聖人であるサン・アンドレスの姿が彫刻されている。

（小倉真理子）

07 バエサ大聖堂の西側の月の門

08 バエサ大聖堂のバロック様式の飾り衝立

町の中心ポプロ広場と旧バエサ大学

――ライオンの噴水、旧精肉所、ポプロの家とマチャードの足跡

ポプロ広場

バエサの歴史的地区の入り口に位置するポプロ広場には、たくさんの見所があるが、ひときわ目立つふたつの大きな門からその歴史をみていこう。現在はすっかり姿を消しているが中世にはここに城壁があり、その出入り口として使われていた門の名残が、ポプロ広場から向かって左側のハエンの門だ。中世からあったオリジナルの門は１４７６年にカトリック女王イサベル１世の命令によって城壁とともに取り壊されたが、その後１５２６年に再建された。この年にスペイン王カルロス１世は、ポルトガル王女イサベルとセビーリャで結婚式を挙げ、セビーリャからグラナダを通ってバリャドリーへ向か

う新婚旅行の途中でバエサを訪れたことを記念して、門の上部にはカルロス1世の紋章が掲げられた。

向かって右側の門は、ハエンの門に先立ち1521年に建設されたもので、ビリャラールのアーチと呼ばれる。16世紀初頭のスペインでは、カルロス1世の絶対主義的支配に反発した諸都市によるコムネーロスの乱（第25章参照）が起きたが、カルロス1世軍は、ビリャラールの戦いで圧倒的勝利を収めてこの反乱を鎮圧した。アーチは戦勝を記念して建てられたためこの名がつけられた。

ハエンの門と隣り合わせて建つのが、ポプロの家と呼ばれる横長の2階建てのプラテレスコ様式の建物である。建設当時は1階部分が公証人役場、2階部分が裁判所として使われていたが、現在この建物はバエサの観光案内所となっている。正面ファサードの2階部分には、中央にカルロス1世の大きな紋章が掲げられており、その左側にバエサの紋章、右側には当時の行政長官ゲバーラの紋章がそれぞれ配置されている。

01 ハエンの門㊧とビリャラールのアーチ

02 ポプロの家

ポプロの家のさらに左側に広場を囲むように建っているのは、16世紀の旧精肉所の建物で、この風景に自然な形で溶け込んでいるように見えるが、実はこの建物が１５４７年に完成したときには別の場所に建てられていた。元あった場所はハエンの門を出てすぐ左側30メートルのあたりで、ここには現在バエサの地をレコンキスタで奪回したカスティーリャ王フェルナンド3世の像が立つ。バエサは織物工業や農業の急激な発展によって16世紀末には人口が2万人を超え、現在の人口（約1万６０００人）よりも多かったというデータからも、当時のバエサの賑わいが想像できる。人口増加に伴う需要によって建設されたのがこの精肉所で、建設当時から１９６２年まで４００年以上にわたり機能し続けた。その役割を終えた建物は、修復を兼ねて移転保存されることが決まり、１９６２年から2年間かけて丁寧に解体されていった。しかし移転先に決まったポプロ広場の幅が狭かったため、元の形のままでは入りきらず、苦肉の策として両側をそれぞれ窓ひとつ分ずつ左右に「折り曲げる」形で再建築された。解体された石をひとつずつ運び、形を変えて再構築した技術は素晴らしい。この工事を指揮した建築家フランシスコ・ポンス・ソローリャは、バレンシア出身で印象派の画家ホアキン・ソローリャの孫にあたる。

ポプロ広場の中心には通称「ライオンの噴水」が佇む。この噴水にちなんでこの広場は別名「ライオンの広場」とも呼ばれる。中央に女性の像がありそれを4頭の動物が囲んでいる彫刻だが、よく見ると4頭全てがライオンなのではなく、2頭のライオンと2頭の馬または牛が交互に配置されているようである。彫刻自体の劣化が激しいためにわかりにくいのだが、2本の前足を前に突き出しているのがライオンで、2本の前足を折り曲げているのが馬または牛の彫刻らしい。この噴水も最初からこの場所にあったのではなく、16世紀にバエサから北西約20キロメートルにあるカストゥロという遺跡で発掘され、運び込まれたものである。

バエサに古くからある言い伝えによると、この噴水中央の女性の像は、カルタゴの将軍ハンニバルの妻の一人だったイミルセであるとされている。ハンニバルがポエニ戦争のときにイタリア半島で戦っている間に妻イミルセはイベリア半島で亡くなり、その遺体は彼女の出身地であるカストゥロに埋葬され、その魂を弔うためにこの像が造られたというものだ。しかしこの地域一帯の発掘・研究を続けている考古学者のテレーサ・チャパ・ブルネットは、この像の様式や素材から、一般に信じられている時代よりもっと後に造られたものである可能性が高いと発表し、バエサに古くから伝わる説に一石を投じている。女性の彫刻が実際はいつの時代のものなのか、モデルとなった女性は誰だったのか、バエサのはるか遠い時代に思いを馳せながら噴水の流れる水の音に耳を澄ますのも一興だ。

03

03 ライオンの噴水と伝イミルセ像

旧バエサ大学と詩人アントニオ・マチャード

16世紀のスペインでは各地で大学の建設が急ピッチで進んでおり、アンダルシーア州に限っても、セビーリャ大学（1505年創立）、グラナダ大学（1531年創立）、オスーナ大学（1548年創立）と、バエサ大学を含めると4つの大学があった。バエサ大学はローマ教皇パウロ3世の親族であるロドリゴ・ロペス神父により1538年に創立された大学で、1593年に完成したルネサンス様式を代表する建築物である。バエサ大学は1824年にその扉を閉ざすまで約300年にわたって大学としての機能を全うした。

旧バエサ大学の建物に入ると、ほぼ完璧な形で遺されている美しいルネサンス様式の中庭に魅了される。縦横それぞれ均等に5つずつ並ぶ20のアーチに囲まれた中庭は、エレガントで均整美をたたえたローマ建築を模倣するルネサンス様式の特徴が際立っている。スペインを代表する詩人アントニオ・マチャード（第27章参照）は、1912年から1919年までの7年間フランス語の教師としてここで教鞭を執っていた。当時は高校だったこの旧バエサ大学構内には、実際に彼が授業を行っていた教室や講堂が遺されているほか、かつての教室の一部は旧バエサ大学の歴史を紹介する小さな博物館になって

04 旧バエサ大学
05 旧バエサ大学のルネサンス様式の中庭

いる。

マチャードはバエサに滞在中の1916年に、代表作となる『カスティーリャの大地』の完成版を発表するが、その直前に18歳年下の妻レオノールを結核で失っており、彼の人生の中でバエサ時代は決して明るい思い出ではなかった。しかし、滞在中に若き日のフェデリーコ・ガルシア・ロルカと出会ったことは、スペインにもう一人の天才詩人を生み出すきっかけとなった。グラナダ出身のロルカはピアニストとして音楽の道に進もうとしていたが、1916年、スペインでは既に認知度も人気も高かったマチャードに偶然バエサの街角で遭遇した。二人が初めて出会ったのは、ハバルキント邸とサンタ・クルス教会（いずれも第46章参照）の間にある広場でのことだった。この出会いに感銘を受けたロルカは詩人の道に潔く転向し、その翌年には詩人として、バエサでマチャードとの再会を果たした。以降、ロルカがスペイン内戦勃発直後（1936年8月）に反乱軍側によって銃殺されるまで、二人の深い友情は続いていく。

（小倉真理子）

06 旧バエサ大学とマチャードの歴史博物館

07 マチャードが教鞭を執っていた教室

48 スペインオリーブオイル産業の中核

――バエサのオリーブ畑と民俗舞曲「バエサのボレロ」

関連動画はこちらから

オリーブ畑

スペインのオリーブ栽培は、作付面積、生産量とも世界一を誇る。オリーブオイルの生産量の世界ランキングを見ると、その年の天候により生産量には多少のばらつきはあるが順位は毎年同じで、1位のスペインの生産量約120万トンは、世界のオリーブオイル生産の45%に及び、2位のイタリアの約30万トンに大きく差をつけている。地中海性気候はオリーブ栽培によく適しており、上記のほかギリシアやモロッコなど地中海沿岸の国々が世界全体の75%を生産している。

オリーブ栽培はスペイン農業の最も重要な地位を占め、スペイン全体の作付面積は2

25万ヘクタール（2019年）と、日本の水稲作付面積153万ヘクタール（2023年）の約1・7倍に及ぶ。国内のデータを見てみると、オリーブはスペイン全17の自治州のうち北部のアストゥリアス州とカンタブリア州を除く15州で栽培されており、特にアンダルシーア地方が全体の60％を占める。アンダルシーア州の中でもハエン県は特にオリーブ産業が盛んで、数千本のオリーブが植えられた景観は「オリーブの海」と形容される。

スペインで栽培されているオリーブの種類は、細かく分けると260種類以上もあると言われるが、最もポピュラーなものは、ピクアル、オヒブランカ、コルニカブラ、アルベキーナの4種類だ。ハエン県で最も作付面積が大きいのはピクアル種で、約95％のオリーブの木がそれにあたる。オヒブランカは、セビーリャ県とマラガ県に多く見られ、コルニカブラはマドリードやシウダー・レアルなどのイベリア半島中央部、そしてアルベキーナはアラゴンやカタルーニャで多く栽培される。そ

01 一面に広がるオリーブ畑

02 オリーブの実

れぞれに味や香りの異なるオリーブオイルになる。

オリーブオイルを語る上で忘れてはならないのが、その品質基準だ。ＡＯＶＥ（Aceite de Oliva Virgen Extra）と呼ばれるものが最高級で、エクストラ・バージン・オリーブオイルを意味する。これを名乗れるのは、オリーブの実を搾った１００％の「オリーブジュース」で、かつ酸度が０・８％以下という厳しい基準をクリアしたもののみだ。同じく一番搾りの「オリーブジュース」から採れるものでも、酸度がこの数値以上のものは「バージン・オリーブオイル」と呼ばれ、次のランクになる。日本で「ピュア・オリーブオイル」または単に「オリーブオイル」と呼ばれるものは、バージン・オリーブオイルと精製したオリーブオイルをブレンドしたものだ。「精製」とは、一番搾りのオリーブオイルの搾りかすや、オリーブの種の部分を砕いたものからオイルを抽出することを指す。精製しただけのオリーブオイルは無味無臭に近いため、バージン・オリーブオイルを混ぜることで風味付けをしている。

早摘みのグリーンオリーブオイルは、ＡＯＶＥの中でもさらに高価なものとして知られる。これは花が散って実が膨らみ始めてすぐの、未熟なオリーブを搾って作るもので、一粒から採れるオイルの量がわずかなため稀少価値が高い。一般的に我々がイメージするオリーブオイルは黄色または黄緑色だが、この早摘みのオリーブオイルは鮮やかな緑色をしている。

２０１４年に、スペイン産のオリーブオイルは日本での売上高の１位となり、その地位を揺るぎないものにしている。店頭で購入する際には、生産国を確認し、ＡＯＶＥの文字のある最高級のオリーブオイルで、その味と香りを楽しんでみたい。

オリーブオイル祭り

ハエン県では、毎年11月に各都市が回り持ちでオリーブオイル祭りが開催されている。第1回のオリーブオイル祭りが開かれたのがバエサだ。毎年オリーブの収穫は9月末頃から始まるので、11月というのはだいたい最初の収穫から搾られたオリーブオイルが出荷される時期にあたる。オリーブオイルには、開封前の状態なら消費期限はないとされる。だが年数を重ねるごとに価値が高まるワインとは逆に、搾られた瞬間から鮮度（味や香り）が落ちていくため、11～12月に店頭に並ぶ「今年の」オイルが最上のオリーブオイルといえる。この祭りでは、そうした高品質のオリーブオイルの出店が並び、それを求めてたくさんの人々がスペイン中から集まる。店頭に並ぶのはオリーブオイルだけでなく、オリーブを使ったクリームや化粧品、チョコレートやクッキーなど実に多彩な商品があり、試食や試飲も楽しめる。

オリーブオイル観光

ハエン県を中心に、オリーブオイルの生産とともに成長している産業のひとつが、スペイン語では「オレオトゥリ

03 オリーブオイル祭り

スモ」と呼ばれるオリーブオイル観光である。現在は多くのオリーブ農家やオリーブオイル工場が、見学のために観光客を受け入れ、オリーブ畑での収穫体験などを提供しているが、その先駆者的存在となったのが、バエサにある「オレイコラ・サン・フランシスコ」だ。これまでに50ヶ国以上から3万人を超える体験者を受け入れ、この業界を牽引している。工場には、前世紀まで実際に使用されていたエスパルト（第45章参照）を使った圧搾機なども展示されているほか、実際に稼働している電動の圧搾機も間近でみることができる。オリーブオイル生産の過去と現在を両方知ることのできる貴重な体験となる。見学後には、オリーブオイルの試飲だけでなく、オリーブオイルを使った料理や、スペイン産の生ハムやチーズとのマリアージュも楽しめる。

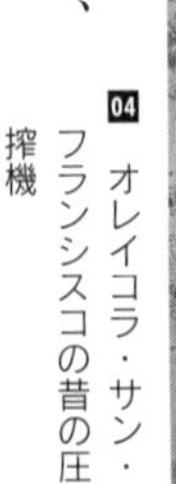

04　オレイコラ・サン・フランシスコの昔の圧搾機

05　オリーブオイルを求めて世界中から観光客が集まる（この工場を訪れた観光客の出身地がシールで示されている）

ハエン県のボレロの多様性と民俗音楽研究家ロラ・トーレス

「ボレロ」という舞曲を世界的に有名にしたのは、1928年にフランスの作曲家モーリス・ラヴェルが作曲したバレエ曲であるが、その起源は18世紀のスペインにある。もとは、4分の3拍子の舞踊曲として生まれ、ギター伴奏を伴ってペアの男女で（または複数のペアが一緒になって）踊られた。踊り手は男女ともにカスタネットをつけて、踊りながらカスタネットを演奏するスタイルが一般的だった。ハエン県は都市ごとに独自の発展を遂げた多彩なボレロがあることでも知られている。アンダルシーアに属しながらも、カスティーリャ＝ラ・マンチャにも隣接するため、アンダルシーア生まれのフラメンコやファンダンゴの影響だけでなく、ラ・マンチャ地方のフォルクローレの影響も受けやすかったことが、ハエン県にボレロの多様性が生まれる要因となったことは想像に難くない。

バエサには「ボレロ・デ・バエサ」と呼ばれる特有のボレロがあり、これはわずか数キロしか離れていないウベダのそれとは趣を異にすることも興味深い。ハエン県のフォルクローレやボレロの特徴が詳細に明らかになっているのは、20世紀初めの音楽家で民俗音楽研究家ロラ・トーレスの功績によるところが大きい。ギター、マンドリン、バンドゥリア、ラウーなどの弦楽器の名手でもある彼女は、ハエン県中のフォルクローレを採集し分類した。現在ハエンには彼女の名を冠した「ロラ・トーレス協会」があり、ハエン県各地のボレロの伝統を守りながら、演奏活動や教授活動を行っている。華やかな衣装に包まれて踊られるボレロを見ていると、つい自らもステップを踏みたくなるような軽快なリズム感がある。

（小倉真理子）

06 バエサのボレロ

コラム 15

「鉛と銀」とシエラ・モレーナ

スペインの町や村では祭りがあると広場に特設舞台が設けられて、バンドの生演奏が行われるのが一般的だ。バエサや約20キロメートル北のリナーレスの祭りでは「鉛と銀（Plomo y Plata）」という5人組のグループが登場して、ルンバやフラメンコの演奏で、人々を楽しませてくれる。このグループ名の「鉛と銀」、ずいぶんと硬そうな名前だが、実は地元に深く根差したもので、郷土愛からつけられた名である。

西はバダホス県から東はハエン県に延びる長さ約450キロメートル、幅約120キロメートルの山脈はシエラ・モレーナ（シエラはスペイン語で山脈の意）と呼ばれるが、その西端にあたるバエサやリナーレスのあるハエン県の北部一帯では、古くから鉛や銀が産出されていた。特にリナーレス郊外のカストゥロ史跡では先史時代から銅、鉛、銀の生産を行っていた。この地帯でよくみられる方鉛鉱（galena）は含銀方鉛鉱と呼ばれるもので、ローマ時代に抽出された貴重な銀は海を渡ってローマへ運ばれていたという。今や鉱山業は完全に衰退して、その景観はもっぱら「オリーブの海」と化しているが、「鉛と銀」はこの地帯の歴史的ルーツなのだ。

バエサはといえば19世紀初めまで依然として鉛生産が重要だった。1830年代初めにスペイン南部を旅したイギリスの旅行家リチャード・フォードの記録『スペイン旅行者案内』からもそれが窺えるが、方鉛鉱の大規模な鉱床はリナーレスからラ・カロリーナ、そしてサンタ・エレーナの一帯にあった。19世紀半ばになると産業革命を進めるイギリス資本が自国の鉱脈の枯渇からここに目をつけて大規模な産出を行うようになり、シエラ・モレーナの鉛生産量は飛躍的に増加した。

１８７１～１８９０年の統計によれば、スペインの生産量は全世界の4分の1を誇っていた。銅や鉄の生産でも当時のスペインは重要だった。19世紀から20世紀にかけてスペインは、ヨーロッパ経済の発展にとって不可欠な鉱山資源輸出国だったことを忘れてはならない。

しかし、この頃にはアメリカ合衆国の生産が伸び、20世紀に入るとオーストラリア、南アメリカ、そして中国で新たな鉱床も発見され、採算のとれなくなったスペインの鉛生産は急速に衰えた。細々と残っていた最後の鉛鉱山も１９９１年には閉鎖され、採掘を終えた後のリナーレスやラ・カロリーナの各地には、高い煙突をもつ工場の跡だけが残っている。だが幸いなことに閉山後にリナーレスとラ・カロリーナの地元住民の間から「アラヤネス計画」が持ち上がっている。鉱山・工場の跡を近代産業遺産として修復保存し、文化ツーリズムの対象としてスポットを当てようという動きである。アラヤネスはスペイン語でミルトスの木を指す。聖書にも現れるこの木は、切られた後も生命力が強くて枯れにくいところから、不死の象徴であり、繁栄の象徴ともなっている。この地帯が「オリーブの海」の中の繁栄

㊤㊦　リナーレスの工場跡

の島として蘇ることを願いたい。

最後に、バエサに関わるもうひとつの動きにも触れておきたい。シエラ・モレーナは狼や熊が生息し、山賊たちが跋扈する危険な地域だったために、18世紀後半の啓蒙改革の時代に、シエラ・モレーナからコルドバを経てセビーリャに至る街道沿いに多くの開拓村が設けられた。中にはドイツやスイスからの開拓農民たちもいた。この「シエラ・モレーナ＝アンダルシーア新定住地域」開拓事業の主導者はパブロ・デ・オラビーデという改革派官僚であった。オラビーデを顕彰してセビーリャにパブロ・デ・オラビーデ大学が1997年に開学したが、この大学が2001年に結成したのが「パブロ・デ・オラビーデ自治体協会」である。オラビーデによって新村落として造られた15自治体（主都はラ・カロリーナ）、オラビーデが都市長官を務めたセビーリャ、さらにオラビーデが晩年を過ごしたバエサの都合17の自治体とオラビーデの改革精神を継ぐ大学が協働して地域経済・文化の活性化を目指しているのである。バエサのサン・パブロ教会に眠るオラビーデも、こうした大学＝地域連携の動きに期待を寄せていることだろう。

（立石博高）

㊤㊦　オラビーデの銘板

あとがき

私自身が読者として愛読している明石書店のエリア・スタディーズ叢書を手にすると、ページをめくるたびに、まだ訪問したことのない国に想いを馳せたり、既訪の国々を懐かしく思い返すだけでなく、実際にその地を訪れているかのような錯覚に陥ることもしばしばある。本書『スペインの歴史都市を旅する48章』は、この本を手にした読者がスペインの歴史に触れつつ、壮麗なモニュメントや心休まる美しい風景を味わいながら、まるでスペインの街を散歩しているかのような気分を体験できるよう、想いを込めて執筆した。

本書の共著者である立石博高先生は、私の大学時代の恩師である。私が運営するYouTubeチャンネル「まりこのスペイン語」の、スペインの世界遺産を紹介したいくつかの動画を目にされた立石先生が、映像を取り入れた新しい形式のガイドブックの企画を提案されたことに本書は端を発する。こうして、既に200タイトルを数えるエリア・スタディーズ叢書としても初となる、文章、写真、映像の3本立てという、従来の書籍の枠組みを超えた新しい試みが実現した。

スペイン在住26年目を迎える私にとって本書で扱った歴史都市は、いずれも一度ならず幾度も訪問している親しみある場所ばかりであるが、執筆にあたり15都市を全て再訪問したことを書き添えておきたい。本書に掲載している各地の写真は、本書のために新たに撮り下ろしたものばかりで、QRコードまたは巻末のURLリストからアクセスできる動画は、この企画のために撮影し編集したものである。実際にこれらの歴史都市を闊歩し、壮大な歴史のうねりに圧倒され、街角から漂う美味しそうな匂いに誘われながら撮影した映像の数々から、読者にそれを追体験してもらえれば、これほど嬉しいことはない。

旅の音楽には、スペインを代表するフラメンコギタリストで作曲家のカニサレスが提供してくれた自作メロディーのギター演奏を使用している。２０２３年には国民音楽賞という、スペイン音楽界における最高峰の栄誉が授けられ、円熟の域に達したカニサレスの演奏は、映像の中でもＢＧＭにしておくのが勿体無いほどの輝きをみせている。フラメンコギターの力強くも繊細な音色によってスペインの風景が一層際立つのは、この楽器がスペイン発祥のものであることと切り離しては考えられないだろう。

最後に、この本の編集者である明石書店の長島遥氏に心よりの感謝を申し上げたい。編集者の仕事は時に黒子的な立場として、スペイン語でもプロフェシオナル・インビシブレ（目に見えないプロフェッショナル）と呼ばれることがある。長島氏の豊富な経験と豊かな語彙力のおかげで、私の綴ったスペインの風景を、より美しい輝きとリアリティーをもって届けられることをありがたく思う。

この本と映像が、スペインの歴史都市の魅力を十分に伝え、この国を「旅する」読者の道標になることを心から願っている。

２０２４年2月、マドリードにて

著者　小倉真理子

章	都市名	URL
7	タラゴーナ ①	https://youtu.be/Y2g_MPq1FSg
8	タラゴーナ ②	https://youtu.be/kStXMpmLGfU
9	タラゴーナ ③	https://youtu.be/FhJsLp3Eye4
10	イビーサ ①	https://youtu.be/33FOJAkNlNk
11	イビーサ ②	https://youtu.be/TQwuHSAE2CA
12	イビーサ ③	https://youtu.be/NuxHuN2u2OI
13	サン・クリストバル・デ・ラ・ラグーナ ①	https://youtu.be/ETe9OiSV57Y
14	サン・クリストバル・デ・ラ・ラグーナ ②	https://youtu.be/cIEAwwxUs5E
15	サン・クリストバル・デ・ラ・ラグーナ ③	https://youtu.be/lXBQHQpDIAQ
16	サラマンカ ①	https://youtu.be/iksdBiI2enc
17	サラマンカ ②	https://youtu.be/z9JdqO_HSdM
18	サラマンカ ③	https://youtu.be/WbSDagmziOI
19	カセレス ①	https://youtu.be/samxbIZ5uUk
20	カセレス ②	https://youtu.be/N7cNgx15Ue8
21	カセレス ③	https://youtu.be/QB8nse3RL6g
22	アビラ ①	https://youtu.be/LOMVEqmU-_U
23	アビラ ②	https://youtu.be/va8LxMELgtc
24	アビラ ③	https://youtu.be/DgsmL_9k4lU
25	セゴビア ①	https://youtu.be/2b8mWL4Hvfc
26	セゴビア ②	https://youtu.be/GomQUU9cykg
27	セゴビア ③	https://youtu.be/j6qb_KEjP1I
28	アルカラ・デ・エナーレス ①	https://youtu.be/t3xQJug4rX8
29	アルカラ・デ・エナーレス ②	https://youtu.be/AG4BYO6j0bg
30	アルカラ・デ・エナーレス ③	https://youtu.be/ftFgdKfYEqs
31	トレード ①	https://youtu.be/rcKkNzTfv3k
32	トレード ②	https://youtu.be/rborjNQfXXI
33	トレード ③	https://youtu.be/vDL60eNDdjk
34	クエンカ ①	https://youtu.be/smbpBrEHakg
35	クエンカ ②	https://youtu.be/TTtDxJW_17c
36	クエンカ ③	https://youtu.be/aPhYBvIQb58
37	メリダ ①	https://youtu.be/klmkxZT76aM
38	メリダ ②	https://youtu.be/n_1N3NCLWH0
39	メリダ ③	https://youtu.be/oscdi9zOQIc
40	コルドバ ①	https://youtu.be/gpmudveTvss
41	コルドバ ②	https://youtu.be/ucNM2qqWrok
42	コルドバ ③	https://youtu.be/3pErXfT3E48
43	ウベダ ①	https://youtu.be/POXhLu8eNu8
44	ウベダ ②	https://youtu.be/QsqWzwFz3y8
45	ウベダ ③	https://youtu.be/fbbEIpBkob8
46	バエサ ①	https://youtu.be/0CMMNQG7YKk
47	バエサ ②	https://youtu.be/l_8JxEaEdOI
48	バエサ ③	https://youtu.be/bhCk9CepSeE
	再生リスト（全動画）	https://www.youtube.com/playlist?list=PLPNiZ0V4FMTQXJnGWRdhQ6A_lc024LOko

Márquez Cruz, Francisco Solano, *Bodegas Campos, solera de Córdoba 1908–2008,* Córdoba: Almuzara, 2008.

Puerta Vílchez, José Miguel, *El Sentido artístico de Qurtuba,* Córdoba: Edilux, 2015.

Suárez, Marga, *Torre de la Calahorra,* Córdoba: Editorial El Páramo, 2014.

▶ウベダおよびバエサ

Ciudades con encanto. Úbeda y Baeza, Madrid: El País-Aguilar, 2006.

Úbeda, Baeza, Jaén. Renacimiento del Sur, Jaén: Tintablanca, 2016.

De Bock Cano, Carmen y García Rodríguez, José Carlos, *Úbeda y Baeza. Dos ciudades monumentales en la Ruta del Renacimiento,* León: Editorial Everest, 2000.

Delgado Barrado, José Miguel y López Arandia, María Amparo, *Ciudades de Jaén en la Historia (siglos XV–XXI). Mitos y realidades,* Sevilla: Secretariado de Publicaciones de la Universidad de Sevilla, 2011.

Martínez Sánchez, Isabel María, *Baeza y Úbeda. Patrimonio de la Humanidad,* Jaén: El Olivo de Papel de Andalucía, 2009.

Raya Moral, Baltasar, *Portadas y fachadas de Úbeda y Baeza. Ciudades Patrimonio de la Humanidad. Arte y Geometría,* Jaén: Ediciones Tudela, 2010.

Sicilia de Miguel, Mª Pilar y Navasal Huertas, Carlos, *Memoria Viva. Indumentaria costumbrista de Jaén y provincia,* Jaén: Diputación Provincial de Jaén, 2019.

第Ⅱ部～第Ⅳ部（第4～48章）全体

川成洋・坂東省次『スペイン文化事典』丸善、2011年。

立石博高編『スペイン・ポルトガル史・上』山川出版社、2022年。

立石博高編『スペイン・ポルトガル史・下』山川出版社、2022年。

立石博高『スペイン史10講』岩波書店、2021年。

立石博高『世界の食文化14・スペイン』農山漁村文化協会、2014年。

立石博高・内村俊太編著『スペインの歴史を知るための50章』明石書店、2016年。

立石博高・黒田祐我『図説・スペインの歴史』河出書房新社、2022年。

立石博高・塩見千加子編著『アンダルシアを知るための53章』明石書店、2012年。

濱田滋郎『スペイン音楽のたのしみ ―― 気質、風土、歴史が織りなす多彩な世界への“誘い”』音楽之友社、2013年。

渡辺万里『スペインの竈から―美味しく読むスペイン料理の歴史』

Rodríguez Pérez, María José, *La red de Paradores. Arquitectura e historia del turismo 1911–1951,* Madrid: Turner, 2018

関連動画URL一覧

小倉真理子運営 YouTube チャンネル「まりこのスペイン語」
https://www.youtube.com/@MarikoSpanish

再生リスト（全動画）

章	都市名	URL
4	サンティアゴ・デ・コンポステーラ①	https://youtu.be/NVBQZYlT_-I
5	サンティアゴ・デ・コンポステーラ②	https://youtu.be/beiJXU8ZzWQ
6	サンティアゴ・デ・コンポステーラ③	https://youtu.be/_mH7uKkWD1k

Sanz de Andrés, Mª Mercedes, *Catedral de Segovia. La dama de las Catedrales*, Segovia: Turismo de Segovia, 2021.

▶アルカラ・デ・エナーレス

Alcalá de Henares. Ciudad Patrimonio de la Humanidad, Madrid: Alymar, 2005.

Ciudades con encanto. Alcalá de Henares, Madrid: El País-Aguilar, 2006.

Ruta de Azaña, Alcalá de Henares: Concejalía de Turismo de Alcalá de Henares, 2021.

Machamalo Sánchez, Antonio, *Ruta Ignaciana,* Alcalá de Henares: Concejalía de Turismo de Alcalá de Henares, 2022.

Millán, José Antonio, *Antonio de Nebrija o el rastro de la verdad. Biografía,* Barcelona: Galaxia Gutenberg, 2022.

Sánchez Moltó, M. Vicente, *Alcalá Patrimonio Mundial,* Alcalá de Henares: Concejalía de Turismo de Alcalá de Henares, 2015.

VV.AA., *Nebrija. El orgullo de ser gramático. Grammaticus nomen est professionis,* Madrid: Fundación Antonio de Nebrija, 2022.

▶トレード

芝修身『古都トレド・異教徒・異民族共存の街』昭和堂、2016 年。

Ciudades con encanto. Toledo, Madrid: El País-Aguilar, 2012.

Toledo. Ciudad Patrimonio de la Humanidad, Madrid: Alymar, 2004.

Museo Sefardí. Toledo, Madrid: Ministerio de Cultura y Deporte, 2020.

Abulafia, Alejandra, *Ciudades de Sefarad. Destinos de la Red de Juderías de España,* Córdoba: Red de Juderías de España. Camino de Sefarad, 2020.

▶クエンカ

Ciudades con encanto. Cuenca, Madrid: El País-Aguilar, 2007.

Cuenca. Ciudad Encantada, Zaragoza: Ediciones Sicilia, 2008.

Romero, Miguel, *Descubre Cuenca. PAtrimonio de la Humanidad,* Madrid: Infante Editores, 2016.

▶メリダ

Barroso, Yolanda y Morgado, Francisco, *Mérida. Patrimonio de la Humanidad. Conjunto Monumental,* Badajoz: Consorcio de la Ciudad Monumental Histórico-Artística y Arqueológica de Mérida, 2011.

De la Vega Fernández, Juan, *En Alange y en su historia,* Badajoz: Juan de la Vega Fernández, 2016.

Moreno de Vargas, Bernabé *Historia de La Ciudad de Mérida,* Valladolid: Editorial Maxtor, 2005

Pérez Chivite, Mª Paz, *Conservación In Situ de los Mosaicos Romanos de Mérida,* Mérida: Consorcio de la Ciudad Monumental Histórico-Artística y Arqueológica de Mérida, 2020.

第 IV 部　アンダルシーアの歴史都市（第 40 ～ 48 章）

▶コルドバ

伊藤喜彦ほか『リノベーションからみる西洋建築史・歴史の継承と創造性』彰国社、2020 年。

Ciudades con encanto. Córdoba, Madrid: El País-Aguilar, 2004.

Córdoba. Ciudad Patrimonio de la Humanidad, Madrid: Alymar, 2003.

Ávalos Cabrera, Rafael y González Mestre, Ricardo, *Patios de Córdoba. Centenario Concurso Municipal 1921–2021,* Córdoba: Utopía Libros, 2021.

Chaachoo, Amin, *La Música Andalusí Al-Alá. Historia, Conceptos y Teoría Musical,* Jaén: Editorial Almuzara, 2011.

Jiménez Pedrajas, Rafael, *Historia de los Mozárabes en Al Ándalus,* Córdoba, Editorial Almuzara, 2013.

第 III 部　内陸部の歴史都市（第 16 ～ 39 章）

▶サラマンカ

Ciudades con encanto. Salamanca, Madrid: El País-Aguilar, 2005.

Becedas González, Margarita, *La Biblioteca Histórica. Universidad de Salamanca,* Salamanca: Ediciones Universidad de Salamanca, 2016.

Belzunces Lorca, José Ramón, *El Mundo del Jamón,* Murcia: Independently published, 2020.

Flórez Miguel, Cirilo, *La Fachada de la Universidad de Salamanca,* Salamanca: Ediciones Universidad de Salamanca, 2016.

Illana Gutiérrez, Laura y Fernández Ferrero, Alberto, *Salamanca. Artística y Monumental,* Zamora: Edilera, 2015.

Martínez Frías, José María, *Sobre el Cielo de Salamanca,* Salamanca: Ediciones Universidad de Salamanca, 2017.

Nieto González, José Ramón, *Universidad de Salamanca. Escuelas Mayores,* Salamanca: Ediciones Universidad de Salamanca, 2016.

▶カセレス

関哲行・立石博高編訳『大航海の時代 ── スペインと新大陸』同文舘、1998 年。

Ciudades con encanto. Cáceres, Madrid: El País-Aguilar, 2005.

Extremadura. Templos Gastronómicos, Badajoz: Dirección General de Turismo, 2020.

Benítez Floriano, Santos, *Cáceres, Patrimonio de la Humanidad,* Cáceres: Fundación Tatiana Pérez de Guzmán el Bueno, 2021.

Callejo Carbajo, Alfonso, *Historia de Maltravieso. Memorias 13,* Badajoz: Consejería de Cultura, Turismo y Deportes. Junta de Extremadura, 2019.

Herreros Moya, Gonzalo J., *La Casa de los Golfines en Cáceres. El Linaje de Tatiana Pérez de Guzmán el Bueno,* Madrid: Dykinson, 2021.

VV.AA., *Palacios de los Golfines de Abajo,* Cáceres: Fundación Tatiana Pérez de Guzmán el Bueno, 2015.

▶アビラ

Ciudades con encanto. Ávila Madrid: El País-Aguilar, 2004.

Benito Pradillo, María Ángeles, Historia Crono-Constructiva de la Catedral de Ávila, Ávila: Gran Duque de Alba de la Diputación de Ávila, 2017.

Fernández Ferrero, Alberto y Illana Gutiérrez, Laura, *Ávila de los leales, de los caballeros, del rey. Artística y Monumental,* Zamora: Edilera, 2015.

Pablo Morato, Daniel de, *Biografía Teresa de Jesús. Mujer, fundadora y escritora,* Madrid: Editorial de Espiritualidad, 2013.

Rossi, Rosa,*Teresa De Ávila: Biografía de una escritora,* Madrid: Editorial Trotta, 2015.

▶セゴビア

Ciudades con encanto. Segovia, Madrid: El País-Aguilar, 2007.

Segovia. Ciudad Patrimonio de la Humanidad, Madrid: Alymar, 2006.

Segovia. Patrimonio de la Humanidad, Segovia: Turismo de Segovia, 2020.

Del Barrio, Juancho, *Casa Museo de Antonio Machado en Segovia,* Segovia: Turismo de Segovia, 2016.

Illana Gutiérrez, Laura y Fernández Ferrero, Alberto, *Segovia. Artística y Monumental,* Zamora: Edilera, 2021.

Pastor Martín, Jesús, *Segovia entre libros. Apuntes para una literatura segoviana,* Segovia: Ediciones Derviche, 2017.

Ruiz Alonso, Rafael, *Esgrafiado. Materiales, Técnicas y Aplicaciones,* Segovia: Diputación de Segovia, 2015.

Ruiz Hernando, Antonio, *El Alcázar de Segovia,* Segovia: Turismo de Segovia, 2016.

Quintela, Anxo, *Santiago de Compostela,* Menorca: Triangle Postals, 2013.

Yzquierdo Peiró, Ramón, *Los Tesoros de la Catedral de Santiago,* Santiago de Compostela: Teofilo Comunicación, 2018.

Zorrilla, Juan José, *Santiago de Compostela. Ciudad Patrimonio de la Humanidad,* Madrid: Alymar, 2004.

VV.AA., *Los Caminos de Santiago en España,* León: Edilesa, 2018.

▶タラゴーナ

竹中克行『地中海都市 ── 人と都市のコミュニケーション』東京大学出版会、2021 年。

立石博高・奥野良知編著『カタルーニャを知るための 50 章』明石書店、2013 年。

Ciudades con encanto. Tarragona, Madrid: El País-Aguilar, 2007.

Tarragona. Patrimonio de la Humanidad, Madrid: Alymar, 2006.

Almirall, Josep, *Torres humanas Castells,* trad. Liz, Josep, Barcelona: Triangle Postals, 2011.

Abadía de Poblet, Barcelona: Editorial Fisa Escudo de Oro. 1997.

Martínez Subías, Antonio Pedro, *Catedral de Tarragona,* Menorca: Triangle Postals, 2019.

VV.AA. *Tarraco. MNAT. Exposición de síntesis,* trad. Cartagena, Aina et al., Tarragona: Museu Nacional Arqueològic de Tarragona, 2019.

▶イビーサ

Ciudades con encanto. Ibiza, Madrid: El País-Aguilar, 2010.

Siente Ibiza. Todas las islas en una, Ibiza: Ibiza Travel, 2021.

Amanda Tur, Cristina, *Ibiza Submarina. Las reservas de es vedrà, es vedranell i els illots de Ponent,* Ibiza: Balàfia Postals, 2019.

Cirer, Felip et al., *Historia de Ibiza y Formentera. Desde la prehistoria hasta el turismo de masas,* Ibiza: Balàfia Postals, 2019.

Martín Ruiz, Juan Antonio et al.,*Principio Vital. Cáscaras de huevo de avestruz en Ibiza,* Editorial MIC, 2021.

Mayol, Joan y Moragues, Eva, *Flora Adrib. La flora emblemàtica de Formentera i Eivissa,* Palma de Mallorca: Perifériсs, 2015.

VV.AA., Eivissa. *Ptrimoni de la Humanitat,* Ibiza: Demarcació d'Eivissa i Formentera del Col·lecció Oficial d'Arquitectes de les Illes Balears i Conosorci Eivissa Patrimoni de la Humanitat, 2003.

▶サン・クリストバル・デ・ラ・ラグーナ

JAXA 宇宙大航海時代検討委員会編『宇宙大航海時代』誠文堂新光社、2022 年。

Guía del Parque Nacional del Teide, Madrid: Centro Nacional de Información Geográfica, 2001.

Carracedo Gómez, Juan Carlos et al., *El Teide. Parque Nacional,* Barcelona: Lunwerg Editores, 2006.

Hernández González, Manuel Jesús, *Guía Museo de Arte Sacro. Santa Clara de Asís. San Cristóbal de La Laguna,* Tenerife: Concejalía de Cultura del Ayuntamiento de San Cristóbal de La Laguna, 2021.

Hernández-Guanir, Pedro, *Descubrir y Disfrutar La Laguna,* Tenerife: Tafor Publicaciones, 2013.

Moreno, José Manuel y Sanchez, Diego L., *La Laguna. Patrimonio de la Humanidad.* San Cristóbal de la Laguna: Publicación Turquesa, 2011

Socorro Hernández, Juan Sergio, *Guía de ascensión al Pico Teide,* Tenerife: Ediciones y Promociones Saquiro, 2013.

VV.AA., *Museo de Arte Sacro. Santa Clara de Asís. San Cristóbal de La Laguna,* Tenerife: Dirección General de Patrimonio Cultural del Gobierno de Canarias, 2018.

スペインの歴史都市を旅するためのブックガイド

本書では「スペイン世界遺産都市機構」に加盟する15都市について世界遺産と歴史・文化を紹介したが、それらの都市をより深く旅することを企図する読者のために、おもに邦語とスペイン語の基本文献を列挙しておきたい。併せて主要なオンラインサイトも紹介するが、部分的には英語ヴァージョンも含まれる。

第Ⅰ部　スペインの世界遺産と世界遺産都市機構（第１～３章）

▶スペインの世界遺産

関哲行編『世界歴史の旅　スペイン』山川出版社、2002年。

羽生修二ほか編『世界の建築・街並みガイド① フランス・スペイン・ポルトガル』エクスナレッジ、2012年。

ユネスコ（日高健一郎監訳）『世界遺産百科』柊風舎、2014年。

El Patrimonio Mundial Cultural, Natural e Inmaterial de España / World Cultural, Intangible and Natural Heritage in Spain, Madrid: Alymar, 2019.

スペイン政府観光局　スペイン観光公式サイト
💻 https://www.spain.info/ja/

世界遺産オンラインガイド　スペイン
💻 https://worldheritagesite.xyz/europe/spain/

UNESCO World Heritage Convention Spain
💻 https://whc.unesco.org/en/statesparties/es

▶スペインの文化財保護政策

Capel, Horacio, *El patrimonio: la construcción del pasado y del futuro,* Barcelona: Ed. del Serbal, 2014.

García Morales, María Victoria et al., *El estudio del patrimonio cultural,* Madrid: UNED, 2017.

▶スペイン世界遺産都市機構

*Ciudades Patrimonio de la Humanidad de Españ*a, Madrid: Alymar, 2017.

Ciudades Patrimonio de la Humanidad de España, Madrid: El País-Aguilar, 2007.

Ciudades Patrimonio de la Humanidad. Urbanismo y patrimonio histórico, Madrid: Alymar, 2001.

Turismo cultural en ciudades Patrimonio de la Humanidad, Cuenca: Ediciones de la Universiad de Castilla-La mancha, 2009.

スペイン世界遺産都市機構オンラインサイト
💻 https://www.ciudadespatrimonio.org/presentaciondelgrupo/index.php

第Ⅱ部　沿岸地域と島嶼部の歴史都市（第４～15章）

▶サンティアゴ・デ・コンポステーラ

関哲行『スペイン巡礼史』講談社現代新書、2006年。

坂東省次・桑原真夫・浅香武和編著『スペインのガリシアを知るための50章』明石書店、2013年。

Catedral de Santiago. Más de ocho siglos de arte y arquitectura, Barcelona: Dos de arte ediciones, 2018.

Ciudades con encanto. Santiago de Compostela, Madrid: El País-Aguilar, 2004.

García Martín, Jesús y Ledrado Villafuertes, Paloma, *Santiago de Compostela,* Madrid: Guías Azules de España, 2018.

Mayó, Marina e Yzquierdo Peiró, Ramón, *Catedral de Santiago de Compostela,* Barcelona: Editorial Fisa Escudo de Oro, 2019.

Gallino Films
Dña. Elena Rodríguez
D. Natalio Rivas Sabater
D. Paco Ortega
D. Pablo Martínez Álvarez
D. Andrea Pezzini
Dña. Pepa Rus
Dña. Sole Román
D. Juan Martínez Villacañas "Juan Tito"
D. Francisco Martínez Villacañas "Paco Tito"
D. Juan Pablo Martínez Sánchez "Pablo Tito"
Dña. Ana Charriel
D. Pedro Blanco
D. Jesús Blanco
D. Francisco Castro

バエサ (Baeza)

Ayuntamiento de Baeza
Oficina de Turismo de Baeza
Palacio de Jabalquinto
Seminario de San Felipe Neri
Universidad Internacional de Andalucía
Antigua Universidad de Baeza
Catedral de la Natividad de Nuestra Señora de Baeza
Iglesia de la Santa Cruz
La Fiesta Anual del Primer del Aceite de Jaén
Oleícola San Francisco
Asociación Provincial de Coros y Danzas Lola Torres de Jaén
Dña. Ana Rodríguez González
D. José Jiménez
D. Manuel Jiménez
Dña. Nieve Ibáñez

そのほかの都市（otras ciudades）

Concelho de Sarria (Sarria, Lugo)
Grupo Plomo y Plata (Linares, Jaén)
Centro de Interpretación del Paisaje Minero (Linares, Jaén)
Museo de la Batalla de las Navas de Tolosa (Santa Elena, Jaén)
Palacio del Infantado (Guadalajara)
Real Monasterio de San Lorenzo de El Escorial (El Escorial, Madrid)
Archivo Municipal de Murcia (Murcia)

全　般（en general）

GCPHE — Grupo de Ciudades Patrimonio de la Humanidad de España
D. Ángel Rosado Martínez (Gerente del GCPHE)
Dña. Patricia Hernández Alcalde
Dña. Elisa González Mateo
Dña. Keiko Morito
D. Haruka Nagashima
D. Shigeo Ogura
Dña. Yukiko Ogura
Dña. Kumiko Ogura
D. Juan Manuel Cañizares y a su maravillosa música

Nuestro sincero agradecimiento a todas aquellas personas que nos apoyaron y han hecho posible la realización de este proyecto.

Hirotaka Tateishi
Mariko Ogura

Parque Natural de la Serranía de Cuenca
Catedral de Santa María y San Julián de Cuenca
Iglesia de San Pedro de Cuenca
Fundación Juan March
Museo de Arte Abstracto Español
Fundación Antonio Pérez
Centro de Arte Contemporáneo
Parador de Cuenca
Espacio Torner
Confitería Marisol
Guitarras Vicente Carrillo (Casasimarro)
D. Miguel Ángel Valero
Dña. Ana María Chacón
Dña. Celina Quintas
D. Juan Membrillo
Dña. Marta Moset
D. Vicente Carrillo Casas
D. Pablo Cortijo Arteaga

メリダ (Mérida)

Junta de Extremadura
Ayuntamiento de Mérida
Oficina de Turismo de Alange
MNAR — Museo Nacional de Arte Romano
Balneario de Alange
Basílica de Santa Eulalia
Alcazaba de Mérida
Casa del Mitreo
Teatro Romano de Mérida
Anfiteatro de Mérida
Centro de interpretación del Circo Romano de Mérida
Centro de Interpretación del Templo de Diana
Parador de Mérida
Exofficina Antea
Terracota Mérida
Dña. Pilar Amor Molina
Dña. María del Carmen Calamonte
Dña. Carolina Ceballos Martínez
Dña. María Luisa Mendo Serrano
Dña. Ana López Ruiz
Dña. Luisa Díaz Liviano
D. Lorenzo Pérez Vinagre
D. Juan Manuel Pérez Vinagre

コルドバ (Córdoba)

Junta de Andalucía
Diputación de Córdoba
Ayuntamiento de Córdoba
Dirección General de Cultura y Patrimonio Histórico de Córdoba
IMTUR — Instituto Municipal de Turismo de Córdoba
Mezquita-Catedral de Córdoba
Conjunto arqueológico de Madinat al-Zahra
Alcázar de los Reyes Cristianos
Torre de la Calahorra
Caballerizas Reales
Córdoba Ecuestre
Parador de Córdoba
Bodegas Campos
Sombrerería Miranda
Patio Calle Marroquíes 6
Patio San Basilio 44
Patio de la Casa de las Campanas
Asociación Amigos de los Patios Cordobeses
D. José Luis Martínez Carvajal Rodríguez
D. Rafael Blanco Perea
D. César Bousfeha
D. Rafael Iglesias Alcalá
D. Rafael Cuevas Mata
D. José Miranda
Dña. María Miranda
D. Ramón Azañón
D. Javier Riba
D. Teodoro Fernández Vélez

ウベダ (Úbeda)

MAN — Museo Arqueológico Nacional
Ayuntamiento de Úbeda
Oficina de Turismo de Úbeda
Parador de Úbeda
Sacra Capilla del Salvador
Casa-Museo San Juan de la Cruz
Hospital de Santiago
Palacio de Vela de Los Cobos
Alfar Pablo Tito
Ubedíes Artesanía con Esparto
Museo de Alfarería Paco Tito
Sinagoga del Agua
Centro de Interpretación Olivar y Aceite de la Provincia de Jaén
Cortijo Espíritu Santo
Artificis

Dña. Carmen Mateos Santamaría
Dña. María Hérraez Bautista
D. David Jiménez Herrero
D. Arturo Díaz
D. Juan Blanco Recio
Dña. Isabel López
D. Francisco Javier López
D. Valentín Alvarado "Tino"

セゴビア (Segovia)

Ayuntamiento de Segovia
Concejalía de Turismo de Segovia
Centro de Recepción de Visitantes
Mesón de Cándido
Pastelería Artesanal Freia
Alcázar de Segovia
Catedral de Segovia
Iglesia de San Miguel
Iglesia de San Millán
Convento de San José
Iglesia y Sepulcro — San Juan de la Cruz
Iglesia de la Vera Cruz
Casa-Museo de Antonio Machado
Real Casa de Moneda de Segovia
Centro de Interpretación del Acueducto
Parador de Segovia
D. Miguel Merino Sánchez
D. Iván José Fernández Cabreiro
Dña. María Leiceaga
D. Gonzalo Giveja
Dña. Paula Pérez

アルカラ・デ・エナーレス (Alcalá de Henares)

Ayuntamiento de Alcalá de Henares
Concejalía de Turismo Alcalá de Henares
BNE — Biblioteca Nacional de España
Instituto Cervantes en Alcalá de Henares
UAH — Universidad de Alcalá
Catedral Magistral de los Santos Justo y Pastor
Museo Casa Natal de Miguel de Cervantes
Museo Hospital de Antezana de Alcalá de Henares
Fundación Antezana
Teatro Corral de Comedias de Alcalá de Henares
Parador de Alcalá de Henares
Restaurante Hostería del Estudiante
Dña. María Aranguren Vergara
Dña. Sonia Fuentes
Dña. Estrella Vilchez
Dña. Mª Carmen Herráez García
D. Pedro Soria
D. Gonzalo Gómez
D. Asensio Esteban

トレード (Toledo)

Ayuntamiento de Toledo
Patronato Municipal de Turismo
Catedral Primada Toledo
Real Alcázar de Toledo
Museo del Ejército
Museo Sefardí
Sinagoga del Tránsito
Mezquita del Cristo de la Luz
Sinagoga de Santa María La Blanca
Iglesia de Santo Tomé
Escuela de Traductores de Toledo
UCLM — Universidad de Castilla-La Mancha
Parador de Toledo
Artesanía Tradicional Toledana
El Museo del Greco
D. Francisco Rueda Sagaseta
Dña. María del Mar Álvarez Álvarez
Dña. Paloma Gutiérrez Paz
Dña. Prado López Martín
D. Antonio Arellano "Tony"
D. Oscar Martín Garrido
Dña. Myriam Rodríguez Maniega

クエンカ (Cuenca)

Diputación Provincia de Cuenca
Ayuntamiento de Cuenca
Oficina Municipal de Turismo

MHA — Museo de Historia y Antropología de Tenerife
Catedral de San Cristóbal de La Laguna
Parroquia Matriz de Nuestra Señora de la Concepción
Monasterio de Santa Clara. Convento de San Juan Bautista
El Museo de Arte Sacro de Santa Clara
Gofio La Molineta
Parador de Las Cañadas del Teide
Parque Nacional del Teide
Dña. María José Roca
Dña. Maria Cristina Martins Vieira
Dña. Beatriz Sánchez Barrios
D. José Luis García
D. Pedro Izquierdo

サラマンカ (Salamanca)

Ayuntamiento de Salamanca
Turismo de Salamanca
Catedral Vieja de Salamanca
Catedral Nueva de Salamanca
USAL — Universidad de Salamanca
Casa Museo Unamuno de la Universidad de Salamanca
Cielo de Salamanca
Universidad Pontificia y Clerecía de Salamanca
Palacio de Anaya
Casa de las Conchas
Parador de Salamanca
Luis Méndez Artesanos
Ibéricos Torreón
Museo de la Industria Chacinera en Guijuelo
Hostería Casa Vallejo
Salamanca Hall Gifu Fureai Plaza
D. Fernando Castaño
Dña. Montse Segurado Moralejo
Dña. Alexia Charo
D. Luis Méndez
Dña. Laura García
D. Michel de Vargas
Dña. Amparo Verde
Dña. Reiko Kane

カセレス (Cáceres)

Junta de Extremadura
Diputación de Cáceres
Ayuntamiento de Cáceres
Concejalía de Turismo de Cáceres
Patronato para la promoción del turismo y la artesanía de la provincia de Cáceres
Centro de Interpretación de las Tres Culturas de la Torre de Bujaco
Concatedral de Santa María de Cáceres
Iglesia de San Francisco Javier
Palacio de los Golfines de Abajo
Palacio de las Cigüeñas — Casa de los Cáceres-Ovando
Palacio de Carvajal
Palacio de Toledo-Moctezuma
Palacio de las Veletas y Casa de los Caballos
Museo de Cáceres
Baluarte de los Pozos
Centro de Interpretación de la Cueva de Maltravieso
Parador de Cáceres
Restaurante Atrio Cáceres
Museo de Arte Contemporáneo Helga de Alvear
Casa-Museo Guayasamín de Cáceres
La Fundación Lumbini
D. Jorge Villar
Dña. Amparo Fernández Gundín
D. José Durán Corchero
D. Toño Pérez

アビラ (Ávila)

Ayuntamiento de Ávila
Obispado y Diócesis de Ávila
Catedral de Cristo Salvador de Ávila
Monasterio de Encarnación
Convento de Santa Teresa
Real Monasterio de Santo Tomás
Basílica de San Vicente
Iglesia de San Pedro
Parador de Ávila
La Flor de Castilla
Dña. Sonsoles Prieto

謝　辞

本書の執筆と各章で紹介する動画撮影のため、実に多くの方々にご協力いただいたことに心からの感謝の意を表したい。関係各所の方々のご尽力なしには実現し得なかった。

サンティアゴ・デ・コンポステーラ (Santiago de Compostela)

Concelleiro de Santiago
Fundación Catedral de Santiago
Monasterio de San Martín Pinario
Iglesia de San Fiz de Solovio
Paradore de Santiago de Compostela
Museo do Pobo Galego
Rod Mayer
Pulpería Abastos
D. Guillermo Guinarte
D. Daniel Carlos Lorenzo Santos
D. Carlos Álvares Varela
D. Carlos Nuñez

タラゴーナ (Tarragona)

Diputació de Tarragona
Ajuntament de Tarragona
Patronat Municipal de Turisme de Tarragona
Tarragona Film Office
MNAT — Museo Nacional Arqueológico de Tarragona
Catedral Basílica Metropolitana y Primada de Tarragona
Reial Monestir de Santa Maria de Poblet
Pretori y Sirco Romano de Tarragona
Anfiteatro de Tarragona
Colla Castellers Xiquets de Tarragona
OAS BCN
Cal Ganxo Restaurant
D. Jaume Arbona
Dña. Naty Morales
Dña. Txell Roig
D. Oriol Olivé
Dña. Laia Sabaté
Dña. Rie Yasui
D. Rafael Cañizares
D. Juan Pedro Pérez Fernández
Dña. Ariadna Pérez Cañizares
D. Ignacio Abínzano Murillo
Dña. Nancy Nasr
D. Joaquín Teruel Ortega
Dña. Pilar Ferrer Méndez

イビーサ (Ibiza)

Consorci Eivissa Patrimoni de la Humanitat
Consell Insular d'Eivissa
Turismo y Comercio del Ajuntament d'Eivissa
Ibiza Film Commission
Museo-Necrópolis de Puig des Molins
Catedral de la Virgen de las Nieves de Ibiza
BIBO Park — Ibiza Botánico Biotecnológico
Anfibios Ibiza
Dña. Dessiré Ruiz Mostazo
Dña. Nieves Jiménez
Dña. Erica Rodriguez Romero
D. Eduardo Luis Mayol Aranda
Dña. Laura Tur
D. Jaume Torres
Dña. Maria Bofill Martinez

サン・クリストバル・デ・ラ・ラグーナ (San Cristóbal de La Laguna)

Cabildo de Tenerife
Ayuntamiento de San Cristóbal de La Laguna
Turismo, Comercio y Movilidad Sostenible del Ayuntamiento de La Laguna
Oficina de Información Turística de San Cristóbal de la Laguna

〈監修者・著者紹介〉（＊は監修者、［　］内は担当章）

＊立石博高（たていし・ひろたか）［1–3、コラム 1–15］
東京外国語大学名誉教授（前学長）
専攻：スペイン近代史、スペイン地域研究
主な著書・訳書：『スペイン史 10 講』（岩波書店、2021 年）、『歴史のなかのカタルーニャ』（山川出版社、2020 年）、『フェリペ 2 世』（山川出版社）、『スペイン帝国と複合君主政』（昭和堂、2018 年）、『概説近代スペイン文化史』（編著、ミネルヴァ書房、2015 年）、『カタルーニャを知るための 50 章』（共編著、明石書店、2013 年）、『アンダルシアを知るための 53 章』（共編著、明石書店、2012 年）、『世界の食文化 14　スペイン』（農文協、2007 年）、『スペインにおける国家と地域──ナショナリズムの相克』（共編著、国際書院、2002 年）、『世界歴史大系　スペイン史 1・2』（共編著、山川出版社、2008 年）、『スペイン・ポルトガル史』（編著、山川出版社、2000 年）、『国民国家と市民──包摂と排除の諸相』（共編著、山川出版社、2009 年）、『国民国家と帝国──ヨーロッパ諸国民の創造』（共編著、山川出版社、2005 年）、『フランス革命とヨーロッパ近代』（共編著、同文舘出版、1996 年）、クリシャン・クマー『帝国──その世界史的考察』（共訳、岩波書店、2024 年）、J・H・エリオット『歴史ができるまで』（共訳、岩波書店、2017 年）、J・アロステギ・サンチェスほか『スペインの歴史──スペイン高校歴史教科書』（監訳、明石書店、2014 年）、ヘンリー・ケイメン『スペインの黄金時代』（岩波書店、2009 年）、アントニオ・ドミンゲス・オルティス『スペイン　三千年の歴史』（昭和堂、2006 年）、リチャード・ケーガン『夢と異端審問──16 世紀スペインの一女性』（松籟社、1994 年）など。

小倉真理子（おぐら・まりこ）［4–48］
音楽プロダクション経営者
東京外国語大学スペイン語学科卒。マドリード在住 26 年。文化庁芸術家在外研修のアートマネジメント部門の奨学金で留学の後、スペインで音楽プロダクションを起業する。スペイン語検定 DELE の C2 取得。夫でフラメンコギタリストのカニサレスのマネジメントをしながら、バークリー音楽大学でサウンドエンジニアリングを学び、レコード会社と音楽出版社を設立。自らも音響技師、プロデューサーとして、ファリャ三部作（2013 年）、グラナドス三部作（2017 年）、『アル・アンダルス協奏曲』（2023 年）等、多数の CD 制作に携わる。カルロス・サウラ監督映画『J: ビヨンド・フラメンコ』（2017 年）の日本語字幕監修担当。NHK ラジオテキスト『まいにちスペイン語』の巻頭ページにて、スペインの世界遺産を紹介するコラムを執筆（2023 年 10 月号～2024 年 3 月号、NHK 出版）。マドリードのコンプルテンセ大学で客員講師として日本の伝統音楽や伝統楽器に関する講義を行う。

エリア・スタディーズ 204

スペインの歴史都市を旅する 48 章

2024 年 4 月 25 日　　初版第 1 刷発行

監修者・著者　立 石 博 高
著　　者　小倉真理子
発 行 者　大 江 道 雅
発 行 所　株式会社明石書店
〒101-0021　東京都千代田区外神田 6-9-5
電　話　03-5818-1171
F A X　03-5818-1174
振　替　00100-7-24505
https://www.akashi.co.jp/

装　幀　明石書店デザイン室
印刷／製本　日経印刷株式会社

（定価はカバーに表示してあります）　ISBN978-4-7503-5737-9

エリア・スタディーズ

1 **現代アメリカ社会を知るための60章**　明石紀雄、川島浩平 編著
2 **イタリアを知るための62章【第2版】**　村上義和 編著
3 **イギリスを旅する35章**　辻野功 編著
4 **モンゴルを知るための65章【第2版】**　金岡秀郎 著
5 **パリ・フランスを知るための44章**　梅本洋一、大里俊晴、木下長宏 編著
6 **現代韓国を知るための61章【第3版】**　石坂浩一、福島みのり 編著
7 **オーストラリアを知るための58章【第3版】**　越智道雄 著
8 **現代中国を知るための54章【第7版】**　藤野彰 編著
9 **ネパールを知るための60章**　日本ネパール協会 編
10 **アメリカの歴史を知るための65章【第4版】**　富田虎男、鵜月裕典、佐藤円 編著
11 **現代フィリピンを知るための61章【第2版】**　大野拓司、寺田勇文 編著
12 **ポルトガルを知るための55章【第2版】**　村上義和、池俊介 編著
13 **北欧を知るための43章**　武田龍夫 著
14 **ブラジルを知るための56章【第2版】**　アンジェロ・イシ 著
15 **ドイツを知るための60章**　早川東三、工藤幹巳 編著
16 **ポーランドを知るための60章**　渡辺克義 編著
17 **シンガポールを知るための65章【第5版】**　田村慶子 編著
18 **現代ドイツを知るための67章【第3版】**　浜本隆志、髙橋憲 編著
19 **ウィーン・オーストリアを知るための57章【第2版】**　広瀬佳一、今井顕 編著
20 **ハンガリーを知るための60章【第2版】** ドナウの宝石　羽場久美子 編著
21 **現代ロシアを知るための60章【第2版】**　下斗米伸夫、島田博 編著
22 **21世紀アメリカ社会を知るための67章**　明石紀雄 監修　赤尾千波、大類久恵、小塩和人、落合明子、川島浩平、高野泰 編
23 **スペインを知るための60章**　野々山真輝帆 著
24 **キューバを知るための52章**　後藤政子、樋口聡 編著
25 **カナダを知るための60章**　綾部恒雄、飯野正子 編著
26 **中央アジアを知るための60章【第2版】**　宇山智彦 編著
27 **チェコとスロヴァキアを知るための56章【第2版】**　薩摩秀登 編著
28 **現代ドイツの社会・文化を知るための48章**　田村光彰、村上和光、岩淵正明 編著
29 **インドを知るための50章**　重松伸司、三田昌彦 編著
30 **タイを知るための72章【第2版】**　綾部真雄 編著
31 **パキスタンを知るための60章**　広瀬崇子、山根聡、小田尚也 編著
32 **バングラデシュを知るための66章【第3版】**　大橋正明、村山真弓、日下部尚徳、安達淳哉 編著
33 **イギリスを知るための65章【第2版】**　近藤久雄、細川祐子、阿部美春 編著
34 **現代台湾を知るための60章【第2版】**　亜洲奈みづほ 著
35 **ペルーを知るための66章【第2版】**　細谷広美 編著
36 **マラウィを知るための45章【第2版】**　栗田和明 著
37 **コスタリカを知るための60章【第2版】**　国本伊代 編著
38 **チベットを知るための50章**　石濱裕美子 編著
39 **現代ベトナムを知るための63章【第3版】**　岩井美佐紀 編著
40 **インドネシアを知るための50章**　村井吉敬、佐伯奈津子 編著
41 **エルサルバドル、ホンジュラス、ニカラグアを知るための45章**　田中高 編著

エリア・スタディーズ

42 **パナマを知るための70章【第2版】** 国本伊代 編著
43 **イランを知るための65章** 岡田恵美子、北原圭一、鈴木珠里 編著
44 **アイルランドを知るための70章【第3版】** 海老島均、山下理恵子 編著
45 **メキシコを知るための60章** 吉田栄人 編著
46 **中国の暮らしと文化を知るための40章** 東洋文化研究会 編
47 **現代ブータンを知るための60章【第2版】** 平山修一 著
48 **バルカンを知るための66章【第2版】** 柴宜弘 編著
49 **現代イタリアを知るための44章** 村上義和 編著
50 **アルゼンチンを知るための54章** アルベルト松本 著
51 **ミクロネシアを知るための60章【第2版】** 印東道子 編著
52 **アメリカのヒスパニック＝ラティーノ社会を知るための55章** 大泉光一、牛島万 編著
53 **北朝鮮を知るための55章【第2版】** 石坂浩一 編著
54 **ボリビアを知るための73章【第2版】** 真鍋周三 編著
55 **コーカサスを知るための60章** 北川誠一、前田弘毅、廣瀬陽子、吉村貴之 編著

56 **カンボジアを知るための60章【第3版】** 上田広美、岡田知子、福富友子 編著
57 **エクアドルを知るための60章【第2版】** 新木秀和 編著
58 **タンザニアを知るための60章【第2版】** 栗田和明、根本利通 編著
59 **リビアを知るための60章【第2版】** 塩尻和子 編著
60 **東ティモールを知るための50章** 山田満 編著
61 **グアテマラを知るための67章【第2版】** 桜井三枝子 編著
62 **オランダを知るための60章** 長坂寿久 著
63 **モロッコを知るための65章** 私市正年、佐藤健太郎 編著
64 **サウジアラビアを知るための63章【第2版】** 中村覚 編著
65 **韓国の歴史を知るための66章** 金両基 編著
66 **ルーマニアを知るための60章** 六鹿茂夫 編著
67 **現代インドを知るための60章** 広瀬崇子、近藤正規、井上恭子、南埜猛 編著
68 **エチオピアを知るための50章** 岡倉登志 編著
69 **フィンランドを知るための44章** 百瀬宏、石野裕子 編著

70 **ニュージーランドを知るための63章** 青柳まちこ 編著
71 **ベルギーを知るための52章** 小川秀樹 編著
72 **ケベックを知るための56章【第2版】** 日本ケベック学会 編
73 **アルジェリアを知るための62章** 私市正年 編著
74 **アルメニアを知るための65章** 中島偉晴、メラニア・バグダサリヤン 編著
75 **スウェーデンを知るための60章** 村井誠人 編著
76 **デンマークを知るための70章【第2版】** 村井誠人 編著
77 **最新ドイツ事情を知るための50章** 浜本隆志、柳原初樹 著
78 **セネガルとカーボベルデを知るための60章** 小川了 編著
79 **南アフリカを知るための60章** 峯陽一 編著
80 **エルサルバドルを知るための55章** 細野昭雄、田中高 編著
81 **チュニジアを知るための60章** 鷹木恵子 編著
82 **南太平洋を知るための58章** メラネシア ポリネシア 吉岡政德、石森大知 編著
83 **現代カナダを知るための60章【第2版】** 飯野正子、竹中豊 総監修 日本カナダ学会 編

エリア・スタディーズ

84 **現代フランス社会を知るための62章**
三浦信孝、西山教行 編著

85 **ラオスを知るための60章**
菊池陽子、鈴木玲子、阿部健一 編著

86 **パラグアイを知るための50章**
田島久歳、武田和久 編著

87 **中国の歴史を知るための60章**
並木頼壽、杉山文彦 編著

88 **スペインのガリシアを知るための50章**
坂東省次、桑原真夫、浅香武和 編著

89 **アラブ首長国連邦（UAE）を知るための60章**
細井長 編著

90 **コロンビアを知るための60章**
二村久則 編著

91 **現代メキシコを知るための70章【第2版】**
国本伊代 編著

92 **ガーナを知るための47章**
高根務、山田肖子 編著

93 **ウガンダを知るための53章**
吉田昌夫、白石壮一郎 編著

94 **ケルトを旅する52章** イギリス・アイルランド
永田喜文 著

95 **トルコを知るための53章**
大村幸弘、永田雄三、内藤正典 編著

96 **イタリアを旅する24章**
内田俊秀 編著

97 **大統領選からアメリカを知るための57章**
越智道雄 著

98 **現代バスクを知るための60章【第2版】**
萩尾生、吉田浩美 編著

99 **ボツワナを知るための52章**
池谷和信 編著

100 **ロンドンを旅する60章**
川成洋、石原孝哉 編著

101 **ケニアを知るための55章**
松田素二、津田みわ 編著

102 **ニューヨークからアメリカを知るための76章**
越智道雄 著

103 **カリフォルニアからアメリカを知るための54章**
越智道雄 著

104 **イスラエルを知るための62章【第2版】**
立山良司 編著

105 **グアム・サイパン・マリアナ諸島を知るための54章**
中山京子 編著

106 **中国のムスリムを知るための60章**
中国ムスリム研究会 編

107 **現代エジプトを知るための60章**
鈴木恵美 編著

108 **カーストから現代インドを知るための30章**
金基淑 編著

109 **カナダを旅する37章**
飯野正子、竹中豊 編著

110 **アンダルシアを知るための53章**
立石博高、塩見千加子 編著

111 **エストニアを知るための59章**
小森宏美 編著

112 **韓国の暮らしと文化を知るための70章**
舘野晳 編著

113 **現代インドネシアを知るための60章**
村井吉敬、佐伯奈津子、間瀬朋子 編著

114 **ハワイを知るための60章**
山本真鳥、山田亨 編著

115 **現代イラクを知るための60章**
酒井啓子、吉岡明子、山尾大 編著

116 **現代スペインを知るための60章**
坂東省次 編著

117 **スリランカを知るための58章**
杉本良男、高桑史子、鈴木晋介 編著

118 **マダガスカルを知るための62章**
飯田卓、深澤秀夫、森山工 編著

119 **新時代アメリカ社会を知るための60章**
明石紀雄 監修　大類久恵、落合明子、赤尾千波 編著

120 **現代アラブを知るための56章**
松本弘 編著

121 **クロアチアを知るための60章**
柴宜弘、石田信一 編著

122 **ドミニカ共和国を知るための60章**
国本伊代 編著

123 **シリア・レバノンを知るための64章**
黒木英充 編著

124 **EU（欧州連合）を知るための63章**
羽場久美子 編著

125 **ミャンマーを知るための60章**
田村克己、松田正彦 編著

エリア・スタディーズ

126 **カタルーニャを知るための50章** 立石博高、奥野良知 編著
127 **ホンジュラスを知るための60章** 桜井三枝子、中原篤史 編著
128 **スイスを知るための60章** スイス文学研究会 編
129 **東南アジアを知るための50章** 今井昭夫 編集代表　東京外国語大学東南アジア課程 編
130 **メソアメリカを知るための58章** 井上幸孝 編著
131 **マドリードとカスティーリャを知るための60章** 川成洋、下山静香 編著
132 **ノルウェーを知るための60章** 大島美穂、岡本健志 編著
133 **現代モンゴルを知るための50章** 小長谷有紀、前川愛 編著
134 **カザフスタンを知るための60章** 宇山智彦、藤本透子 編著
135 **内モンゴルを知るための60章** ボルジギン・ブレンサイン 編著　赤坂恒明 編集協力
136 **スコットランドを知るための65章** 木村正俊 編著
137 **セルビアを知るための60章** 柴宜弘、山崎信一 編著
138 **マリを知るための58章** 竹沢尚一郎 編著
139 **ASEANを知るための50章** 黒柳米司、金子芳樹、吉野文雄 編著

140 **アイスランド・グリーンランド・北極を知るための65章** 小澤実、中丸禎子、高橋美野梨 編著
141 **ナミビアを知るための53章** 水野一晴、永原陽子 編著
142 **香港を知るための60章** 吉川雅之、倉田徹 編著
143 **タスマニアを旅する60章** 宮本忠 著
144 **パレスチナを知るための60章** 臼杵陽、鈴木啓之 編著
145 **ラトヴィアを知るための47章** 志摩園子 編著
146 **ニカラグアを知るための55章** 田中高 編著
147 **台湾を知るための72章【第2版】** 赤松美和子、若松大祐 編著
148 **テュルクを知るための61章** 小松久男 編著
149 **アメリカ先住民を知るための62章** 阿部珠理 編著
150 **イギリスの歴史を知るための50章** 川成洋 編著
151 **ドイツの歴史を知るための50章** 森井裕一 編著
152 **ロシアの歴史を知るための50章** 下斗米伸夫 編著
153 **スペインの歴史を知るための50章** 立石博高、内村俊太 編著

154 **フィリピンを知るための64章** 大野拓司、鈴木伸隆、日下渉 編著
155 **バルト海を旅する40章** 7つの島の物語 小柏葉子 著
156 **カナダの歴史を知るための50章** 細川道久 編著
157 **カリブ海世界を知るための70章** 国本伊代 編著
158 **ベラルーシを知るための50章** 服部倫卓、越野剛 編著
159 **スロヴェニアを知るための60章** 柴宜弘、アンドレイ・ベケシュ、山崎信一 編著
160 **北京を知るための52章** 櫻井澄夫、人見豊、森田憲司 編著
161 **イタリアの歴史を知るための50章** 高橋進、村上義和 編著
162 **ケルトを知るための65章** 木村正俊 編著
163 **オマーンを知るための55章** 松尾昌樹 編著
164 **ウズベキスタンを知るための60章** 帯谷知可 編著
165 **アゼルバイジャンを知るための67章** 廣瀬陽子 編著
166 **済州島を知るための55章** 梁聖宗、金良淑、伊地知紀子 編著
167 **イギリス文学を旅する60章** 石原孝哉、市川仁 編著

エリア・スタディーズ

168 フランス文学を旅する60章
野崎歓 編著

169 ウクライナを知るための65章
服部倫卓、原田義也 編著

170 クルド人を知るための55章
山口昭彦 編著

171 ルクセンブルクを知るための50章
田原憲和、木戸紗織 編著

172 地中海を旅する62章 歴史と文化の都市探訪
松原康介 編著

173 ボスニア・ヘルツェゴヴィナを知るための60章
柴宜弘、山崎信一 編著

174 チリを知るための60章
細野昭雄、工藤章、桑山幹夫 編著

175 ウェールズを知るための60章
吉賀憲夫 編著

176 太平洋諸島の歴史を知るための60章 日本とのかかわり
石森大知、丹羽典生 編著

177 リトアニアを知るための60章
櫻井映子 編著

178 現代ネパールを知るための60章
公益社団法人 日本ネパール協会 編

179 フランスの歴史を知るための50章
中野隆生、加藤玄 編著

180 ザンビアを知るための55章
島田周平、大山修一 編著

181 ポーランドの歴史を知るための55章
渡辺克義 編著

182 韓国文学を旅する60章
波田野節子、斎藤真理子、きむ ふな 編著

183 インドを旅する55章
宮本久義、小西公大 編著

184 現代アメリカ社会を知るための63章【2020年代】
明石紀雄 監修 大類久恵、落合明子、赤尾千波 編著

185 アフガニスタンを知るための70章
前田耕作、山内和也 編著

186 モルディブを知るための35章
荒井悦代、今泉慎也 編著

187 ブラジルの歴史を知るための50章
伊藤秋仁、岸和田仁 編著

188 現代ホンジュラスを知るための55章
中原篤史 編著

189 ウルグアイを知るための60章
山口恵美子 編著

190 ベルギーの歴史を知るための50章
松尾秀哉 編著

191 食文化からイギリスを知るための55章
石原孝哉、市川仁、宇野毅 編著

192 東南アジアのイスラームを知るための64章
久志本裕子、野中葉 編著

193 宗教からアメリカ社会を知るための48章
上坂昇 著

194 ベルリンを知るための52章
浜本隆志、希代真理子 著

195 NATO（北大西洋条約機構）を知るための71章
広瀬佳一 編著

196 華僑・華人を知るための52章
山下清海 著

197 カリブ海の旧イギリス領を知るための60章
川分圭子、堀内真由美 編著

198 ニュージーランドを旅する46章
宮本忠、宮本由紀子 著

199 マレーシアを知るための58章
鳥居高 編著

200 ラダックを知るための60章
煎本孝、山田孝子 著

201 スロヴァキアを知るための64章
長與進、神原ゆうこ 編著

202 チェコを知るための60章
薩摩秀登、阿部賢一 編著

203 ロシア極東・シベリアを知るための70章
服部倫卓、吉田睦 編著

204 スペインの歴史都市を旅する48章
立石博高 監修・著 小倉真理子 著

205 ハプスブルク家の歴史を知るための60章
川成洋 編著

――以下続刊

◎各巻2000円（一部1800円）

〈価格は本体価格です〉